PANINI BOOKS

AUSSERDEM BEI PANINI ERHÄLTLICH

VON SHANNON CHAKRABORTY

DIE ABENTEUER DER PIRATIN AMINA AL-SIRAFI
ISBN 978-3-8332-4396-7

DIE DAEVABAD-REIHE

Band 1: DIE STADT AUS MESSING
ISBN 978-3-8332-4099-7

Band 2: DAS KÖNIGREICH AUS KUPFER
ISBN 978-3-8332-4177-2

Band 3: DAS IMPERIUM AUS GOLD
ISBN 978-3-8332-4273-1

Band 4: DER FLUSS AUS SILBER
ISBN 978-3-8332-4330-1

Nähere Infos und weitere phantastische Bände unter:
paninishop.de/phantastik/

S. A. Chakraborty

DER FLUSS AUS SILBER

Geschichten aus Daevabad

Ins Deutsche übertragen von
Kerstin Fricke

Bibliografische Information der Deutschen Nationalbibliothek
Die Deutsche Nationalbibliothek verzeichnet diese Publikation in der Deutschen Nationalbibliografie; detaillierte bibliografische Daten sind im Internet über http://dnb.d-nb.de abrufbar.

Titel der englischen Originalausgabe: »*The River of Silver*«
by S. A. Chakraborty, published 2022 by Harper Voyager
an imprint of HarperCollins Publishers LLC, New York, USA.

Designed by Paula Russell Szafranski
Interior ornaments © Fine Art Studio/Shutterstock.com

Deutsche Ausgabe 2023 Panini Verlags GmbH,
Schloßstr. 76, 70176 Stuttgart.
Alle Rechte vorbehalten.

Geschäftsführer: Hermann Paul
Head of Editorial: Jo Löffler
Head of Marketing: Holger Wiest
(E-Mail: marketing@panini.de)
Presse & PR: Steffen Volkmer

Übersetzung: Kerstin Fricke
Lektorat: Mona Gabriel
Umschlaggestaltung: tab indivisuell, Stuttgart
Satz und E-Book: Greiner & Reichel, Köln
Druck: GGP Media GmbH, Pößneck
Gedruckt in Deutschland

YDCHAK004

1. Auflage, Juni 2023,
ISBN 978-3-8332-4330-1

Auch als E-Book erhältlich:
ISBN 978-3-7569-9991-0

Findet uns im Netz:
www.paninicomics.de

PaniniComicsDE

INHALT

Für meine Leserinnen und Leser.
Ohne euch wäre das alles nicht möglich gewesen.

ANMERKUNG DER AUTORIN

Obwohl es über zehn Jahre her ist, erinnere ich mich noch genau an den Tag, an dem ich das, woraus einmal *Die Stadt aus Messing* werden sollte, in Brooklyn erstmals meiner Schreibgruppe vorstellte. Ich war neu in der Gruppe, hatte gerade erst mit dem Schreiben angefangen und noch nie zuvor auf der Couch einer mir fremden Person gesessen, um etwas vorzustellen, das mir sehr am Herzen lag. Und so berichtete ich von der Art Manuskript, von der ich dachte, dass epische Fantasy so aussehen müsse: eines, das wenigstens ein Dutzend verschiedene Figuren und ihre Perspektiven enthält, mehrere Reisen kreuz und quer durchs Land sowie zahllose verschiedene Städte, Dörfer und ausgedehnte magische Gebiete, für die ich seitenweise detaillierte Hintergründe, Zusammenfassungen der Geschichte und umfangreiche Beschreibungen parat hatte.

Damit stieß ich auf einiges an Ablehnung.

Es gibt bestimmte epische Fantasygeschichten, für die derartige Erkundungen erforderlich sind, sagten sie, aber im Grunde genommen sollte es bei *Die Stadt aus Messing* doch um Nahris und Alis Lebenswege gehen. Um eine junge Frau, die aus allem, was sie kennt, herausgerissen wird und sich gezwungen sieht, ihr Leben wieder und wieder neu aufzubauen – und bei diesem Überlebenskampf eine grimmige Kraft in sich entdeckt, für ihr Volk und ihr Glück zu kämpfen. Es geht um einen jungen Mann, der sich darum bemüht, seinen Glauben und seine Vorstellungen von Gerechtigkeit mit der Realität der Unterdrückung in der Stadt, die er liebt, in Einklang zu bringen – und dabei wird er das Ende der

Herrschaft seiner Familie herbeiführen. Ich wollte diese beiden Personen in einer vollständig ausgeformten Welt inmitten von diversen Freunden und Familienmitgliedern darstellen. Dabei sollten die Personen, die sie lieben oder hassen, jeweils ihre eigenen Geschichten, Eigenheiten und Absichten haben. Trotzdem beschloss ich schon sehr früh, dass sich diese spezielle Geschichte auf Nahri und Ali und später auch auf Dara konzentrieren sollte.

Allerdings waren mir auch meine Nebenfiguren ans Herz gewachsen, und ich glaubte fest daran, dass man beim Schreiben organisch vorgehen und seine Geschichten wachsen und atmen lassen muss. Daher unternahm ich im Verlauf der Arbeit an der Trilogie mehrere parallele Missionen mit namenlosen Kundschaftern und beschrieb Muntadhirs und Jamshids Beziehung in ihren eigenen Worten, sah Zaynab als Anführerin der Rebellen aufsteigen und erkundete Daras Jugend in einem viel früheren Daevabad. Ich habe Szenen geschrieben, die mein Verständnis der Bücher vertieften, selbst wenn ich daraus nur eine Zeile oder ein Gefühl übernahm. Sie waren meine Art der Forschungsnotizen, wenngleich ich nie vorhatte, sie zu veröffentlichen.

Dann kam die Pandemie. Ohne zu genau auf meine persönlichen Erfahrungen einer Krise einzugehen, die noch lange nicht vorbei ist, belassen wir es einfach dabei, dass ich in den ersten Monaten rein gar nichts schreiben konnte. Die Welt stand in Flammen, meine Familie brauchte mich, und ich sollte auch noch *kreativ werden?* In dem verzweifelten Versuch, wenigstens irgendwelche Worte aufzuschreiben, kehrte ich zu meinen alten Szenen aus Daevabad zurück. Die Arbeit an etwas Vertrautem, das bereits in Teilen stand, noch dazu in einer Welt, die ich liebte und in- und auswendig kannte, erwies sich als sehr viel weniger furchterregend, als vor den leeren Seiten eines neuen Projekts zu sitzen. Nach und nach kehrten die Worte zu mir zurück, daher ging ich weiter und malte mir das Leben meiner Figuren nach dem Ende von *Das Imperium aus Gold* aus und lange vor den Ereignissen, mit denen *Die Stadt aus Messing* anfängt.

Einige dieser Geschichten können Sie jetzt lesen. Sie sind in chronologischer Reihenfolge angeordnet und verfügen jeweils über eine kurze Einleitung, die sie im Kontext der Trilogie einordnet. Ich hoffe sehr, dass Ihnen diese kurze Rückkehr nach Daevabad ebenso viel Spaß macht, wie sie mir bereitet hat, und ich werde Ihnen auf ewig dankbar dafür sein, dass Sie meinen Büchern eine Chance gegeben haben.

Mögen die Feuer hell für Sie brennen!
Shannon Chakraborty

MANIZHEH

Diese Szene spielt einige Jahrzehnte vor den Ereignissen aus Die Stadt aus Messing *und enthält Spoiler für die ersten beiden Romane.*

Ihr Sohn war wunderbar.

Manizheh fuhr Jamshids winzige Ohren nach, betrachtete voller Wonne sein perfektes kleines Gesicht. Obwohl er gerade mal eine knappe Woche alt war, schimmerte in seinen schwarzen Augen bereits ein feuriger Dunst. Sein kleiner Körper war warm und weich und lag sicher und geschützt in ihren Armen. Dennoch drückte Manizheh ihn fester an sich, als sie das Zelt verließ. Es war zwar Frühling, doch er hatte gerade erst angefangen. Daher erwiesen sich die Vormittage in Zariaspa oftmals als recht frisch.

Das Tal, das sich vor ihr ausbreitete, leuchtete im frühen Morgenlicht, und hier und da blitzte rosa- und lilafarbener Klee zwischen den langen Grashalmen auf. Vorsichtig trat sie über herumliegende Steine und zerbrochene Ziegel hinweg. Kaveh und sie hatten ihr Zelt in einer der vielen vergessenen Menschenruinen aufgebaut, die man hier überall in der Landschaft fand, wenngleich von diesen Hinterlassenschaften kaum mehr als einige Bogen und eine gedrungene, mit Diamantenmuster verzierte Säule übrig geblieben waren, sodass man sie kaum noch vom felsigen Hang unterscheiden konnte. Doch im Gehen fragte sich Manizheh, was sich hier wohl einst befunden haben mochte. War dies ein Schloss gewesen, das Heim von Königen, in dem andere nervöse frischgebackene Eltern lebten und sich Sorgen wegen der Welt machten, in die sie ein Kind von edlem Blut gesetzt hatten?

Abermals blickte Manizheh auf ihren Sohn hinab. Ihren Jamshid. Das war ein königlicher Name, der wie so viele ihrer Namen schon vor langer Zeit von den Menschen entliehen worden war – was die meisten Daeva niemals zugegeben hätten. Doch Manizheh war als Nahid ausgebildet worden und hatte Dinge gelernt, die anderen verboten waren. Jamshid war der Name einer Legende und eines Königs. Ein optimistischer Name, der aus dem letzten Funken Hoffnung in ihrer Seele stammte.

»Dieser Platz ist mir der liebste auf der Welt«, sagte sie leise, während Jamshids Augenlider flatterten, da sich das Baby satt getrunken hatte und müde war. Sie legte sich seinen Kopf auf die Schulter und atmete den süßen Duft seiner Haut ein. »Du wirst hier so viele Abenteuer erleben. Dein Baba wird dir ein Pony schenken und dann kannst du alles nach Lust und Laune erkunden. Und ich möchte, dass du alles erkundest, mein Schatz«, flüsterte sie. »Ich möchte, dass du erkundest, dass du träumst und dich an einem Ort verlierst, an dem niemand über dich wacht. An dem dich niemand einsperrt.«

An dem Ghassan dir nicht wehtut. Weil er nie von dir erfahren wird.

Denn wenn es eines gab, dessen sie sich in Bezug auf die Zukunft ihres Kindes sicher war, dann dass Ghassan niemals von Jamshids Existenz erfahren durfte. Allein bei diesem Gedanken wurde Manizheh ganz flau vor Angst, dabei war sie keine Frau, die sich leicht fürchtete. Ghassan würde Kaveh töten, daran bestand für sie kein Zweifel, und zwar auf die langsamste und grausamste Art und Weise, die ihm einfiel. Er würde Rustam bestrafen und das brechen, was vom traumatisierten Geist ihres Bruders noch übrig war.

Und Jamshid … Ihr Verstand wollte sich gar nicht erst ausmalen, was Ghassan ihm antun würde. Wenn Jamshid Glück hatte, würde sich Ghassan damit zufriedengeben, ihn dasselbe grässliche

Schicksal durchleiden zu lassen, dem sie und Rustam unterworfen gewesen waren: Ein Leben als Sklaven in der Krankenstube des Palastes, das sie tagtäglich daran erinnerte, dass man ihre Familie längst ausgelöscht hätte, wenn ihr Nahid-Blut sie nicht so überaus nützlich machen würde.

Allerdings bezweifelte sie, dass ihr Sohn solches Glück haben würde. Manizheh hatte mit angesehen, wie die Jahre Ghassan härter machten, bis er zu einem Spiegelbild seines tyrannischen Vaters geworden war. Vielleicht war Manizheh eine stolze Närrin gewesen, weil sie Ghassan das verwehrte, was er sich am sehnlichsten wünschte. Möglicherweise wäre es besser gewesen, ihre Familien und Stämme zu vereinen, sich bei einer königlichen Hochzeit ein Lächeln abzuringen und in seinem Bett im Dunkeln die Augen zuzukneifen. Dann würde ihr Volk jetzt eventuell aufatmen und ihr Bruder nicht ständig zusammenzucken, nur weil irgendjemand eine Tür etwas zu laut schloss. War das denn nicht die beste Wahl für so viele Frauen, und mehr, als sie sich erhoffen konnten?

Dennoch hatte sich Manizheh dagegen entschieden. Stattdessen hatte sie Ghassan auf die intimste Weise betrogen, die ihr nur möglich war, und Manizheh wusste ganz genau, dass Kaveh und sie teuer dafür bezahlen würden, falls sie jemals aufflogen.

Sie drückte einen Kuss auf den weichen Haarflaum, der von Jamshids Kopf abstand. »Ich werde zu dir zurückkehren, mein Kleiner, das verspreche ich dir. Und wenn ich das tue … dann hoffe ich, dass du mir vergeben kannst.«

Jamshid regte sich im Schlaf und gab ein leises Geräusch von sich, bei dem sich Manizhehs Brust vor Trauer zusammenschnürte. Sie schloss die Augen und versuchte, sich jede Einzelheit dieses Augenblicks einzuprägen. Sein Gewicht in ihren Armen und seinen süßen Duft. Die Brise, die säuselnd durch das Gras wehte, und die kühle Luft. Sie wollte sich daran erinnern, wie es war, ihren Sohn in den Armen zu halten, bevor sie ihm das alles nehmen musste.

»Manu?«

Beim Klang von Kavehs zögerlicher Stimme erstarrte Manizheh und ihre Gefühle waren erneut im freien Fall. Kaveh. Ihr Partner und Mitverschwörer, seitdem sie sich als Kinder hinausgeschlichen hatten, um Pferde zu stehlen und durch das Land zu streifen. Ihr engster Freund und später ihr Liebhaber, als ihre Neugier und ihre Teenagersehnsüchte in zaghafte Berührungen und gestohlene Momente übergingen.

Eine weitere Person, die sie verlieren würde. Manizheh hatte ihren Besuch in Zariaspa bereits um drei Monate überzogen und Ghassans Briefe, in denen er ihre Rückkehr anordnete, geflissentlich ignoriert. Es hätte sie überrascht, wenn der König nicht längst in Erwägung zog, sie von Soldaten nach Hause holen zu lassen. Eines stand fest: Sie würde Daevabad nie wieder verlassen dürfen. Jedenfalls nicht, solange Ghassan an der Macht war.

Der Ring, rief sie sich in Erinnerung. *Solange du den Ring hast, gibt es noch Hoffnung.* Doch ihr Kindheitstraum, den schlafenden Afshin-Krieger aus dem Sklavenring zu befreien, den sie und Rustam vor so langer Zeit gefunden hatten, erschien ihr heute als genau das: als ein Traum.

Kaveh sprach weiter. »Ich habe alles vorbereitet, worum du gebeten hast. Bist du … Geht es dir gut?«

Manizheh wollte lachen. Sie wollte weinen. Nein, es ging ihr nicht gut. Sie drückte das Baby fester an sich. Es kam ihr schlichtweg unmöglich vor, es loszulassen. Sie wollte den Schöpfer anschreien. Sie wollte in Kavehs Armen zusammenbrechen. Zur Abwechslung sehnte sie sich danach, dass *ihr* einmal jemand sagte, alles würde wieder gut werden. Sie wollte nicht länger die Banu Nahida sein, die Göttin, der keine Schwäche gestattet wurde.

Aber ihrer Rolle konnte sie nun mal nicht entkommen. Selbst für Kaveh war sie immer zuallererst seine Nahid und erst danach seine Geliebte und seine Freundin, und sie würde seinen Glauben daran jetzt nicht erschüttern. Daher sorgte sie dafür, dass ihre Stimme ruhig klang und ihre Augen trocken waren, als sie sich zu ihm umdrehte.

Ihm stand der Schmerz ins Gesicht geschrieben. »Du siehst wunderschön aus mit ihm in den Armen«, flüsterte Kaveh, in dessen Stimme Ehrfurcht und Schmerz mitschwangen. Er trat näher und betrachtete ihren schlafenden Sohn. »Bist du dir auch wirklich sicher?«

Manizheh strich Jamshid über den Rücken. »Das ist die einzige Möglichkeit, um zu verbergen, wer er wirklich ist. Wenn wir das jetzt nicht tun, wird er ansonsten seine Ammen heilen und dafür sorgen, dass sich seine aufgeschürften Knie im Handumdrehen schließen.«

Kaveh warf ihr einen unsicheren Blick zu. »Und falls er diese Fähigkeiten eines Tages brauchen sollte?«

Das war eine gerechtfertigte Frage. In ihren Armen sah Jamshid so winzig und zerbrechlich aus. Es gab so viele Krankheiten und Flüche, die ihn befallen konnten. Er konnte vom Pferd fallen und sich das Genick brechen. Oder er trank aus einem der vielen mit Eisen vergifteten Flüsse, die durch die dichten Wälder Zariaspas strömten.

Allerdings waren all diese Risiken weitaus weniger schlimm als das, was ihm drohte, wenn er als Nahid erkannt wurde.

Es ist schon erstaunlich, dass man den Tod einem Leben in Daevabad vorziehen konnte.

»Ich weiß nicht, was wir sonst tun sollen, Kaveh«, gab sie zu, während sie zusammen zurück ins Zelt gingen. Der Feueraltar schwelte in der Ostecke. »Ich hoffe sehr, dass ich eines Tages in der Lage sein werde, das Mal zu entfernen, aber dieser Tag ist noch lange nicht angebrochen. Offen gesagt ist diese Magie derart alt und unerforscht, dass ich nicht einmal genau sagen kann, ob sie funktionieren wird.«

»Woher werden wir wissen, ob es geklappt hat?«

Manizheh blickte auf ihren Sohn hinab und fuhr ihm mit einem Finger über das winzige, zusammengezogene Gesicht. Sie versuchte sich auszumalen, wie er mit drei Monaten aussehen würde. Oder wenn er drei Jahre alt war. Oder dreizehn. Weiter mochte sie gar nicht denken. Sie wollte nicht wirklich wahrhaben, dass sie ihn nicht aufwachsen sehen würde.

»Wenn es funktioniert, werde ich nicht in der Lage sein, seinen Schmerz zu lindern«, erklärte sie. »Und dann wird er anfangen zu schreien.«

* * *

Drei Wochen, nachdem sie ihr Baby zum letzten Mal in den Armen gehalten hatte, stand Manizheh im Thronsaal in Daevabad.

»Denn es war nun einmal so …«, beendete sie ihre erfundene Erklärung und rang nach einer Ausrede dafür, dass sie über mehrere Monate in Zariaspa aufgehalten worden war. »Meine Experimente waren zu jener Zeit viel zu aussichtsreich, als dass ich sie aufgeben konnte. Ich musste bleiben und sie zu Ende bringen.«

Einen sehr langen, angespannten Moment war es derart still im Raum, dass man eine Stecknadel hätte fallen hören können. Dann richtete sich Ghassan mit wutentbrannter Miene auf seinem Thron auf.

»Eure Experimente?«, wiederholte er. »Ihr seid in Zariaspa geblieben und habt meine Bitten und Boten ignoriert, um Eure Experimente fortzusetzen? Meine Frau, Eure Königin, ist aufgrund Eurer *Experimente* tot?«

Saffiyeh war nie meine Königin. Aber Manizheh wagte es nicht, das laut auszusprechen. Stattdessen zwang sie sich, ruhig stehen zu bleiben und das Schwanken zu unterdrücken. Ihre Beine und ihr Rücken schmerzten von dem langen Ritt, ihre Brüste waren geschwollen, weil der Milchfluss einfach nicht aufhören wollte, und der leichteste Druck der Wickel und Kohlblätter, die sie sich unter das Gewand gestopft hatte, um ihren Zustand zu verbergen, tat derart weh, dass ihr die Tränen kamen.

Doch sie gab sich die größte Mühe, all das zu ignorieren, und antwortete: »Ich habe Eure Nachrichten nicht rechtzeitig erhalten.« Manizheh war zu geschwächt und innerlich zu zerbrochen, als dass ihre Worte aufrichtig klingen konnten; sie hörte selbst, wie ungemein gefühllos sich ihre Erwiderung anhörte. »Andernfalls wäre ich früher zurückgekehrt.«

Ghassan starrte sie an, und man sah ihm an, dass er sich verraten fühlte. In seiner Miene stand aufrichtige Trauer, eine Emotion, die Manizheh seit sehr langer Zeit nicht mehr bei ihm bemerkt hatte. Mit jedem Jahrzehnt als Tyrann von Daevabad zeigte er weniger Gefühle, und es war, als würde ihm die Herrschaft über die Stadt jegliche Wärme aus dem Herzen entziehen.

Sie empfand keinerlei Mitleid mit ihm. Ghassan hatte sie ergreifen lassen – nun, selbstverständlich nicht im wörtlichen Sinne, denn selbst der König scheute davor zurück, andere dazu zu zwingen, sie anzufassen. Jedenfalls war sie von Soldaten umringt worden, die sie zwangen, vom Pferd zu steigen, kaum dass sie am Daeva-Tor eingetroffen war. Daraufhin lief sie zu Fuß durch das gesamte Viertel ihres Stammes zum Palast. Manizheh hatte dies getan und versucht, dabei den Kopf hoch erhoben zu halten und die Tatsache zu verbergen, dass sie nach Atem rang, weil sich die Straße die Hügel von Daevabad hinaufschlängelte. Ihr Volk hatte all das mit angesehen, mit verängstigten Gesichtern aus Fenstern und Türspalten gelugt, und Manizheh konnte nicht zulassen, dass Daeva sie straucheln sahen. Sie war ihre Banu Nahida, ihr Licht. Das war ihre Pflicht.

Als sie am Palast eintraf, den ihre Ahnen einst erbaut hatten und dessen Steine für sie sangen, war sie vollkommen am Ende. Ihre Kleidung war verschmutzt, ihr Kleid zerrissen und mit Schlamm bedeckt. Ihr Tschador war ihr auf die Schultern gerutscht und enthüllte ihr zerzaustes Haar und ihre mit Asche beschmierte Stirn. So war sie in den Thronsaal geführt worden, den heiligen Ort, an dem sich früher der Nahid-Rat zusammengefunden hatte.

Sie fragte sich, was ihre Vorfahren wohl denken würden, wenn sie sie jetzt so sehen könnten, wie sie unordentlich und schmutzig vor dem ihrer Familie geraubten Thron stand und man von ihr erwartete, dass sie sich vor den Nachfahren der Dschinn, die ihre Ahnen abgeschlachtet hatten, in den Staub warf.

Es wäre sehr weise, sich zu entschuldigen. Genau das erwartete Ghassan von ihr, wie Manizheh nur zu gut wusste. Sie hatte ihn gedemütigt. Der Hof von Daevabad war grausam und selbst seine Herrscher blieben nicht vor dem Klatsch der Höflinge verschont. Manizheh hatte dafür gesorgt, dass er schwach wirkte. War der furchterregende König von Daevabad wirklich derart mächtig, wenn ihm seine eigene Nahid trotzen konnte? Wenn diese Missachtung sogar den Tod seiner Frau zur Folge hatte? Manizheh bedauerte aufrichtig, dass Saffiyeh gestorben war. Ihr hatte sie nie feindselig gegenübergestanden, sondern vielmehr gehofft, Ghassan würde nach seiner Hochzeit sein Verlangen nach ihr aufgeben. Es hätte Manizheh rein gar nichts außer ein wenig Stolz gekostet, sich bei ihm zu entschuldigen, und eine gute Heilerin, die den unnötigen Verlust eines Lebens bereute, hätte das vermutlich auch getan.

Aber Manizheh hielt Ghassans Blick stand und war sich deutlich bewusst, dass der gesamte Hof sie anstarrte. Sein Qaid Wajed, ebenfalls ein Geziri-Dschinn. Sein Ayaanle-Großwesir. Obwohl Ghassan großspurig behauptete, die Beziehungen zwischen den Daeva und den Dschinn-Stämmen verbessern zu wollen, befand sich unter all jenen, die Manizheh nun beäugten, kein einziger Daeva. Zudem wirkten diese Dschinn auch gar nicht, als würden sie trauern. Sie kamen ihr eher begierig vor. Hungrig. Alle schienen zu frohlocken, dass eine hochnäsige »Feueranbeterin« an ihren Platz verwiesen wurde.

Wir sind besser als ihr. Ich *bin besser als ihr.* Nicht zum ersten Mal war Manizheh versucht, dem in ihr tobenden Zorn nachzugeben. Wahrscheinlich wäre sie in der Lage gewesen, der Hälfte der Männer, die sie gerade höhnisch angrinsten, die Knochen zu brechen, um dann die Decke einstürzen zu lassen, damit alle darunter begraben wurden.

Doch sie war in der Unterzahl und wusste zudem genau, dass jeder Daeva in der Stadt für eine solche Tat mit dem Tod büßen müsste. Zuerst würde man sie mit den Waffen jedes noch lebenden Mannes attackieren, um danach Rustam und im Anschluss Nisreen, ihre treueste Freundin und Assistentin, hinzurichten. Die Priester im Tempel und die Kinder in der Schule wären die Nächsten. Das Blut der Unschuldigen würde ihr Viertel schwarz färben.

Daher senkte Manizheh den Blick. Aber sie entschuldigte sich nicht. »Sind wir hier fertig?«, fragte sie stattdessen eisig.

Ghassans Wut war nicht zu überhören. »Nein. Aber Ihr werdet zweifellos in der Krankenstube von all den anderen Patienten gebraucht, die Ihr im Stich gelassen habt. Hinfort mit Euch.«

Hinfort mit Euch. Der erniedrigende Befehl hallte in ihr wider. Manizheh drehte auf dem Absatz um.

Ghassan war jedoch noch nicht fertig. »Ihr werdet diesen Palast nie wieder verlassen«, erklärte er ihrem Rücken. »Wir wünschen nicht, dass Euch etwas zustößt.«

Ihre Hände brannten vor Magie. Nur ein Fingerschnippen. Würde es ausreichen, um seine Schädelknochen zu zertrümmern?

Sie straffte die Schultern und entspannte die Hände. »Verstehe.«

Klatsch hallte über die Köpfe hinweg, als sie sich einen Weg durch die Menge zur Tür bahnte. Die metallfarbenen Augen der Dschinn musterten sie feindselig und vorwurfsvoll. Sie hörte, wie sie als herzlose Hexe bezeichnet wurde. Als eifersüchtig und grausam. Als eingebildet. Als Schlampe.

Als Feueranbeterin.

Manizheh hielt den Kopf hoch erhoben und trat durch die Tür.

Außerhalb des Thronsaals wurde es allerdings nicht einfacher. Mitten am Tag wimmelte es im Palast von Sekretären und Ministern, Adligen und Gelehrten. Ihr schmutziger Tschador hing noch immer auf ihren Schultern, daher erkannte man Manizheh auf den ersten Blick, und sie mochte sich gar nicht ausmalen, wie schlimm sie aussehen musste, während sie schmutzig und ohne Eskorte durch den Palast marschierte, nachdem sie von ihrem rechtmäßigen, gläubigen König gemaßregelt worden war. Der Lärm im Korridor erstarb und alle blieben stehen und starrten sie an.

Zwei Daeva auf der anderen Seite des Flurs kamen mit besorgten Mienen auf sie zu. Manizheh sah ihnen in die Augen und schüttelte leicht den Kopf. Die beiden konnten ihr nicht helfen und sie wollte keinen aus ihrem Stamm in noch größere Gefahr bringen. Stattdessen stellte sie sich dem Geflüster allein. Sie sei eiskalt, zischten die Leute. Sie sei böse. Sie hätte Saffiyeh, die Gütigste aller Königinnen, im Grunde genommen ermordet, nur um in Ghassans Bett zurückkehren zu können.

Das Brennen ging auf ihre Arme und ihren Hals über. Vor Manizhehs Augen verschwamm alles. Sie konnte jeden Stein spüren, jeden Tropfen Nahid-Blut, der an diesem Ort vergossen worden war. Wussten die anderen überhaupt, wie viel sie und ihr Volk geopfert hatten, damit die Dschinn jetzt hier stehen und über sie urteilen konnten?

Natürlich nicht.

Da sie sich bewusst war, dass die Palastmagie ihren Zorn einfach übernehmen und daraus etwas erschaffen würde, das sie bereuen würde, wenn sie sich nicht rasch wieder beruhigte, hielt Manizheh schwer atmend auf den ersten Eingang zum Garten zu, an dem sie vorbeikam. Sie schien den Wachmann zu erschrecken, der bei ihrem Anblick zusammenzuckte, sich jedoch rechtzeitig erholte, um die Tür zuzuknallen und zu verriegeln, kaum dass Manizheh hinausgegangen war.

Manizheh sackte mit dem Rücken gegen die Steinmauer und schlug die Hände vors Gesicht. Ihr tat der ganze Körper weh. Auch ihre Seele schmerzte. Sie fühlte sich leer und ausgebrannt, als sei nichts als eine Hülle mehr übrig. Alles, was sie in der Finsternis ihrer Gedanken sehen konnte, waren Jamshid und Kaveh, so wie sie die beiden verlassen hatte: Der Mann, den sie liebte, hielt ihr gemeinsames verbotenes Kind in den Armen und stand inmitten von Ruinen und Frühlingsblumen. Sie hörte noch immer Jamshids Weinen, als sie ihm das Mal auf die Schulter tätowiert und ihm so sein Erbe genommen hatte. Dieses Geräusch hallte seit ihrer Abreise in ihren Ohren wider. Hicksende Schreie und gedämpftes Schluchzen, wieder und immer wieder.

Auf einmal erstarrte Manizheh. Das war nicht etwa die Erinnerung an Jamshids Weinen, das sie da hörte. Vielmehr weinte dort in dem üppigen Grün ein anderes Kind.

Sie zögerte. Dies war die verwilderte Ecke des Gartens, die seit Jahrhunderten sich selbst überlassen blieb und nun praktisch einem wilden Dschungel glich. Die hoch aufragenden Bäume waren höher als die Palastmauern, Dornenranken überwucherten die Wege, und das Unterholz war derart dicht, dass sich auf dem Waldboden eine Schicht aus verrottendem Laub und Moos gebildet hatte, auf der man leicht ausrutschen konnte. Hier floss der Kanal, der durch den Palast verlief, nahezu lautlos und so unergründlich tief, dass jedes Jahr mindestens eine Person im dunklen Wasser ihr Leben ließ. Da dies Daevabad war, erwies sich nicht allein die Natur als gefährlich. Die Palastmagie, die durch ihre Venen rann, hatte sich inmitten der schweigenden Bäume schon immer am gnadenlosesten erwiesen. Es war, als sei etwas Uraltes und Verletztes unter dem

Boden vergraben, das sich vom Blut und Leid der Jahrtausende ernährte.

Dementsprechend machte jeder, der nur etwas Verstand besaß, einen großen Bogen um diesen Teil des Gartens. In diesen Wäldern geschahen Dinge, die die Dschinn schlichtweg nicht verstanden. Eine zuvor dürre Katze war als Tiger mit gläsernen Zähnen und Schlangenschwanz wiederaufgetaucht. Die Schatten lösten sich angeblich vom Boden und verschluckten alle unaufmerksamen Wanderer. Um dieses Gebiet rankte sich eine Mischung aus Gerüchten und echter Magie, wobei sich die Grenze zwischen den Geschichten, die man erzählte, um Kinder in Angst und Schrecken zu versetzen, und den Dienern, die tatsächlich verschwanden, schwer bestimmen ließ.

Diese Geschichten hatten Manizheh jedoch niemals Angst eingejagt. Bis jetzt. Gut, sie war eine Nahid und die Magie des Palastes hatte ihr nie geschadet. Aber sie konnte sich nicht vorstellen, was ein Kind hierhergelockt haben sollte, und einen Augenblick lang fragte sie sich, ob dieses Geräusch nur ein Trick war, eine grausame, persönliche Peinigung.

Doch das tränenreiche Schluchzen hörte nicht auf, mochte es nun echt sein oder ein Trick. Zunehmend besorgt folgte sie dem Geräusch und rechnete schon beinahe damit, einen monströs großen Vogel vorzufinden, der diese Schreie ausstieß.

Allerdings stand sie kurz darauf nicht etwa vor einem Vogel. Vielmehr hielt sich unter einer gewaltigen Zeder, deren Wurzeln derart verworren waren, dass man schon sehr klein sein musste, um sich darunterzwängen zu können, ein Junge auf. Er lag zusammengekrümmt auf dem moosbedeckten Boden und drückte sich die Knie an die Brust, während sein ganzer Körper von Schluchzern geschüttelt wurde. Seine feine Kleidung fiel selbst in diesem schwachen Licht auf. An den Stellen, an denen seine Baumwoll-Dishdasha nicht mit Blättern oder Erde beschmutzt war, schimmerte sie so weiß, dass sie förmlich glänzte. Die Schärpe um seine Taille war aus Seide; Bronze und Indigo bildeten ein Muster auf kupferfarbenem Grund. Goldene Ringe an seinen Unterarmen und Ohren, Perlen um seinen Hals. So etwas trugen kleine Jungen, die draußen spielten, üblicherweise nicht – ganz gewiss nicht ihr Sohn, den man in selbst gesponnene Wolle und geflickte Mützen kleiden würde, während er die kalten Winter in Zariaspa ertrug.

Andererseits war der kleine Junge vor ihr auch nicht so wie die meisten anderen. Dies war der nächste Dschinn-König.

Allerdings verhielt er sich äußerst töricht. Denn man sah auf den ersten Blick, dass der junge Muntadhir al Qahtani allein und unbewaffnet war und somit gleich zwei Fehler auf einmal begangen hatte. Sie konnte sich nicht vorstellen, was den verhätschelten kleinen Prinzen dazu bewogen hatte, sich weinend im Dschungel zu verkriechen.

Kannst du das wirklich nicht? Schließlich war Manizheh selbst ein Königskind gewesen und hatte früh lernen müssen, ihre Gefühle zu verbergen. Im Palast waren Emotionen Schwächen, die andere ausnutzten, um einem zu schaden. Außerdem war Muntadhir nicht nur der Sohn des Königs, sondern entstammte auch einer Familie von Kriegern und einem Volk, das sich für seine Zähigkeit pries. Er war ganz gewiss alt genug, um zu wissen, was ihn erwartete, wenn er an einem Ort trauerte, an dem man ihn sehen konnte.

Allerdings würde er auch ganz gewiss von einer Schattenkreatur gefressen, wenn er sich noch lange hier draußen aufhielt, und auch das würde man den Nahid-Geschwistern ankreiden, daher trat Manizheh vor. »Friede sei mit dir, kleiner Prinz.«

Muntadhir schrak zusammen und hob ruckartig den Kopf. Er hatte gerade mal die feuchten Augen auf sie gerichtet, da riss er sie vor lauter Furcht auch schon weit auf. Rasch sprang er auf die Beine und wich zurück, bis er sich gegen den Baumstamm presste.

Manizheh hob die Hände. »Ich will dir nichts tun«, versicherte sie ihm sanft. »Aber das hier ist kein sicherer Ort.«

Der Prinz blinzelte nur. Er war ein wunderschönes Kind mit großen, leuchtenden grauen Augen und langen dunklen Wimpern. Ein Hauch von Rost schimmerte in seinen schwarzen Locken, die ihm in perfekten Wellen bis fast auf die Schultern fielen. Aus der Nähe konnte Manizheh erkennen, dass winzige Amulette aus sandgestrahltem Glas an seiner Kleidung angebracht waren. Eine Kette aus ähnlichen Materialien hing um seinen Hals, wobei die hellen

Glasperlen hier mit welchen aus Holz und Muscheln vermischt waren und einen Anhänger aus gehämmertem Kupfer umgaben. Dieser Anhänger war vermutlich gefüllt mit heiligen Versen, die man auf winzige Papierstreifen geschrieben hatte. Ein ländlicher Aberglaube, um den jungen Adligen vor allerlei Bösem zu schützen. Seine Mutter stammte aus einer kleinen Küstensiedlung, und wenngleich Manizheh Saffiyeh als scheu und ruhig empfunden hatte, so musste sie doch zugeben, dass sie ihren Sohn mit allem, was ihr zur Verfügung stand, zu beschützen versucht hatte.

Nun war sie tot. Muntadhir stand wie erstarrt da, als sei er ein Kaninchen im Angesicht eines Falken.

Manizheh kniete sich hin, um weniger bedrohlich zu wirken. Auch wenn die Dschinn das anders sahen, hätte sie doch nie einem Kind etwas zuleide getan. »Das mit deiner Mutter tut mir sehr leid, mein Kleiner.«

»Warum habt Ihr sie dann getötet?«, fuhr Muntadhir sie an. Er wischte sich die laufende Nase am Ärmel ab und fing erneut an zu weinen. »Sie hat Euch nie irgendwas getan. Sie war gut und freundlich … Sie war meine Amma«, stieß er schluchzend hervor. »Ich brauche sie.«

»Das weiß ich und es tut mir schrecklich leid. Ich habe meine Mutter ebenfalls verloren, als ich noch sehr jung war.«

Wobei *verloren* eine auf schreckliche Weise zutreffende Bezeichnung war, denn Manizhehs Mutter gehörte zu den vielen Daeva, die unter der brutalen Regentschaft von Khader, Ghassans Vater, einfach verschwunden waren. »Und ich weiß, dass es dir jetzt unmöglich vorkommt, aber du wirst diesen Verlust überleben. Sie hätte sich gewünscht, dass du das schaffst. Hier gibt es viele, die dich lieben, und sie werden sich um dich kümmern.« Der letzte Teil fühlte sich für sie wie eine Lüge an oder jedenfalls nicht wie die ganze Wahrheit. Die traurige Tatsache war, dass man sich durchaus um den mutterlosen jungen Prinzen scharen würde, allerdings aus vielerlei ganz eigennützigen Gründen.

Muntadhir starrte sie einfach nur an und wirkte vollkommen verloren. »Warum habt Ihr sie umgebracht?«, flüsterte er noch einmal.

»Das habe ich nicht getan«, erwiderte Manizheh und achtete darauf, dass ihre Stimme sanft, aber entschieden klang. »Deine Amma war sehr krank. Die Nachricht deines Vaters traf nicht rechtzeitig bei mir ein, aber ich hatte ganz gewiss nicht die Absicht, ihr zu schaden. So etwas würde ich niemals tun.«

Muntadhir trat etwas näher an sie heran. Dabei umklammerte er einen der dick mit Moos bewachsenen Äste, die zwischen ihnen herabhingen, und das so fest, dass seine Fingerknöchel weiß hervortraten. »Sie haben gesagt, dass Ihr so etwas sagen würdet. Sie haben gesagt, dass Ihr mich anlügen werdet. Dass die Daeva nichts anderes tun, als zu lügen. Sie haben gesagt, du hättest sie getötet, damit du meinen Vater heiraten kannst.«

Es war eine Sache, derart bigotte Worte aus dem Mund erwachsener Höflinge zu hören, aber eine ganz andere und viel schlimmere, wenn sie von einem trauernden Kind ausgesprochen wurden. Manizheh verschlug es die Sprache, als sie den anklagenden Blick des Jungen auf sich spürte. Muntadhir stand nun aufrecht vor ihr und war durch und durch der zukünftige Emir.

»Ich werde eines Tages dafür sorgen, dass du stirbst.« Der Qahtani-Prinz zitterte, als er das sagte, doch er tat es trotz allem, als würde er eine neue Fähigkeit ausprobieren, die es noch zu meistern galt. Bevor sie auch nur etwas erwidern konnte, war er schon tiefer in den Wald hinein geflüchtet.

Manizheh sah ihm hinterher. Muntadhir wirkte vor dem nebelumwölkten dunklen Unterholz so klein. Einen flüchtigen Moment lang wünschte sie sich, der Prinz würde vom Dschungel verschluckt werden. Dass die Natur sich um die Gefahr kümmerte, von der sie wusste, dass sie nur weiter schwären und wachsen würde.

Genau aus diesem Grund hast du Jamshid zurückgelassen. Es mochte ihr das Herz gebrochen haben, ihren Sohn aufzugeben, aber so musste er wenigstens nicht an diesem grässlichen Ort aufwachsen.

Sie zwang sich weiterzugehen, war aber schon bald erschöpft, da ihr die feuchte Hitze die letzte Kraft nahm, die ihr noch geblieben war. Ihre Beine zitterten und dazwischen machte sich eine neue Feuchtigkeit bemerkbar. Obwohl Jamshids Geburt Wochen her war, blutete sie hin und wieder noch. Manizheh hatte keine Ahnung, ob das normal war, und sie wusste auch nicht, ob der Körper einer Nahid anders auf eine Geburt reagierte. Als sie alt genug gewesen war, um derartige Fragen zu stellen, hatte es keine Nahid-Frauen mehr gegeben, die sie ihr beantworten konnten.

Ihr Schmerz war jedoch nicht von Bedeutung. Denn je näher sie der Krankenstube kam, desto offensichtlicher wurde, dass ein anderer Nahid sie brauchte.

Wenn die Magie des Palastes Manizheh vereinnahmt hatte, dann war der überwucherte Dschungel Rustams Reich. Ihr kleiner Bruder war nie ein so guter Heiler gewesen wie sie – eigentlich konnte es niemand mit ihren Heilkräften aufnehmen –, aber in Bezug auf Pflanzen war er ein wahrer Gelehrter, und der Garten war so auf ihn eingestimmt wie ein loyaler, liebevoller Hund auf sein Herrchen.

Nun schien er jedoch wild geworden zu sein. Neue Efeuranken und gewaltige trompetenartige Blüten breiteten sich überall aus, und das helle Grün frischen Wachstums ließ sich nicht übersehen. Schon lange bevor er zu sehen war, konnte Manizheh Rustams geliebten Orangenhain riechen – der viel zu süße Duft von überreifen Zitrusfrüchten und Verwesung hing in der Luft.

Ihr stockte der Atem, als sie um die Wegbiegung kam. Der Garten der Krankenstube sah aus, als seien ihm ein Dutzend Wachstumstränke verabreicht worden. Hüfthohe Silberminzbüsche hatten nun die Größe von Bäumen und standen neben Rosen mit tellergroßen Blüten, deren Dornen als Dolche dienen konnten. Rustams Obstgarten, seine Freude und sein ganzer Stolz, war völlig außer Rand und Band und kauerte wie eine wartende Spinne über dem restlichen Garten. Die Explosion an Früchten musste selbst die Freiwilligen, die sonst alle überschüssigen Exemplare für die Vorratskammern des Tempels einsammelten, überfordert haben, da unzählige Orangen faulend auf dem Boden lagen.

Manizheh bahnte sich einen Weg zwischen dem Unkraut hindurch, so schnell sie konnte – was aufgrund ihres Zustands einige Zeit dauerte. Ihr Kopf dröhnte und eine Ascheschicht bedeckte ihre Haut. Ihren Tschador hatte sie inzwischen verloren, er war irgendwo an einem Baum hängen geblieben, und ihr schmutziges Haar fiel ihr auf die Schultern. Als sie den Pavillon gerade erreicht hatte, schoss ein stechender Schmerz durch ihr Becken. Sie krümmte sich und unterdrückte einen Schrei.

»Meine Dame!«

Manizheh blickte auf und sah, wie Nisreen die medizinischen Instrumente fallen ließ, die sie gerade in der Sonne zum Trocknen auslegen wollte, um sogleich zu Manizheh zu eilen.

»Banu Nahida …« Nisreen stockte und blickte mit besorgten Augen auf Manizheh herab, wobei man ihr das Entsetzen deutlich anmerkte.

Manizheh biss die Zähne zusammen, als der Schmerz abermals durch ihren Unterleib tobte. *Atmen. Einfach atmen.* »Wo ist Rustam?«, stieß sie mühsam hervor.

»Er ist mitten in einer Behandlung. Er hatte bereits damit angefangen, als wir von Eurer Rückkehr erfuhren.«

»Geht es ihm gut?«

Nisreen machte den Mund auf und klappte ihn wieder zu, während sie sichtlich nach einer Antwort rang. »Er ist am Leben.«

Das war nicht beruhigend. Manizheh wusste, dass er noch lebte. Ghassan konnte es nicht riskieren, seinen einzigen Nahid umzubringen, solange sie noch nicht wieder zurück war. Allerdings gab es sehr viele andere Dinge, die er Rustam antun konnte.

»Ihr braucht Hilfe, werte Dame«, beharrte Nisreen. »Ich bringe Euch in den Hammam.«

Manizheh presste sich die Faust fester gegen den Bauch. Im Augenblick war sie sich nicht sicher, ob sie es bis zum Hammam schaffen würde, geschweige denn, ob sie sich dort reinigen konnte, ohne in Ohnmacht zu fallen. Außerdem würde man ihrem Körper sofort ansehen, was passiert war, sobald sie sich entkleidete.

Sie sah Nisreen in die Augen, ihrer Assistentin, der Frau, die Manizheh am ehesten als ihre Freundin bezeichnet hätte. Wichtiger vielleicht noch: der Frau, die lieber in den Tod gehen würde, bevor sie eine Nahid verriet. Daher zögerte Manizheh nur einen Moment, bevor sie Nisreens ausgestreckten Arm nahm und sich schwer darauf stützte.

»Mich darf sonst niemand sehen«, raunte Manizheh ihr zu. »Sobald wir den Hammam erreichen, musst du dafür sorgen, dass niemand dort ist. Und du musst die Tür hinter uns verriegeln.«

»Ich soll die Tür verriegeln?«

»Ja. Ich brauche deine Hilfe, meine Liebe. Aber noch viel wichtiger ist dein Schweigen.«

* * *

Im Bad verlor Manizheh zwar nicht das Bewusstsein, war jedoch so benommen, dass sie trotzdem kaum etwas mitbekam. Die Zeit verschwamm in einer verworrenen Mischung aus Dampf und heißem Wasser, dem Geruch von Rosenseife und altem Blut. Nisreen ging sanft und ruhig zu Werke. Nachdem sie Manizheh die staubige Kleidung abgenommen hatte, war sie kurz ins Zögern geraten, nur um dann so verlässlich wie immer vorzugehen. Während sie gebadet und abgeschrubbt wurde und sich das Wasser zu einem hässlichen Grau verfärbte, weinte Manizheh möglicherweise, und die Tränen rannen ihr mit dem Seifenschaum über die Wangen. Sie war sich nicht sicher und es war ihr auch egal.

Sobald sie jedoch in ihrem vertrauten Bett lag, schlief sie sofort ein und fiel in einen langen, traumlosen Schlaf. Als sie wieder erwachte, war es dunkel im Zimmer, abgesehen vom schwachen Leuchten ihres Feueraltars und einer kleinen Öllampe neben dem Bett.

Sie war nicht allein. Ihre Nahid-Sinne bemerkten den Herzschlag und das Atmen einer anderen Person ebenso mühelos, wie sie sie bei besserem Licht gesehen hätte. Desorientiert wollte sich Manizheh aufsetzen, was aber neuen Schmerz in ihrem Bauch hervorrief.

»Es ist alles in Ordnung«, versicherte ihr eine leise Stimme. »Ich bin es bloß.«

»Rustam?« Manizheh blinzelte. Ihr Bruder erschien in Form verschwommener Bruchstücke vor ihr – die schwarzen Augen, die sie gemeinsam hatten, und das helle Weiß seines Schleiers.

»Im Augenblick eher der Baga Nahid.« Rustam legte ihr ein

weiteres Kissen unter den Kopf und hielt ihr einen Becher mit einem übel riechenden Gebräu an die Lippen. »Trink das.«

Manizheh gehorchte. Wenn einem Rustam e-Nahid persönlich einen Trank braute, dann nahm man ihn ohne Widerrede zu sich. Die Erleichterung überkam sie derart schnell, dass es Manizheh die Kehle zuschnürte. Die Schmerzen, die Schwellungen am ganzen Körper und ihre dröhnenden Kopfschmerzen ließen sogleich nach.

»Der Schöpfer segne dich«, krächzte sie heiser.

»Du solltest etwas essen«, sagte er. »Und trink auch ein bisschen Wasser.«

Sie nahm den neuen Becher entgegen, den er ihr reichte, schüttelte allerdings den Kopf, als er ihr einen kleinen Teller mit geschnittenem Obst und Brot anbot. »Ich habe keinen Hunger.«

»Du musst etwas essen, Manu. Dein Körper ist schwach.« Rustam wollte ihre Hand nehmen.

Aber Manizheh zog sie weg, bevor er sie berühren konnte. »Ich sagte doch schon, dass ich keinen Hunger habe.«

Kurz schwiegen sie sich an. Sie konnte ihn noch immer nicht gut erkennen. Er senkte wie immer den Kopf. Rustam sah anderen nur noch selten in die Augen, und wenn er es tat, fiel es ihm schwer, den Blickkontakt zu halten.

Erneut ergriff er das Wort. »Ich mag vielleicht nicht deine Talente besitzen, Schwester, aber ich bin ebenso ein Nahid wie du. Ich muss deine Hand nicht berühren, um zu wissen, was passiert ist.«

Wieder kamen ihr die Tränen. Vor Jamshids Geburt hatte Manizheh viele Jahre nicht geweint. »Es ist gar nichts passiert. Mir geht es gut. Ich habe nur eine harte Reise hinter mir.«

»Manizheh …«

»Es war eine harte Reise«, wiederholte sie energisch. »Hast du das verstanden? Es gibt nichts, worüber wir reden müssen. Nichts, was du wissen solltest. Für etwas, das du nicht weißt, kann man dich nicht bestrafen.«

»Wir wissen beide, dass das nicht stimmt.« Rustam schnippte mit den Fingern, und die Öllampe brannte heller und ließ wilde Schatten durch den Raum tanzen. »Trag diese Last nicht allein. Das kannst du nicht. Nicht diesmal.«

»Es gibt nichts zu erzählen.«

»Und ob es das gibt! Du kannst nicht ein Jahr lang verschwinden und dann wiederauftauchen, nachdem du ein …«

Der ganze Raum bebte. Eine Hitzewoge traf sie, und die Flammen des Feueraltars loderten auf, versengten die Decke und ließen Rustams Zaubertrick wie den eines Kindes aussehen.

»Wenn du diesen Satz beendest, wird er der letzte sein, den du jemals sagst«, warnte sie ihn. »Hast du das verstanden?«

Rustam nahm ihr den leeren Becher aus der Hand und zitterte sichtlich. Seine Hände bebten immer, wenn er Angst hatte, ein Leiden, das er nicht kontrollieren konnte und das im Laufe der Jahre immer schlimmer wurde. In Ghassans Gegenwart konnte er kein Objekt festhalten, ohne dass es klapperte, und wenn sie an öffentlichen Veranstaltungen teilnehmen mussten, umwickelten Manizheh und er seine Handgelenke mit verknoteten Lumpen, an denen er sich festklammern konnte, um halbwegs ruhig zu wirken.

Doch jetzt hatte Manizheh ihn zum Zittern gebracht. Ihr war keine andere Wahl geblieben, denn er war töricht genug, solche Worte offen auszusprechen, obwohl Ghassan überall Augen und Ohren versteckte. Reue überkam sie.

»Bitte entschuldige, Rustam. Ich muss einfach nur …«

»Ich habe verstanden«, fiel er ihr ins Wort. »Dass du mich bedrohst, ist mir Antwort genug.« Er öffnete und schloss die Fäuste und presste die Hände auf die Knie, während er versuchte, wieder die Kontrolle zu gewinnen. »Ich hasse das«, flüsterte er. »Ich hasse sie. Dass ich dich nicht einmal fragen kann, ob …«

»Ich weiß.« Sie nahm seine Hand. »Darf ich dich etwas fragen?«

»Natürlich.«

»Würdest du das, was ich dir nicht erzählen kann, in deine Gebete einschließen?«

Abermals sah Rustam ihr in die Augen. »Ich werde es jeden Tag tun, Schwester.«

Er blickte sie so ernst an, dass Manizheh sich noch schlimmer fühlte. Sie wollte es ihm erzählen. Sie wollte sich mit ihm unter ihre Decke kuscheln, so wie sie es als Kinder getan hatten, und mit ihm weinen. Sie wollte, dass ihr ein anderer Nahid sagte, alles würde wieder gut werden. Dass Ghassan fallen würde und sie ihren Sohn wiedersehen konnte. Dass sie den von ihr gewirkten Zauber rückgängig machen und nach Daevabad zurückkehren würde, damit sie zusammen regieren konnten, so wie es ihrer Familie gebührte.

Aber ihr kleiner Bruder sah schrecklich aus. Rustam zitterte noch immer und seine blasse Haut hatte eine kränkliche gelbe Farbe angenommen. Die Ringe unter seinen Augen traten so deutlich hervor, als sei er geschlagen worden, und er hatte Gewicht verloren. Mehr konnte sie von seinem Gesicht nicht erkennen. Rustam nahm den Schleier so selten ab, dass sie ihn manchmal daran erinnern musste, wenn sie allein waren, und Manizheh wusste auch, dass er dies nicht allein aus Frömmigkeit tat. Er hatte sich nach innen gewandt, um in Daevabad zu überleben, sich hinter jede Mauer zurückgezogen, die er errichten konnte, um tief in seinem Inneren einen Ort zu errichten, wo er vor allen sicher war.

Allein daran sah sie, was ihr Bruder in dem Jahr ihrer Abwesenheit hatte durchmachen müssen. Es würde keine anderen Hinweise geben. Die gab es nie. Rustams Knochen heilten, wenn Ghassans Schergen sie brachen, ebenso die Wunden der Peitschen und die Verbrennungen durch Säure. Ghassan legte nie Hand an Manizheh und das musste er auch gar nicht. Er hatte schon vor langer Zeit gelernt, dass er nur ihren Bruder schlagen musste, damit sie sich ihm im Handumdrehen unterwarf. Doch nicht alle unsichtbaren Male stammten von Ghassan. Die an Rustams Handgelenken erzählten eine ganz andere Geschichte. Rustam hatte mehr als einmal versucht, sich das Leben zu nehmen, doch so etwas ließ sich für einen Nahid nur sehr schwer bewerkstelligen. Sein letzter Versuch – mithilfe von Gift – war Jahre her, und damals hatte Manizheh ihn wieder zurückgeholt. Er hatte sie angefleht, ihn sterben zu lassen, und sie war auf die Knie gefallen und hatte ihn angefleht, bei ihr zu bleiben.

Das war das letzte Mal, dass sie vor Jamshids Geburt geweint hatte.

Sie würde sich nicht länger auf Rustam stützen. Stattdessen bemühte sich Manizheh um eine energischere Miene. »Könntest du mir aus der Küche einen Ingwertee bringen lassen?«, bat sie ihren Bruder. »Damit kann ich meinen Magen bestimmt weit genug beruhigen, um ein paar Bissen herunterzubekommen.«

Er sah sie erleichtert an. Ah, ja, sie kannte den Blick eines Heilers, der sich über eine machbare Aufgabe freute. »Selbstverständlich.« Rustam stand auf und fummelte in den Taschen seiner Robe herum. »Ich habe dir etwas mitgebracht. Ich weiß, dass du ihn lieber verstecken möchtest, aber ich dachte … Ich dachte, er spendet dir vielleicht etwas Trost.« Er legte ihr ein kleines, hartes Objekt in die Hand und schloss ihre Finger darum, bevor er einen Schritt zurücktrat. »Mögen die Feuer hell für dich brennen, Manu.«

Manizhehs Brustkorb zog sich zusammen. Sie wusste ganz genau, was sie da in der Hand hielt. »Für dich auch, geliebter Bruder.«

Er verbeugte sich und eilte hinaus. Manizheh lehnte sich im Bett zurück und krümmte sich. Erst als sie hörte, wie die Tür ins Schloss fiel, befahl sie den Flammen, sich zurückzuziehen, sodass der Raum erneut in Dunkelheit getaucht war.

Danach steckte sie sich den uralten Ring, den Rustam ihr gegeben hatte, an den Finger. Das Band war arg in Mitleidenschaft gezogen worden. Manizheh kannte jede einzelne Delle und Schramme, denn es gab kein Objekt, dem sie mehr Aufmerksamkeit geschenkt hatte als diesem Ring, der die einzige Hoffnung ihres Volkes auf Erlösung darstellte.

»Bitte komm zurück«, flüsterte sie. »Bitte rette uns.«

DURIYA

Diese Szene spielt etwa ein Jahr nach der vorherigen und enthält Spoiler für alle drei Bücher.

Mit spitzen Fingern hob die die Dschinn-Frau eine der frisch gewaschenen Bandagen hoch, als würde sie eine Spinne halten, und verzog das Gesicht. »Soll das ein Witz sein?«

Duriya beäugte den Verband, der ihrer Meinung nach durchaus brauchbar aussah. Sie hatte ihn in so heißem Wasser geschrubbt, dass ihre Hände ganz rissig waren, und anschließend in der Sonne trocknen lassen.

»Ich kann Euch nicht folgen, Herrin«, erwiderte sie und gab sich die größte Mühe, möglichst eingeschüchtert zu wirken. So etwas tat sie nur sehr ungern, doch sie hatte schon vor langer Zeit gelernt, dass sie in Gegenwart dieser Dämonen auf ihren Ton achten musste. Es gab wenig, was ein Dschinn mehr genoss als die Möglichkeit, einen »Schlammblütigen« zu maßregeln.

»Sie sind immer noch *feucht*. Kennst du denn nicht einmal den Unterschied zwischen trockenem und feuchtem Stoff? Wenn ich sie so weglege, fangen sie an zu schimmeln. Entweder erklärst du Banu Manizheh, warum ihre Vorräte Schimmel ansetzen, oder du wäschst sie noch mal.«

Die Frau warf den Lappen nach Duriya. Duriya fing ihn auf und starrte die Wäsche, die sie eben hereingeholt hatte, verzweifelt an. Eigentlich hatte dies der letzte Korb für heute sein sollen, bevor sie nach Hause gehen durfte.

»Vielleicht hätte ich sie etwas länger in der Sonne trocknen lassen sollen«, gab Duriya geknickt zu. »Ich habe sie wirklich eben erst von der Leine genommen. Sie waren noch gar nicht …«

Mit einem schnellen Tritt kippte die Dschinn-Frau den Korb um, sodass sich die Bandagen überall auf dem Boden der Krankenstube verteilten. Allerdings war der Fußboden hier alles andere als schmutzig – nichts in der Krankenstube oder an den furchterregenden Bewohnern war schmutzig. Die kleine Armee aus Shafit-Dienern, zu der Duriya gehörte, verbrachte Tag und Nacht damit, die Böden zu wischen, die Wäsche zu waschen und Flecken zu beseitigen. Die magischen Patienten darin – und erst recht die Knochenbrecher mit den ebenholzfarbenen Augen, die sie behandelten – durften auf gar keinen Fall auch nur einen Moment lang unhygienischen Bedingungen ausgesetzt werden.

Ich wüsste zu gern, ob sie auch nur ahnen, dass die Dienstboten, bei denen sie sich darauf verlassen, dass sie ihre Räume derart gründlich putzen, bei jedem Regen im Shafit-Viertel durch Abwasser waten müssen. Und ich wüsste gern, ob sie das überhaupt schert. Nichts davon war von Belang. Die Regeln der Krankenstube waren unumstößlich.

Duriya senkte den Kopf. »Ja, Herrin.« Dann sammelte sie die Wäsche wieder ein und ging.

Es war ein unfassbar schöner Tag mit strahlend blauem Himmel und in den Bäumen zwitscherten juwelenfarbene Vögel ihre verträumten Lieder. Aber Duriya zog ihren Schal enger ums Gesicht, als sie den Flügel, in dem sich die Krankenstube befand, verließ und über die abgelegenen Wege in Richtung Kanal marschierte. Es war klug, keinerlei Aufmerksamkeit zu erregen, wenn man allein im Palast herumlief, denn nur sehr wenige Dschinn kamen einer Shafit-Dienstbotin zu Hilfe. Das war eine der Gefahren, die die Arbeit hier mit sich brachte, ein Handel, den man für das verhältnismäßig gute Gehalt einer Position im Palast notgedrungen einging.

Die Risiken, die Duriya zu befürchten hatte, wurden immer zahlreicher. Bei ihrer ersten Stelle im Palast hatte sie Königin

Saffiyeh und ihrem kleinen Sohn, dem Erben des Dschinn-Throns, gedient. Die Königin war eine Frau der leisen Töne und gütig gewesen, eine der wenigen Dschinn, die sich die Mühe machten, sich die Namen ihrer Shafit-Diener zu merken und sich um ihr Wohlergehen zu sorgen. Dort hatte sich Duriya sicher gefühlt; niemand rührte ein Dienstmädchen an, das die Farben der Königin trug.

Doch nun war die Königin tot, und Duriya bezweifelte, dass ihre neuen Nahid-Herren ihr Gesicht inmitten der anderen Shafit-Waschfrauen überhaupt bemerkt hatten oder sich um ihre Sicherheit sorgten. Oder gar um ihr Leben. Shafit wurden vor vielen Dingen gewarnt, wenn man sie nach Daevabad schleifte, doch diese Warnung war die wichtigste: *Nimm dich vor den schwarzäugigen Dschinn in Acht, die sich Daeva nennen.*

Über diese Daeva kursierten grausame Geschichten. Angeblich lebten sie abseits der anderen Dschinn und beteten Flammen anstelle von Gott. Duriya war gewarnt worden, niemals einem Daeva in die Augen zu sehen, niemals in ihrer Gegenwart zu sprechen, wenn sie nicht dazu aufgefordert worden war, und niemals, auf gar keinen Fall einen Daeva zu berühren – Shafit hatten schon für weitaus weniger eine Hand verloren. Zudem waren ihre neuen Nahid-Herren nicht nur Daeva, sondern deren Anführer. Die Letzten einer uralten Dynastie, die den Gerüchten zufolge Krieg geführt hatte, um die Shafit auszurotten. Eine Armee aus mit Magie aufgerüsteten Kriegern, die sechzig Pfeile gleichzeitig abschießen und ganze Städte auslöschen konnte, hatte sie dabei unterstützt.

Duriya war sich nicht sicher, ob sie die Gerüchte glauben sollte, schließlich war dies eine Stadt der Lügen. Aber die ständige Anwesenheit bewaffneter Soldaten in der Krankenstube – Soldaten, die beide Nahid-Geschwister mit feindseligen Blicken bedachten, während sie ihre Patienten behandelten – reichte bereits aus, dass sie sich fragte, ob es nicht Zeit sei, sich eine andere Stelle zu suchen.

Der Platz am Ufer des Kanals, wo sie immer die Wäsche wuschen, war leer. Duriya tauchte den Korb ins Wasser und machte sich dann daran, die nassen Bandagen an einer Schnur aufzuhängen, die an einer sonnigen Stelle zwischen den Bäumen aufgespannt war. Trotz ihrer zur Schau gestellten Unterwürfigkeit hatte sie nicht die Absicht, diese verdammten Lappen ein zweites Mal zu schrubben. Vielleicht konnten schimmlige Bandagen ja das garstige Gemüt der Dschinn verbessern.

Sie arbeitete schnell. Der Kanal war eine finstere Erinnerung daran, wie gefangen sie sich in Daevabad fühlte, und sie hielt sich hier nur sehr ungern auf. Als Duriya anfing, im Palast zu arbeiten, hätte sie beim Anblick des tosenden dunklen Wassers, das durch den Garten floss, beinahe geweint. Im Shafit-Viertel gab es weder Flüsse noch Bäche, doch hier bot sich ihr zumindest eine Gelegenheit.

Denn im Gegensatz zu dem, was sie die meisten glauben ließ, war Duriya nicht erst in Daevabad und durch die Dschinn mit Magie in Kontakt gekommen.

Dies war schon viel früher passiert, am Ufer des Nils, als ein einsames Mädchen dort einen höchst ungewöhnlichen Freund fürs Leben fand. Daher war Duriya bei der ersten Gelegenheit, die sich ihr bot, zum Kanal gerannt. Sie hatte diesen Freund auf die einzige Weise gerufen, die sie kannte und die sie bislang nie im Stich gelassen hatte: indem sie sich in den Finger biss, bis er blutete, und die Hand sodann ins kalte Wasser tauchte.

»Sobek!«, hatte sie gefleht. »Bitte … bitte erhört mich, alter Freund! Ich brauche Euch!«

Falls Sobek in der Lage war, in diesen fremden Gewässern ihren Ruf wahrzunehmen, so war er ihm nicht gefolgt. Ebenso wenig war er die anderen Male erschienen, als sie versucht hatte, ihn herbeizubeschwören. Möglicherweise konnte er es nicht. Er war schließlich der Gott des Nils und sie befand sich sehr weit von Ägypten entfernt. Das alles hinderte sie jedoch nicht daran, sich eine solche Rettung in ihren Träumen weiterhin zu ersehnen. In diesen Träumen nahm der See die satte braune Farbe des Nils zu Flutzeiten an und überschwemmte die Dschinn-Stadt. In diesen Träumen stand sie an Sobeks Seite, während er den Kopfgeldjäger in Stücke riss, der sie gefangen genommen hatte und dessen Blut nun die Krokodilzähne befleckte.

»Gibt es Dschinn, die sich in Tiere verwandeln können?«, hatte Duriya Schwester Fatumai einmal gefragt. Sie und ihr Vater waren Hui Fatumai in ihrer ersten Woche in dieser Stadt begegnet, nachdem der Kopfgeldjäger sie entführt und im Shafit-Viertel abgesetzt hatte. Die in Daevabad gebürtige Frau organisierte die Shafit und hatte es sich zur Aufgabe gemacht, Neuankömmlingen bei der Eingewöhnung zu helfen. Darüber hinaus hatte Schwester Fatumai ihnen das Leben in der magischen Stadt erklärt und sie zu der kleinen ägyptischen Gemeinde gebracht, die die beiden bei sich aufnahm.

In Bezug auf Sobek und allgemeine Fragen über magische Kreaturen war Schwester Fatumai hingegen wenig hilfreich gewesen.

»Ich kenne die Geschichten, die in deinem Volk über die Dschinn erzählt werden«, hatte sie erwidert. »Dass sie von Katzen und geflügelten Schlangen Besitz ergreifen oder sich in eine heiße Brise verwandeln können, die seufzend durch die Bäume streift, und menschliche Opfer mit unheimlichen Schreien an Flussufer locken. Aber das sind nicht diese Dschinn. Diese hier sind eher wie wir; sie halten sich für die Nachfahren der großen Dschinn, die der Prophet Suleiman – Friede sei mit ihm – einst bestraft hat. Angeblich sind sie die schwächsten Feuerkreaturen.«

Duriya hatte sich noch sehr gut daran erinnern können, wie der Kopfgeldjäger sie auf einem Boot nach Daevabad brachte, das über Sand und Wasser schwebte, und wie sie die beeindruckende Stadt mit ihren schwebenden Glasminaretten und den Märkten mit schimmernden Stoffen und Ornamenten aus Drachenschuppen zum ersten Mal erblickt hatte.

»Diese Dschinn sind die schwächsten?«, hatte sie staunend gefragt.

»Das rückt einiges ins rechte Licht, nicht wahr?«, lautete Schwester Fatumais Reaktion. »Über die anderen Kreaturen kann ich dir nur wenig erzählen. Vieles ist selbst den sogenannten reinblütigen Gelehrten dieser Stadt noch ein Rätsel. Möglicherweise weiß nur Gott allein, wie man es entschlüsselt.«

In diesen Worten schwang eine leise Warnung mit, die diplomatische Bitte, das Thema zu wechseln. Doch Duriya war derart verzweifelt auf der Suche nach einem Ausweg aus ihrer Lage gewesen, dass sie nicht lockergelassen hatte. »Ich bin einem von ihnen begegnet.«

Schwester Fatumai hatte den Korb mit Lebensmitteln, den sie eben auspackte, fallen lassen. »Du bist *was?*«

»Ich bin einem von ihnen begegnet«, hatte Duriya beharrt. »Zu Hause. Ich hatte seit meiner Kindheit einen Gefährten, einen Geist in der Gestalt eines der Krokodile aus dem Nil. Wenn ich ihn rufen könnte, würde er meinen Vater und mich wieder nach Hause bringen, das weiß ich genau. Er schuldet mir einen Gef…«

Schwester Fatumai hatte Duriya rasch den Mund zugehalten und sie mit ihren braunen Augen alarmiert angesehen. »Wenn du in dieser Stadt überleben willst, Tochter, dann musst du vergessen, dass du jemals so etwas gesagt hast. Beim Allmächtigen … Sollte ein Dschinn hören, wie du davon sprichst, einen Flussgeist beschworen zu haben, würde man dich und deinen Vater gleich am nächsten Morgen exekutieren – falls ihr denn das Glück hättet, überhaupt so lange am Leben zu sein. Hast du das verstanden?«

Duriya verstand es. Sie hatte nur nicht darauf gehört, sondern versuchte weiterhin, Sobek zu rufen. Aber als die Jahre in dieser elenden Stadt verstrichen und ihr zunehmend zusetzten, starben auch ihre Hoffnungen langsam und qualvoll.

»Dein Gesicht hat sich seit unserer Ankunft hier nicht verändert«, hatte ihr Vater erst neulich leise gesagt und ihre Wange berührt. Er sprach nun fast immer leise, denn all das, was während der langen Nächte ihrer Reise nach Daevabad geschehen war, hatte bei ihnen beiden tiefe Narben hinterlassen. »Vielleicht wirst du ja so altern, wie die Dschinn es tun. Möge Gott dir ein so langes Leben wie ihnen gewähren.«

Das hätte mir gerade noch gefehlt – weitere Jahrhunderte, in denen ich blutige Lappen im Kanal waschen muss. Duriya wusste, dass sich die Shafit hier ein Leben aufbauten. Ihnen blieb nun mal keine andere Wahl. Sie heirateten und bekamen Kinder und machten das Beste aus allem, wobei sie daran glaubten, in der nächsten Welt Gerechtigkeit zu erfahren.

Doch das war nicht das, was Duriya wollte.

Jetzt trat sie näher an den Kanal heran und kniete sich ans feuchte Ufer. Ihr Spiegelbild kräuselte sich auf dem Wasser. Würde Sobek sie hören, wenn sie ihm mehr als nur eine Handvoll Blut gab? Wenn sie tiefer schnitt, so tief, dass sich das Wasser rot färbte? Würde sie im Kanal in tiefen Schlaf fallen und zu Hause wieder erwachen?

In einen Schlaf, der deinem Vater das Herz brechen würde?

Duriya erschauderte. Nein, das war keine Option. Sie wich einige Schritte zurück und versuchte die Verzweiflung abzuschütteln, die sich von Tag zu Tag schwerer auf ihr Herz legte. Ihre Wäsche würde noch einige Zeit brauchen, bis sie trocken war, aber Duriya musste fort vom Kanal.

Und so ging sie zu einem der wenigen Orte, an denen sie Freude empfand.

* * *

Die Molokhia-Samen hatten Duriya zwei Monatsgehälter gekostet, eine Summe, die sie sorgsam jede Woche beiseitegelegt hatte, bis sie genug beisammenhatte, um den zwielichtigen Gemüsehändler auf dem Markt aufzusuchen, der Samen aus der Menschenwelt in die Stadt schmuggelte und seinen unter Heimweh leidenden Shafit-Kunden zu Wucherpreisen verkaufte. Kaum hatte er erstmals ihren Akzent gehört, versuchte er sogar, noch mehr zu verlangen – doch diesen Versuch gab er rasch auf, als sie ihn mit dem rasiermesserscharfen Messer mit der geschwungenen Klinge bedrohte, das sie gekauft hatte, um die Blätter zu zerkleinern, sobald die Pflanzen ausreichend gewachsen waren.

Tatsächlich hätte sie sogar noch mehr bezahlt. Ihr Vater und sie hatten so viel verloren: die einfachen Freuden ihres Dorfes, das Haus mit dem Strohdach, in dem ihre Familie seit Generationen gelebt hatte, die von ihrer Mutter gewebten Schals und Wandteppiche und die laute Musik bei den Feierlichkeiten für die Heiligen. Duriya konnte all das nicht wieder zurückbringen, aber immerhin das Leibgericht ihres Vaters kochen. Er war ein viel besserer Koch als sie – dermaßen talentiert, dass er eine Anstellung in der Palastküche gefunden hatte –, doch die Suppe ließ sich leicht zubereiten, sodass selbst Duriya dazu in der Lage war, solange sie die entsprechenden Zutaten besaß. Zwar schien eine Mahlzeit aus der Heimat nur eine Kleinigkeit zu sein, aber sie wusste, wie viel ihm das bedeutete.

Nachdem sie ein Vermögen für die Samen bezahlt hatte, entschied sich Duriya erst nach langem Überlegen für eine Stelle, an der sie sie anpflanzen wollte. Sie hatte ein gutes Auge – schließlich war sie in einem Bauerndorf aufgewachsen und vom Gott des Nils höchstpersönlich angeleitet worden. Letztendlich entdeckte sie einen passenden Platz ... Nun ja, gewissermaßen. Es gab einen Ort im Garten, den jeder zu meiden schien: den überbordenden Orangenhain, der das Gelände der Krankenstube abgrenzte. Die Bäume wuchsen so dicht nebeneinander, dass die mit Früchten beladenen Zweige und die riesigen weißen Blüten eine undurchdringliche Mauer bildeten. Doch am Ostrand floss der Kanal daran vorbei und schuf ein schmales, verborgenes Dreieck in der Nähe des bedrohlichen Dschungels, das die perfekte Kombination aus Sonne, Feuchtigkeit und Abgeschiedenheit bot. Darüber hinaus lag es nahe genug, sodass sich Duriya problemlos wegschleichen und um ihre Pflanzen kümmern konnte, auch wenn sie dabei den Daeva-Gärtnern aus dem Weg gehen musste, denn sie waren die Einzigen, die die in der Nähe wachsenden Nahid-Heilkräuter berühren durften.

Duriya war derart gedankenverloren und auch noch von der grellen Sonne geblendet, als sie aus dem Schatten einer hoch aufragenden Zeder trat, dass sie schon fast vor ihrem geheimen Beet stand, bevor sie bemerkte, dass sie nicht allein war. Ein Gärtner – gekleidet in eine mit Schmutz befleckte Tunika, deren Ärmel er hochgekrempelt hatte, wodurch seine blassgoldenen Arme zu sehen waren – kauerte auf allen vieren auf dem Flecken mit reichhaltiger Erde, in dem bis vor Kurzem noch ihre hüfthohen Molokhia-Pflanzen gestanden hatten. Pflanzen, für die sie mehrere Wochenlöhne gezahlt und die sie liebevoll gehegt und gepflegt hatte, um dann ihren Geruch einzuatmen, der sie an ihr Zuhause erinnerte, und zu beten, dass das Geschenk, das sie für ihren Vater zubereiten wollte, ihm endlich wieder ein Lächeln entlocken würde.

Die Pflanzen waren brutal mitsamt den Wurzeln herausgerissen worden. Ihre harte Arbeit und verlorenen Gehälter lagen nun abseits auf einem Unkrauthaufen. Nur eine einzige Molokhia-Pflanze steckte noch im Boden, und während sie hinsah, streckte der Gärtner, der ihr noch immer den Rücken zuwandte, eine Hand danach aus.

Duriyas gesunder Menschenverstand – die Weisheit, die sie dazu brachte, den Kopf vor ihrer von trockenen Bandagen besessenen Herrin zu senken und kein Wort mehr über Sobek zu verlieren – setzte aus.

»Nicht anfassen!« Sie stürzte sich auf die Hand des Gärtners. Er sprang auf und drehte sich überrascht um … woraufhin Duriya nicht etwa seine Hand wegstieß, sondern ihm fest ins Gesicht schlug. Mit einem Aufschrei fiel er nach hinten und landete mit dem Hintern im Dreck.

Weit aufgerissene Augen blickten sie erstaunt an. Sie hatte den Mann derart fest geschlagen, dass der weiße Schleier von seinem Gesicht heruntergerissen worden war und Blut aus seiner Lippe quoll. Er starrte sie einfach nur an, als habe es ihm die Sprache verschlagen.

Dann fing seine Lippe an zu heilen. Die Haut verschloss sich wieder, bildete eine Narbe, und schon war auch diese verschwunden, und nichts als einige Tropfen dunklen Blutes auf seinem zerrissenen Schleier blieben zurück.

Der Schleier … Großer Gott! Es gab im ganzen Palast nur einen einzigen Mann, der einen weißen Gesichtsschleier trug und dessen Verletzungen im Handumdrehen heilten.

Duriya hatte soeben den Baga Nahid höchstpersönlich geschlagen. Wegen einer *Molokhia-Pflanze.*

Entsetzt schlug sie sich eine Hand vors Gesicht. Beim Allmächtigen, was hatte sie getan? Sollte sie weglaufen? Für diese Leute sahen alle Shafit doch gleich aus. Wenn sie die Flucht ergriff, würde Baga Rustam sie in der Menge der teilweise menschlichen Bediensteten, die sich um seine Bedürfnisse kümmerten, nie wiedererkennen.

Aber was sollte sie tun, wenn er es doch tat? Wenn er ihren Vater holen ließ?

Duriya fiel auf die Knie. »Bitte vergebt mir, Herr!«, rief sie in stockendem Dschinnistani. Die Sprache war ihr schon immer schwergefallen, und wenn sie nervös war, kamen ihr die Worte kaum über die Lippen. »Wenn ich …« Oh, großer Gott, wie sollte sie ihm denn gestehen, dass sie ihn nicht erkannt hatte? »Dann hätte ich Euch, den Nahid, niemals geschlagen.«

Er zog verwirrt die Augenbrauen zusammen. Duriya sagte eindeutig nicht das, was er erwartete.

Sie versuchte es abermals. »Ich habe Euch nicht … gesehen?« *Ist das das richtige Wort?* »War mir nicht bewusst …«

»Sprich so, wie du es gewohnt bist.« Das Dschinnistani des Baga Nahid war deutlich, aber zaghaft. »In deiner Sprache.«

»In meiner Sprache?«, wiederholte sie und war hin- und hergerissen zwischen Unsicherheit und Furcht. Aber als er nur nickte, wechselte sie ins Arabische, mit der vagen Hoffnung, dadurch der Exekution zu entgehen. »Vergebt mir«, sagte sie erneut und deutlich flüssiger. »Mir war nicht bewusst, wen ich vor mir habe. Andernfalls hätte ich es nie gewagt, Euch zu berühren. Oder Euch zu stören«, fügte Duriya schnell hinzu, da ihr durch den Kopf schoss, dass dies im Grunde genommen sein Stückchen Erde war, auf dem sie ihre Pflanzen anbaute.

Der Baga Nahid hatte ihr beim Reden die ganze Zeit ins Gesicht gesehen, und sein Blick war zwischen ihrem Mund und ihren Augen hin- und hergewandert. »Dann hättest du also eine andere Person geschlagen?«

Er stellte die Frage in ägyptischem Arabisch derart perfekt, dass Duriya zusammenzuckte. »Woher kennt Ihr … Nein, natürlich nicht«, antwortete sie rasch. Dies war nicht der passende Zeitpunkt, um sich danach zu erkundigen, wieso irgendein Feuerarzt aus einem anderen Reich ägyptisches Arabisch sprach. »Es ist nur so, dass … Diese Pflanzen bedeuten mir sehr viel. Als ich sah, dass Ihr die letzte herausreißen wolltet, habe ich ohne nachzudenken gehandelt.«

Er kniff die Augen zusammen. Beim Allmächtigen, sie waren wirklich beunruhigend, schwärzer als Kohle, schwärzer als alles, was als menschlich angesehen werden konnte. Sie erschauderte, und als sie erst einmal damit angefangen hatte, konnte sie gar nicht mehr aufhören. Oh Gott, das war ihr Ende. Jetzt würde er sie umbringen. Ihr den Hals mit einem Fingerschnippen brechen, oder schlimmer noch, sie seiner Schwester überlassen. Angeblich führte Banu Manizheh gern Experimente an Shafit durch, und wenn sie einen in die Finger bekam, wurde man gezwungen, Gifte zu sich zu nehmen, die die Organe von innen heraus schmelzen ließen, damit sie dann die Knochen zermahlen und daraus neue Tränke herstellen konnte.

»Es tut mir leid«, flüsterte Duriya ein weiteres Mal. Sie blieb auf den Knien kauern und senkte den Blick. So sahen die Dschinn die Shafit doch am liebsten. »Bitte tut mir nichts.«

»Dir etwas tun? Beim Schöpfer, so etwas würde mir nie in den Sinn kommen.« Nun war es der Baga Nahid, der verwirrt klang. »Du hast mich bloß überrascht. Ich verliere mich oft in Gedanken, wenn ich mich im Garten aufhalte, und hatte nicht damit gerechnet, dass eine geheimnisvolle Frau aus dem Dschungel gestürzt kommt.« Sie beobachtete aus dem Augenwinkel, wie er aufstand und sich den Staub von der Kleidung strich. »Lass mich dir helfen.«

Baga Rustam griff nach ihrer Hand, und Duriya war derart erstaunt über diese Geste, dass sie sich von ihm auf die Beine ziehen ließ. Sobald sie jedoch stand, wich sie prompt einen Schritt zurück und entzog ihm ihre Hand.

Der Daeva-Heiler schien es nicht zu bemerken – oder war diese Reaktion viel zu sehr gewöhnt. »Warum sind diese Pflanzen für dich derart wertvoll?«, erkundigte er sich.

Duriya starrte ihn entgeistert an. »Was?« Sie konnte es noch immer nicht fassen, dass sie einen der gefährlichsten Männer Daevabads angegriffen hatte. Sich nun auch noch mit ihm über Molokhia zu unterhalten, erschien ihr vollkommen abwegig.

»Die Pflanzen, die ich eben ausgerissen habe.« Sein Arabisch war nicht länger ägyptisch, sondern entsprach genau dem Dialekt und Akzent ihres Dorfes, was sie überaus verstörte. Allerdings meinte sie, sich zu erinnern, dass die Nahid über eine Art Sprachzauberei verfügten, doch das hier überstieg ihre wildesten Träume. »Weshalb haben sie für dich eine Bedeutung?«, hakte er nach.

Eine ehrliche Antwort konnte ihrer Meinung nach nicht schaden. »Das ist kein Unkraut, sondern ein Gemüse, das wir Molokhia nennen. Ich habe die Samen auf dem Markt gekauft.«

»Und beschlossen, sie in meinem Garten anzubauen?«

Duriya schoss das Blut in die Wangen. »Die Erde hier ist sehr gut. Aber es tut mir aufrichtig leid, und ich weiß, dass mir das nicht zustand. Es ist nur so ... Mein Vater leidet unter starkem Heimweh, und ich dachte, wenn ich ihm seine Leibspeise koche ...«

Seine Miene wurde verständnisvoll. »Nun, ich würde nur ungern die harte Arbeit einer liebenden Tochter behindern.«

Rustam kniete sich wieder auf den Boden. Er schob die Finger in die dunkle Erde, die sogleich zum Leben erwachte.

Setzlinge schossen hervor und wanden sich in blassgrünen Ranken um seine Hände. Sie wuchsen, als würde die Zeit schneller vergehen, breiteten die Blätter aus und reckten die Stängel empor, sodass der kauernde Baga Nahid bald deutlich von ihnen überragt wurde. Duriya blieb vor Staunen der Mund offen stehen, als das Beet voller Molokhia noch üppiger als zuvor um sie herum emporwuchs. Die smaragdfarbenen Blätter kitzelten sie an den Armen.

»So«, sagte der Baga Nahid. Er musste einige der Pflanzen zur Seite biegen, um sich daraus zu befreien, denn die Blätter griffen nach seinen Armen und Beinen und hielten sich wie Kinder daran fest. »Ich hoffe, das macht mein wahlloses Ausreißen wieder gut.«

»Wie habt Ihr ... *Wieso* habt Ihr das getan?«, hauchte sie.

»Es waren noch genug Wurzeln vorhanden.« Rustam wischte sich die Hände an den Knien ab und zuckte mit den Achseln, als habe er eben nicht einfach ein Wunder gewirkt. »Außerdem sollte ich wohl vielmehr dich fragen, wie du das angestellt hast. Im Allgemeinen gelingt es anderen nicht, neue Pflanzen in meinem Garten anzubauen.«

Stolz stieg in ihr auf. »Tja, ich sagte ja bereits, dass Ihr hier gute Erde habt. Abgesehen von den üblichen Methoden braucht es da nicht viel.«

»Was sind denn die üblichen Methoden?«

Diskutierte sie hier gerade tatsächlich mit dem Baga Nahid über Gartenbau? So langsam fragte sich Duriya, ob sie möglicherweise einen Schlag auf den Kopf bekommen hatte und all das nur träumte. »Zu Hause nutzten wir eine Mischung aus Asche und verwesender Seerose, um das Wachstum der Samen anzuregen. Und natürlich mischen wir auch Dung unter die Erde.«

Rustam runzelte die Stirn. »Dung?«

Ein derart erfahrener Gärtner wie er musste doch wissen, was Dung war. Vielleicht waren seine Sprachkenntnisse doch nicht so gut, wie sie gedacht hatte. »Tierkot.«

Er riss die Augen auf. *»Tierkot?«*, wiederholte er. »Du hast Tierkot benutzt, noch dazu direkt neben meinem Orangenhain, um deine Samen wachsen zu lassen?«

»So machen wir das zu Hause auch«, protestierte sie. »Das schwöre ich! Das sollte nicht respektlos sein. Diese Methode ist altbewährt, das müsst Ihr mir glauben, und bei uns kennt sie jedes Kind. Ich würde niemals ...«

Rustam fing an zu lachen. Es war ein fast schon seltsames Geräusch, das sich anhörte, als würde er nicht allzu häufig lachen, aber es passte zu der in seinen viel zu dunklen Augen funkelnden Freude. Ein Lächeln umspielte seine Lippen, und Duriya spürte, dass sie noch mehr errötete.

»Tierkot ...«, staunte Rustam. »Es sieht ganz so aus, als habe der Schöpfer selbst für mich noch einige Überraschungen parat.« Erneut sah er ihr in die Augen. »Wer bist du?«

Sie zögerte, überlegte kurz, ihm einen falschen Namen zu nennen, verwarf den Gedanken jedoch sofort wieder. Vielleicht wäre es klüger, anonym zu bleiben, aber sie stellte fest, dass sie ihm verraten wollte, wie sie hieß. »Duriya.«

»Duriya. Ich bin Rustam, aber ich schätze, das weißt du längst.« Im Schwung seiner Lippen schien sich ein Hauch von Selbstironie widerzuspiegeln. »Und wo liegt deine Heimat, in der man Molokhia in Dung anbaut?«

Sie konnte einfach nicht anders, als sein Lächeln zu erwidern. »In Ägypten.«

»Duriya aus Ägypten.« Rustam sprach ihren Namen wie einen Titel aus, was bei so gut wie jedem anderen Dschinn wie Spott geklungen hätte, doch in seiner Stimme lag nichts als Wärme. »Ich habe dich schon einmal gesehen. Du arbeitest als Wäscherin in der Krankenstube, nicht wahr?«

»Ja, das stimmt, aber es würde mich überraschen, wenn wir uns schon einmal begegnet wären. Wir sollen Euch stets aus dem Weg gehen.«

»Ich konnte dich einmal dabei beobachten, wie du mit den anderen Frauen am Kanal die Wäsche gemacht hast. Dein ... dein Lächeln vergisst man nicht so schnell wieder.« Seine Wangen röteten sich leicht und er schien zu stocken. »Bist du ... Äh, magst du deine Arbeit?«

Ob sie gern die Wäsche der gemeinen Dschinn wusch? Wollte er das allen Ernstes von ihr wissen? »Das Gehalt ist annehmbar«, antwortete sie gelassen.

Er gluckste. »Eine diplomatische Antwort.« Nach kurzem Zögern senkte er den Blick. »Würdest du vielleicht lieber hier arbeiten? Im Garten, meine ich. Für mich.«

»Ihr wollt, dass *ich* im Garten arbeite?«

»Wieso denn nicht? Ich muss gestehen, dass mich diese Methoden der Menschen faszinieren, von denen ich rein gar nichts weiß, während sie jedes Menschenkind zu kennen scheint. Wer weiß, was du mir noch alles beibringen könntest?«

Duriya blieb misstrauisch. Der Baga Nahid machte in der Tat einen freundlichen Eindruck – er war viel freundlicher, als er in den Geschichten dargestellt wurde –, aber Duriya hatte auf die harte Weise lernen müssen, dass man den Dschinn nicht trauen konnte. »Ist das etwas, worum Ihr Frauen öfter bittet, die Euch zuvor geschlagen haben?«

Nun sah Rustam ihr wieder in die Augen. »Darum habe ich noch nie zuvor jemanden gebeten.«

Oh. Duriyas Herz schlug schneller. Sie fragte sich, ob er es hören konnte. Angeblich waren die Nahid dazu in der Lage.

Den Gerüchten zufolge konnten die Nahid noch sehr viel Schlimmeres tun. Schließlich waren sie die heiligen Männer und Frauen der schwarzäugigen Daeva, mit denen sie sich niemals, auf gar keinen Fall, einlassen durfte. Die, die Tag und Nacht bewacht wurden, weil sie als ausgesprochen gefährlich galten. Und jetzt flirtete sie – ja, sie konnte ruhig offen zugeben, dass dem so war – mit dem Baga Nahid höchstpersönlich in dessen Garten.

Die Leute redeten viel, und sie hätte zu gern gewusst, wie viele von ihnen tatsächlich schon einmal einem Nahid begegnet waren.

Ihr Mut kehrte zurück. »Ich habe gehört, Euer Volk mag das meine nicht«, erklärte sie offen. »Und jetzt wünscht Ihr, dass jemand, in dessen Adern Menschenblut fließt, in Eurem Garten arbeitet? Ist das denn überhaupt erlaubt?«

»Die Entscheidung darüber, wer in meinem Garten arbeitet, ist eine der wenigen Freiheiten, die mir noch geblieben sind.« Seine Miene wirkte kurz verbittert, was sich jedoch schnell wieder legte, sodass er nur noch nervös aussah. Er griff nach seinem Schleier und hantierte an den Bändern herum. »Aber nur, wenn du Interesse hast. Echtes Interesse. Ich würde dir ein Nein nicht übel nehmen.«

Ein Nein wäre vermutlich die weisere Entscheidung. Duriya war weder jung noch eine Närrin, und als Rustam seinen Schleier wieder befestigte, entging ihr die Röte in seinen Wangen nicht. Lappen für grausame Dschinn zu waschen, war eine Sache, aber die Aufmerksamkeit des Baga Nahid zu erregen, schien ein völlig neues Ausmaß an Gefahr darzustellen.

Willst du so deine Jahrzehnte hier verbringen? Wenn nicht gar Jahrhunderte? Duriya wurde etwas mutiger und betrachtete seine Hände, die langen Finger, die mit Erde bedeckt waren, nachdem er ihre Molokhia-Pflanzen wieder hatte wachsen lassen, um ihm dann in die sanften dunklen Augen zu blicken.

Sie holte tief Luft. »Esst Ihr gern Suppe, Baga Rustam?«

Er blinzelte. »Wie bitte?«

Duriya fuhr mit einer Hand über die Molokhia-Blätter. »Ihr habt sie reifen lassen. Wie wäre es, wenn ich die Suppe koche, wegen der ich Euch angegriffen habe, und wir reden beim Essen über ein faires Gehalt?«

Rustams Augen strahlten, als er lächelte. »Das ist ein wunderbarer Vorschlag.«

HATSET

Diese Szene spielt einige Jahrzehnte vor
Die Stadt aus Messing *und enthält keine Spoiler.*

Seif Shefali schien fest entschlossen, ihre Ehe zu beenden, bevor sie überhaupt begonnen hatte.

»Er sieht alt aus«, bemerkte ihr Vater laut genug, um ja nicht überhört zu werden. »Älter, als sie gesagt haben.«

»Er ist kaum zu erkennen, Baba«, erwiderte Hatset. Ihr Schiff hatte noch nicht einmal an der geisterhaften Promenade vor den Mauern von Daevabad angelegt, und ihr zukünftiger Gatte war kaum mehr als eine kleine Gestalt in einer schwarzen Robe. »Von hier aus kannst du seine Erscheinung doch gar nicht beurteilen.«

»Ich habe hervorragende Augen. Ein Segen, der in diesem elenden Nebel wahrlich vergeudet ist.« Seif schniefte. »Sie hätten die Docks für deine Ankunft wenigstens ein bisschen schmücken können.«

Hatset hätte ihm gern widersprochen, doch die Stadt, an die sie ihr Schicksal gebunden hatte, zeigte sich an diesem Vormittag wirklich nicht gerade von der einladendsten Seite. Sie war als junges Mädchen einmal in Daevabad gewesen und erinnerte sich noch gut an ihr Staunen, als sie durch den Schleier, der die Insel verhüllte, gesegelt waren. Die Messingmauern hatten im strahlenden Sonnenlicht geglänzt und die grünen Berge bildeten den perfekten

Hintergrund für die beeindruckende Stadt mit den tausend Türmen und Tempeln. Damals war ihr Daevabad wie die Realität gewordene reine Magie erschienen.

Heute jedoch hüllte sich die Stadt in einen derart dichten Nebel, dass Hatset nichts von den Gebäuden und nur einen schwachen Schimmer der Mauer sehen konnte. Die leeren Docks ragten aus dem Dunst auf, zerbrochene Säulen lugten aus dem Wasser oder lagen zertrümmert am Ufer wie vergessene Leichname. All das bot nicht gerade einen schönen Anblick. Ihr Sandschiff glitt lautlos über das reglose Wasser des Sees, und Hatset malte sich aus, wie fremdartig ihr farbenfrohes Schiff vor all dem gesichtslosen Grau wirken musste. Ihr Volk hatte es für eine Feier geschmückt und stellte den Wohlstand und die Macht der Ayaanle stolz zur Schau. Sämtliche Oberflächen waren mit Goldfarbe bemalt, die in der Sonne geglänzt hätte, nun jedoch eher an das Blassgelb herabgefallener Blätter erinnerte. Die absurd teuren Seidensegel hingen in der Windstille schlaff herunter, sodass das Wappen ihres Volkes nicht einmal zu sehen war.

Alles kam ihr so falsch vor. Hatset umklammerte die Reling etwas fester. »Deine Worte sind nicht gerade beruhigend.«

»Ich versuche auch gar nicht, dich zu beruhigen. Mir wäre es viel lieber, wenn ich dich von diesem lächerlichen Plan abbringen könnte.« Ihr Vater drehte sich zu ihr um und der sonst übliche Schalk in seinen Augen war Sorge gewichen. »Du gehörst nicht an diesen Ort, Tochter, und es bringt mich um, dich hier zurücklassen zu müssen. Du solltest über Shefala herrschen, nicht über diesen Daeva-Felsen.«

Ich will aber mehr als Shefala. Das sprach Hatset jedoch nicht laut aus. »Wir können nicht mehr umkehren, das weißt du genau. Wenn ich meine Meinung jetzt ändere, würden wir die Geziri derart beleidigen, dass unser Volk frühestens in drei Jahrhunderten hier erneut an Einfluss gewinnen könnte.« Hatset drückte seine Hand und versuchte, sich zuversichtlich zu geben. »Und du solltest nicht vergessen, dass dies meine Entscheidung war.«

»Kindern sollte es nicht gestattet sein, Entscheidungen zu treffen.«

»Ich bin einhundert Jahre alt, Baba.«

Sie verstummten, als die Sahrayn-Mannschaft näher kam und alles für das Andocken bereit machte. Hatset spürte ein Flattern in der Magengrube, als das Schiff ruckartig anlegte, und musste sich zusammenreißen, um weiterhin ruhig zu wirken. Eine neue Stadt und ein neuer Ehemann. Eine neue Zukunft auf einem völlig neuen politischen Schachbrett. In dem Augenblick, als Hatset das Schiff verließ, repräsentierte sie nicht länger nur ihre Person, sondern ganz Ta Ntry, denn sie war die erste Nicht-Geziri in eintausend Jahren, die einen Qahtani-König heiratete, und das Schicksal ihres Volkes hing eng mit dem ihren zusammen.

Nun war der König auch nahe genug, sodass sie ihn betrachten konnte. Hatset tat dies ausgiebig. Sie hatte dafür gesorgt, dass sie in den Monaten vor ihrer Abreise alles über Ghassan al Qahtani in Erfahrung brachte, was sie nur herausfinden konnte, und war dabei auf eine Vielzahl von Widersprüchen gestoßen. Er hatte seine Jugend als Kriegernomade in den rauen Bergen von Am Gezira verbracht und danach als General im blutigen Krieg seines Vaters Khader gekämpft, mit dem sie die Revolten in Qart Sahar niedergeschlagen hatten. Seitdem führte er ein Leben in unbeschreiblichem Überfluss als König von Daevabad und lebte in einem luxuriösen Palast, den er angeblich nur selten verließ. Vom brutalen Krieg zur Politik: Khader war stets ein strenger Anhänger der Segregation der Stämme gewesen. Folglich hatte er ausschließlich Geziri-Würdenträger befördert und die religiösen Feiern der Daeva verboten.

Soweit Hatset es in Erfahrung bringen konnte, hatte sich Ghassan stillschweigend der Politik seines Vaters gefügt, nur um vieles davon nach seiner Thronbesteigung rückgängig zu machen. Er sprach davon, die Stämme zu vereinen, und setzte seine Worte in die Tat um, indem er sich eine Frau aus einem anderen Volk nahm. Es hieß sogar, er sei den Daeva gegenüber etwas offener, als den meisten Dschinn behagte. Er saß auf dem Shedu-Thron, wie es zahlreiche Generationen von Qahtani-Königen vor ihm getan hatten, untersagte es Shafit, sich Gilden anzuschließen oder ein Handwerk zu erlernen, und sperrte seine Frauen und seine Familie hinter hohen Mauern ein, wie es Brauch der Nahid-Königshäuser gewesen war. Es hieß sogar, Ghassan habe vor, sich seinen nächsten Großwesir, eine Position, die seit dem Krieg von Ayaanle besetzt wurde, im Daeva-Stamm zu suchen, sobald der aktuelle Amtsinhaber in den Ruhestand ging.

Das werden wir ja noch sehen. Aber Hatset vertagte die Zukunftspläne, um den König vor sich genauer zu mustern. Zwar zierten erste Silberfäden seinen schwarzen Bart, doch Ghassan sah alles andere als alt aus – oder zumindest nicht älter als sie. Er war ein breit gebauter Mann und trotz seiner eleganten schwarzen Robe und den prächtigen Kleidungsstücken offenbar noch immer dazu in der Lage, auf ein Pferd zu springen und Rebellen zu jagen. Er wirkte auf eine Art und Weise … selbstsicher, die nach Hatsets Einschätzung auch schnell einschüchternd wirken konnte. Zudem entging ihr nicht, dass der Großteil der Höflinge, die ihn umringten – abgesehen von seinem Qaid, der einen scharlachroten Turban trug –, sorgsam einige Schritte Abstand hielten und zu Boden blickten.

Doch als Ghassan ihr in die Augen sah und Hatset dabei ertappte, wie sie ihn musterte, obwohl sie versucht hatte, es sich nicht anmerken zu lassen, staunte sie über das Lächeln, das seine Züge erhellte. Es war ein freundliches, wenngleich leicht schelmisches Grinsen, als seien sie Mitverschworene und keine Fremden, woraufhin ihr Herz einen Schlag aussetzte, was für eine Frau ihrer Erfahrung und ihres Standes peinlich und ungebührlich war. Hatset überlegte glatt, sich die Schaila vor das Gesicht zu ziehen.

»Friede und Segen seien mit Euch«, begrüßte Ghassan al Qahtani sie und schritt auf sie zu, um die Hände ihres Vaters zu ergreifen und ihn auf beide Wangen zu küssen, als seien sie alte Freunde und nicht etwa der König und sein äußerst verstimmter Untertan. »Willkommen in Daevabad. Möge Euer Licht mein Heim erhellen und möge Euer Aufenthalt darin angenehm sein.«

»Dieser vermaledeite Daeva-Felsen könnte in der Tat etwas Licht vertragen«, brummte Seif auf Ntaran.

Hatset trat ihrem Vater unter dem Saum ihres Kleides gegen den Fuß. »Und mit Euch, mein König«, erwiderte sie herzlich auf

Dschinnistani. »Es ist wunderbar, dass wir endlich angekommen sind.«

»Ich hoffe, Ihr hattet keine zu anstrengende Reise?« Ghassan bedachte ihr Sandschiff mit einem bewundernden Blick. »Aye, Euer Schiff sieht fast selbst wie eine Burg aus.«

»Wir wären beinahe einem Konvoi von menschlichen Pilgern begegnet, die das Schilfmeer überquerten, aber es gestaltete sich für uns als interessantes Abenteuer und für sie vermutlich eher als Schauergeschichte.«

»Das kann ich mir vorstellen.« Ghassan gluckste und drehte sich zu der Gruppe wartender Würdenträger um. »Komm her, Muntadhir, und schließ dich uns an.«

Die Männer teilten sich, und Hatset konnte einen ersten Blick auf den Jungen werfen, den zahlreiche aus ihrem Stamm eines Tages nur zu gern durch ihre Kinder ersetzen würden, wie sie genau wusste. Muntadhir war ein attraktiver Jüngling und vom in leuchtenden Farben gehaltenen Turban bis hin zur Robe mit Goldrand ein Spiegelbild seines Vaters. Verschwunden waren die schützenden Talismane, die Geziri-Kinder häufig um den Hals trugen, wie man Hatset berichtet hatte. Dafür schmückten ihn jetzt der einem Prinzen gebührende Perlenkragen und Rubinornamente. Er konnte nicht viel älter als elf oder zwölf sein; jung genug, um seine Jugend auszuspielen und sich ihr gegenüber als möglicher Stiefsohn und Kind auf der Suche nach einer Mutter zu geben.

Dass er genau das nicht tat, wirkte nicht wie eine bewusste Entscheidung und war möglicherweise nicht von ihm selbst bestimmt worden – auf sie wirkte er für derartige Machenschaften noch zu jung.

»Werte Hatset, werter Seif.« Muntadhirs Blick zuckte zu seinem Vater. Aus dieser geringen Entfernung entging Hatset nicht, dass der Emir eher schmächtig und recht blass war, als würde er nicht genug Zeit im Freien verbringen. »Friede sei mit Euch beiden.«

»Und mit Euch, Emir Muntadhir«, erwiderte Hatset. »Ich freue mich, Euch kennenzulernen.«

Seifs Blick ruhte auf Muntadhir und spiegelte eine Mischung aus elterlicher Sorge, Traurigkeit und einer Art von vorschnellem

Urteil wider, sodass Hatset wusste, dass er drauf und dran war, etwas zu sagen, das er später bereuen würde. »Euer Sohn sieht aus, als solle er lieber im Sonnenschein spielen, anstatt raus in die Kälte gezerrt zu werden, um Würdenträger zu begrüßen.«

Es gab einen Unterschied, ob man nur das Protokoll brach oder ob man die Erziehungsmethoden des Königs von Daevabad kritisierte. Hatset schloss die Augen und wünschte sich kurz, der Boden möge sich unter den Füßen ihres Vaters auftun und ihn zurück nach Shefala befördern. Stattdessen öffneten sich die Schleusen des Himmels und der sanfte Nieselregen verwandelte sich in einen echten Regenguss.

»Das mag sein, aber die Sonne scheint nun einmal nicht«, entgegnete Ghassan ausdruckslos. Als Hatset die Augen aufschlug, stellte sie fest, dass er Muntadhirs Schulter umklammerte. »Bitte begleitet mich. Mein Emir und ich möchten unsere Gäste doch nicht länger im Regen stehen lassen, als es unbedingt nötig ist.«

* * *

Als sie am Palast eintrafen, regnete es derart heftig, dass es Hatset an die Monsune in Ta Ntry erinnerte. Sie war dankbar für die Ausrede, direkt zum Hammam gehen zu können – wenngleich diese Trennung ihrem Vater weitere Minuten schenkte, in denen er sich in der Hoffnung, sie würden beide aus Daevabad geworfen, neue Beleidigungen ausdenken konnte. Die Badedienerinnen waren freundlich, allerdings deutlich stiller als die Frauen bei ihr zu Hause, die sie wegen der bevorstehenden Hochzeit geneckt hätten. Hatset achtete darauf, sie herzlich zu behandeln und ihnen Gold zuzustecken. Sie hatte nicht vor, eine Königin zu sein, die Angst mit Macht gleichsetzte.

Kaum war sie wieder vollständig bekleidet, klopfte es an ihre Tür und eine Dienerin trat ein. »Werte Dame, der König wünscht Euch zu sehen.«

Hatset sah sie erstaunt an. »Jetzt schon? Ich dachte, wir treffen uns erst beim Abendessen wieder?«

Die Frau senkte den Kopf. »Er wartet vor der Tür.«

Wie bitte? Er war tatsächlich hier? Hatset wurde ein bisschen nervös. Hatte das etwas mit der Unhöflichkeit ihres Vaters zu tun? Auf einmal wurde sich Hatset der Dienerinnen, die sie beobachteten, überdeutlich bewusst, den Blicken einiger von so vielen mehr, die jede ihrer Bewegungen bis zu ihrem Todestag verfolgen würden. Möglicherweise zogen sie ihre eigenen Schlüsse aus diesem Verhalten.

Ich muss hier schnellstmöglich Verbündete finden. Hatset musste in Erfahrung bringen, welchen dieser Dienerinnen sie vertrauen konnte. Welchen Höflingen und welchen Sekretären. Welchen Wachen und welchen Ministern. Jeglicher politische Erfolg, den sie sich in Daevabad erhoffte, hing davon ab, wie weit ihr Informationsnetzwerk reichte.

Sie schenkte der Frau ein herzliches Lächeln und legte sich die Schaila über den Kopf. »Selbstverständlich.«

Der König wartete in einem kleinen überdachten Pavillon auf sie. Seine königliche Robe hatte er abgelegt, doch die üppig mit Stickereien verzierte goldene Schärpe zierte weiterhin seine Taille, und der Schnitt seiner mitternachtsfarbenen Dishdasha war ebenso prachtvoll. Opale schmückten den Kragen.

»Werte Hatset …« Ghassan legte sich eine Hand aufs Herz. »Ich hoffe, Ihr konntet Euch ein wenig ausruhen? Falls Ihr noch erschöpft von der Reise seid, komme ich gern später wieder.«

»Ich fühle mich schon viel besser, Gott sei gepriesen«, erwiderte sie. »Euer Heim ist sehr einladend, mein König. Und ich muss zugeben, dass in Euren Küchen ein sehr starker Kaffee zubereitet wird.«

»Wie schön, dass mein ›vermaledeiter Daeva-Felsen‹ einige Freuden für Euch bereithält.«

Er wiederholte die Worte ihres Vaters in perfektem Ntaran und mit kaum merklichem Akzent, und Hatset musste an sich halten, um nicht zusammenzuzucken. »Ich muss mich für die Taktlosigkeit meines Vaters entschuldigen. Er ist nicht gerade erfreut darüber, dass sein einziges Kind auszieht, aber seine Worte über Euren Sohn waren grausam und unangebracht.«

Eine Emotion, die sie nicht einordnen konnte, flackerte in seinen Augen auf. »Sie waren nicht unberechtigt, das muss ich ihm lassen. Ich kann Muntadhir vieles ermöglichen, aber eine sorgenfreie Kindheit in der Sonne gehört bedauerlicherweise nicht dazu.« Ghassan sah ihr in die Augen. »Diesen Luxus könnte ich keinem meiner Kinder gewähren.«

Das war eine Warnung, die Hatset mühelos akzeptierte. »Das hatte ich auch nicht erwartet. Allerdings hoffe ich, dass sich überall ein herzliches Heim schaffen lässt, solange alle Beteiligten dazu bereit sind.«

»Vielleicht ist dem so, werte Hatset.« Er sprach weiterhin Ntaran, was Hatset als tröstlich empfand. Sie konnte sich zwar fließend auf Dschinnistani verständigen, doch das war die Geschäftssprache. Darin unterhielt man sich über den Handel und die Politik und plauderte mit Fremden. Ntaran war für zu Hause gedacht – was der König offenbar zu wissen schien. Allerdings verkehrte Hatset schon lange genug in der Politik, dass sie eine solche Geste genießen konnte, ohne dabei den Grund dafür zu vergessen.

Ghassan deutete auf eine breite Treppe, die nach oben und außer Sicht führte und von einem Spalier voll herabhängender gelber Blüten geschmückt wurde. »Ich hatte in der Tat gehofft, mit Euch über genau dieses Thema sprechen zu können, und das nicht im Beisein Eures Vaters, wenn Ihr gestattet. Gehen wir ein Stück?«

Sie war auf der Hut, aber auch fasziniert. Im Grunde genommen gab es für sie beide keinen Grund, vor der Hochzeit miteinander zu sprechen – ganze Horden an Diplomaten, politischen Ratgebern, Schatzmeistern, Rechtsgelehrten und Klerikern aus ihren beiden Stämmen hatten längst jedes Detail ihrer Eheschließung erörtert, von der Zeremonie bis hin zum Vertrag, der ihre Völker aneinander binden würde. Was konnte der König noch wissen wollen, das nur für ihrer beider Ohren bestimmt war?

»Aber natürlich«, antwortete Hatset höflich und achtete auf einen freundlichen und unbesorgten Tonfall.

Sie gingen in Richtung Treppe. Der König nickte dem Wachmann zu, der ihnen jedoch nicht folgte, sodass sie kurz darauf allein waren. Im Gehen bewunderte Hatset den Palast. Die Burg ihrer Familie war vor Jahrhunderten aus von Menschen hinterlassenen Ruinen errichtet worden, aber Daevabad galt schon als alt, als Shefala noch in den Kinderschuhen steckte, und alles im Palast schien von seiner magischen Vergangenheit durchdrungen zu sein. Sie glaubte beinahe, sie müsse nur die Augen schließen und könne das Flüstern der legendären Nahid hören, während sie an den Überresten von Wandgemälden vorbeischlenderten und den Spuren der ersten Qahtanis folgten – und natürlich ihren eigenen Vorfahren –, die durch diese Gänge gewandelt waren und die Welt umgestaltet hatten.

Auch der Blick am anderen Treppenende enttäuschte nicht. Vor den Palastmauern breitete sich Daevabad aus, die Stadt eine funkelnde Miniatur unter ihr. Die Stammesgrenzen zogen sich wie ein Netz hindurch und begrenzten das Leben Zehntausender Einwohner.

»Atemberaubend«, murmelte sie.

»Das ist es«, stimmte Ghassan ihr zu. »Ich versuche, diese Aussicht wenigstens einmal am Tag zu genießen. Wenn man sich jedoch bewusst macht, dass man für all das verantwortlich ist, gesellen sich nicht mehr ganz so angenehme Gefühle hinzu.«

Sie warf ihm einen Seitenblick zu. Ghassan war in ihren Augen kein besonders attraktiver Mann, wenngleich sie vermutete, dass er vor Jahrzehnten mit einem Augenzwinkern so einige Damen des Adels zum Erröten gebracht hatte. Stattdessen war er kräftig von Statur und verfügte über eine Art klassische Anmut. Sein Profil war markant, und seine Hände, an denen mit Edelsteinen verzierte Ringe prangten, waren noch immer von Schwielen geziert, die an seine Jahrzehnte als Soldat erinnerten.

Er fuhr fort. »Ich habe sehr viele Geschichten über Euer Shefala gehört. Ein Architekt zeigte mir Zeichnungen, und ich habe in den letzten Monaten vermutlich zahllose Ayaanle-Reisende belästigt, indem ich sie bat, mir alles über Euer Heim oder Euch zu erzählen.«

Hatset konnte ihm die Neugier nicht verdenken, immerhin hatte sie dasselbe getan. »Konntet Ihr etwas Interessantes in Erfahrung bringen?«

»Eine ganze Menge. Doch es fällt mir schwer, daraus schlau zu werden. Denn alles, was ich gehört habe, ließ das Bild einer intelligenten, maßvollen Adligen mit einer vielversprechenden Zukunft in einem stabilen, idyllischen Land entstehen.« Ghassan deutete mit einer Hand auf die Stadt, die sich unter ihnen ausbreitete. »Wir mögen hübsch sein, aber trotz meiner Bemühungen sind *idyllisch* und *stabil* keine Worte, mit denen ich mein Daevabad beschreiben würde. Daher frage ich mich, werte Hatset …« Er drehte sich um und sah ihr direkt in die Augen. »Warum seid Ihr hier?«

Hatset lehnte sich gegen die niedrige Mauer. »Vielleicht haben mich die Geschichten überzeugt, die ich über Euch finden konnte.«

Ghassan lachte schallend auf. »Ein alter Witwer mit einem Kind, eine gespaltene Stadt und ein politisches Leben, in dem Ihr keine Sekunde Frieden finden werdet … Ist es das, wovon junge Frauen heutzutage träumen?«

»Mich kann man wohl kaum als junge Frau bezeichnen, und Ihr wisst sicher, dass ich vor Euch schon andere Gatten hatte.« *Gatten* war möglicherweise nicht das passende Wort. *Gefährten* traf es vermutlich besser; Männer, mit denen sie schlichte Gelübde ausgetauscht hatte in dem gegenseitigen Einverständnis, dass es sich nur um eine vorübergehende und diskrete Beziehung handelte. Viele Frauen ihres Standes hielten es so. Ein anständiger Gatte, einer mit den passenden politischen Beziehungen, mit dem sie möglicherweise ein Jahrhundert ihres Lebens verbrachte – eine derartige Entscheidung überstürzte keine Dschinn-Frau. Beziehungen und Verlangen konnten vergehen, und auch wenn sie sich mit den Männern, mit denen sie Verbindungen eingegangen war, amüsiert hatte, waren auch die Trennungen einvernehmlich verlaufen.

»Das ist mir bekannt«, gab er zu. »Doch das erklärt noch lange nicht, warum Ihr meinen Antrag angenommen habt. Ich glaubte schon, Euer Stamm oder Euer Vater hätten Euch unter Druck gesetzt, aber nun ist mir klar geworden, dass dem nicht so ist – er scheint geneigt zu sein, Euch wieder mit nach Hause zu nehmen, und Ihr macht auf mich auch nicht den Eindruck einer Frau, die sich unter Druck setzen lässt. Also was ist es dann?«

Hatset starrte ihn an. Zu den einhundert Szenarien, auf die sie sich vorbereitet hatte – einen feindseligen Stiefsohn, einen Politiker, der sich einmischte, dass ihr Vater sie tatsächlich wieder nach Hause schleifte –, gehörte eindeutig nicht die direkte Frage des Königs, warum sie sich für diesen Weg entschieden hatte. Wieso sollte er das auch wissen wollen? Er war ein mächtiger, selbstsicherer Mann, und nach Hatsets Erfahrung glaubten die meisten solcher Männer, jede Frau könne sich glücklich schätzen, von ihnen auserwählt worden zu sein. Warum sollte der König der Dschinn also wissen wollen, weshalb sie Königin werden wollte?

Wünschte sich das nicht jede Frau?

Und doch hatte er diese Frage gestellt, und Hatset stellte fest, dass sie ihm keine abgedroschene Antwort geben wollte. Sie genoss seine clevere Art, mit Worten umzugehen, mehr, als sie es tun sollte – denn sie hatte schon am Dock bemerkt, dass sie einen Mann vor sich hatte, der die Wahrheit derart geschickt zu verdrehen vermochte, bis selbst der Himmel daran zweifelte, ob er denn wirklich blau sei.

Aber genau das war es doch, nicht wahr? Hatset gefiel, dass sie bei diesem Wortwechsel wachsam bleiben musste. Ghassan war nicht wie ihre Gefährten genügsam und begierig, ihr zu gefallen, und mit ihnen hatte sie keine echte Unterhaltung führen oder sich ihnen anvertrauen können. Ihre Tage in Shefala wären so verlaufen wie all die, die sie bereits erlebt hatte. Sie hätte sich um die Streitigkeiten innerhalb der Familie kümmern und mit denselben Adligen und Händlern auseinandersetzen müssen, mit denen sich schon ihr Vater, ihre Großmutter und ihre Urgroßeltern gestritten hatten. Das war harte Arbeit – wenngleich sie sich lohnte –, und man sorgte dafür, dass auf dem Marktplatz alles glatt lief und dass ihr Volk versorgt war, wenn der Monsun sich verspätete, doch Shefala war nur eine Stadt.

Daevabad war *Daevabad.* Es gab auf der ganzen Welt keine vergleichbare Stadt. Hatset konnte hier Entscheidungen treffen, die das Leben von Zehntausenden veränderten, nicht nur derer in der Stadt, sondern im ganzen Land. Entscheidungen, die die Macht und Sicherheit ihres Volkes sicherten, wie dafür zu sorgen, dass weiterhin ein Ayaanle-Dschinn als Großwesir eingesetzt wurde. Entscheidungen, die gerechtfertigt waren, wie den Schutz der Shafit wiederherzustellen, die schließlich den Grund dafür darstellten, dass ihre Vorfahren diese Stadt überhaupt erobert hatten.

»Ehrgeiz«, gab sie nach einer Weile zu.

Das Erstaunen in seinem Gesicht erfreute sie. »Ehrgeiz?«, wiederholte er.

»So ist es. Die Geschichten waren zutreffend, mein König. Ta Ntry ist ein idyllisches Land, und ich vermute, dass mich die Regentschaft dort glücklich gemacht hätte. Ich habe nie darüber nachgedacht, einen anderen Weg einzuschlagen. Doch dann brachte mir der Händlerrat Euren Antrag und ich konnte eine Woche lang an nichts anderes mehr denken. Ich liebe Shefala, aber es ist nicht ... das hier.« Sie deutete auf die gewaltige Stadt, die sich vor ihnen ausbreitete. »Es ist nicht das Herz unserer Welt mit all der Aufregung und den Schrecken, die damit einhergehen. Hier bietet sich mir die Möglichkeit, etwas zu bewirken, Personen kennenzulernen und Dinge zu erleben, was mir zu Hause alles nicht möglich gewesen wäre. Das hörte sich in meinen Ohren wie ein Abenteuer an – wie eine Herausforderung, die ich mir nicht entgehen lassen darf.«

Ghassan schien sich das durch den Kopf gehen zu lassen. »Und vielleicht auch die Chance, die Macht der Ayaanle auszuweiten?«

Hatset schenkte ihm ein liebliches Lächeln. »Der Antrag war Eure Idee. Euch war sicher klar, wie wir ihn aufnehmen würden.«

Er erwiderte das Lächeln. »Ich mag Euch. Ich habe meinem Qaid gesagt, dass Ihr angeblich ein kluges Mundwerk besitzt, und er meinte, ich könnte mich glücklich schätzen, wenn ich eine Frau bekomme, die sich nicht davor scheut, mir den Kopf zu waschen. Ich bin hocherfreut, dass Ihr entschieden habt, hierherzukommen, obwohl Euer Vater fest entschlossen zu sein scheint, mir das Leben schwer zu machen.«

»Damit wird er auch nicht aufhören. Aber ja ...«, fügte sie bedächtig hinzu, »ich freue mich ebenfalls, hier zu sein.«

Ghassan hielt inne, und als er weitersprach, war die Koketterie aus seiner Stimme verschwunden. »Es gibt da noch eine Sache, die Ihr wissen solltet, bevor Ihr unserer Eheschließung zustimmt. Eine weitaus persönlichere.«

»Und die wäre?«

»Für mich wird das Wohlergehen von Daevabad stets an erster Stelle stehen. Ich bin in erster Linie König. Und danach bin ich erst Vater und danach Ehemann. Muntadhir ist mein Emir und daran wird sich nichts ändern. Nicht einmal, wenn wir einen Sohn bekommen.« Da war erneut dieses Aufflackern von Emotionen in seinen Augen und er fuhr mit sanfterer Stimme fort. »Das bin ich ihm für das Leben, das er hier führen muss, schuldig.«

Hatset achtete genau auf ihre Reaktion, da ihr nicht entging, wie fest Ghassan die Lippen aufeinanderpresste. Dies war ein Kampf, mit dem sie gerechnet hatte, und sie wusste, dass es ein langer, komplizierter Krieg werden würde – falls es denn so weit kam. Schließlich gab ihr Volk nicht allzu leicht nach. Sie hatte selbstverständlich Hoffnungen, doch im Augenblick waren sie auch nicht mehr als das.

Daher verdrängte sie die traurigen Augen des knabenhaften Emirs vom Dock. »Verstehe. Solange alle Kinder, die wir zusammen bekommen, denselben Schutz, Wohlstand und eine sichere Zukunft genießen.«

»Selbstverständlich. Sie wären Qahtanis.«

Sie wären Qahtanis.

Das erschien ihr als Schicksal, das ebenso viele Flüche wie Privilegien mit sich brachte. Aber als sie sich umschaute, schienen die Flüche – die zweifellos vorhanden waren – von den Segen und Gelegenheiten in den Schatten gestellt zu werden. Sie richtete sich auf.

»Dann bin ich einverstanden, mein König.« Ihr Herz setzte einen Schlag aus, als sie das sagte, aber so war es nun mal. Hatset hätte Ta Ntry niemals verlassen, wenn sie sich nicht sicher gewesen wäre. Dass Ghassan dieses Gespräch mit ihr führte und ihr einen Ausweg anbot, festigte ihre Überzeugung nur noch mehr.

»Ich bin hocherfreut. Und wenn Ihr mir gestattet …«, Ghassan griff nach ihrem Arm, und Hatset erlaubte ihm, sie zu führen, »… würde ich Euch gern noch einen viel schöneren Anblick zeigen.«

Bei seinen Worten musterte Hatset ihn kritisch.

Er lachte kurz auf und bekam rote Wangen. »Diese Worte hörten sich in meinem Kopf deutlich unverfänglicher an, das kann ich Euch versichern.«

»Möglicherweise tut mein Vater doch gut daran, Euch nicht zu trauen«, neckte sie ihn, lehnte sich jedoch ein wenig an seinen warmen Körper, während sie weitergingen.

»Die königlichen Gemächer befinden sich in den obersten Ebenen der Zikkurat«, erklärte Ghassan, als sie noch höher stiegen. »Das ist entweder eine hervorragende Art, um in Form zu bleiben, oder ein Akt der Buße, je nachdem, was für einen Tag man hinter sich hat.«

Hatset blickte auf den grünen Dschungel hinab, der sich im Herzen des Palastgeländes ausbreitete. »Mag denn niemand die Gärten? Sie sehen so wunderschön aus und das scheint mir ein zentralerer Ort zu sein.«

»Ich habe noch keinen Qahtani gekannt, der sich dort wohlgefühlt hätte.« Ghassan zuckte mit den Achseln. »Ihr werdet feststellen, dass die Magie des Palastes einen eigenen Willen entwickeln kann … einen, der den Dschinn nicht immer gewogen ist. Der Garten ist tagsüber faszinierend und wunderschön, aber ich würde ihn des Nachts auf keinen Fall betreten, nicht einmal mit Wajed an meiner Seite. Und das hat nichts mit den albernen Geschichten der Dienstboten zu tun, die behaupten, der Kanal würde von Marid heimgesucht.«

Hatset verspannte sich. Die Geschichten ihres Volkes, die sich um die Marid drehten, waren alles andere als albern, sondern Berichte über weinende Familien, die aufwachten und feststellten, dass ein Mitglied an einen Fluss gelockt worden war, um darin zu ertrinken und als mit blutigen Malen übersäte Leiche mit leeren Augen am Ufer angespült zu werden. Zum Glück ereigneten sich derartige Tragödien nur selten, aber häufig genug, um den Ayaanle ein vollkommen anderes Bild der Marid zu vermitteln – für sie waren die Marid weitaus mehr als ein verschwundener Mythos.

Das behielten sie jedoch für sich – niemand wollte, dass Fremde einen Grund bekamen, um in Ta Ntry herumzuschnüffeln. »Dann also die oberen Ebenen der Zikkurat«, erwiderte sie schlicht.

Die Sonne linste endlich hinter den Wolken hervor, als sie zu einem großen, terrassenförmig angelegten Bereich gelangten. Hatset bekam den Eindruck, hier hätten sich einst ebenfalls königliche Gemächer befunden, allerdings vor Jahrhunderten. Zerstörte Mauern und zerfallende Bogengänge ragten wie steinerne Finger aus dem von Unkraut überwucherten Platz auf. Nein, das war kein Stein, erkannte Hatset. Es waren Korallen wie in den Burgen der Menschen bei ihr zu Hause.

»Wartet einen Moment«, raunte Ghassan ihr ins Ohr, sodass sein Atem warm über ihre Haut wehte.

Rauch wirbelte durch die Luft, als habe jemand glitzernden schwarzen Sand emporgeworfen, der nun in den trüben Sonnenstrahlen tanzte. Der Geruch nach versengtem Holz, der Duft der Magie drang ihr in die Nase.

Der Platz veränderte sich. Korallenmauern schossen empor und erschufen einen eleganten Gebäudekomplex, von dem man auf die Stadt blickte. Die Gebäude kamen ihr sofort vertraut vor, die Architektur der gedrungenen Türme mit den stufenförmigen Zinnen ergänzte ein betörendes Wunderwerk aus Bogen und kleinen Kuppeln, die eine perfekte Imitation der Menschenruinen in Shefala darstellten, die von ihren Vorfahren verzaubert und in Dschinn-Häuser verwandelt worden waren. Das Unkraut und das verrottende Laub waren von den schimmligen Steinplatten verschwunden und durch grünes Gras und zarte Callas ersetzt worden, die in verspiegelten Becken schwammen. Ein großer Baobab-Baum dominierte einen hängenden Garten, der dem Paradies entsprungen zu sein schien … falls es im Paradies denn Pflanzen und Blumen gab, die ansonsten allein in Ta Ntry existierten.

Hatset wanderte umher, bevor ihr auch nur bewusst wurde, dass sie einen Schritt gemacht hatte. Schimmernde Leinenstoffe in Violett und Gold waren an den Eingängen drapiert, hinter denen Myrrhe in Feuerbecken schwelte. Diese Hommage an ihr Heimatland schien von einem Künstler erschaffen worden zu sein, und sie spürte, dass ihr die Tränen kamen, als sie sich wieder zu Ghassan umdrehte, was entweder an der langen Reise oder ihrer Skepsis, ob sie den richtigen Weg eingeschlagen hatte, liegen mochte.

»Das wäre doch nicht nötig gewesen«, stieß sie hervor.

Ihre Worte mochten im Gegensatz zu ihren vorher so sorgsam gewählten Aussagen unhöflich erscheinen, doch Ghassan wirkte vor allem amüsiert.

»Ich wollte, dass Ihr hier einen Ort habt, der Euch gehört und der Euch an Euer Zuhause erinnert.« Er zögerte und fügte dann leiser hinzu: »Ich wünschte, ich hätte bei meiner ersten Frau an so etwas gedacht. Saffiyeh wirkte immer so verloren, und erst nach ihrem Tod ging mir auf, dass sie sich nach der Küste von Am Gezira gesehnt haben muss und mit den Edelsteinen und Parfüms von Daevabad wenig anfangen konnte.«

Hatset wusste, dass Ghassan ein talentierter Politiker war, doch die Reue, die in seiner Stimme mitschwang, wirkte aufrichtig, ebenso wie zuvor sein emotionales Beharren darauf, dass Muntadhir sein Nachfolger bleiben würde. Zwar waren eine derartige Hingabe an seine erste Frau und ihren gemeinsamen Sohn keine besonders vielversprechenden Vorzeichen für die politischen Machenschaften, die *ihr* Volk umzusetzen hoffte, allerdings sprach das alles für den Mann, den sie bald ehelichen und mit dem sie ihr Leben teilen würde.

Er hätte das nicht tun müssen. Hatset entstammte einer Familie aus adligen Händlern und war in dem Glauben aufgewachsen, dass zwar sowohl Gold als auch ein Familienname für das Erlangen von Macht unerlässlich waren, man jedoch nur eines von beiden zu kaufen vermochte. Daher konnte sie mit einem Blick den unfassbaren Reichtum einschätzen, der erforderlich war, um einen solchen verzauberten Ort zu erschaffen, und sie wusste auch ganz genau, dass Daevabad sich nicht unbedingt großer finanzieller Stabilität rühmen konnte. Tatsächlich war sie sogar reicher als ihr zukünftiger Gatte. Ghassan hätte auch einfach einen Flügel des Palastes mit den üblichen königlichen Schätzen ausstatten können, über die er bereits verfügte, doch er hatte sich stattdessen entschieden, für die Erschaffung von etwas Neuem zu bezahlen. Eines Heims, das einzig und allein für sie entworfen worden war.

Außerdem hatte er es ihr erst nach ihrer Zustimmung gezeigt. Hatset schenkte ihm ein schiefes Grinsen. »Was hättet Ihr getan, wenn ich nach unserem Gespräch auf dem Schiff meines Vaters nach Hause gesegelt wäre?«

»Ich wäre vermutlich vor der Schatzkammer auf die Knie gefallen und hätte um Vergebung gefleht.«

»Diese Schmach kann ich Euch ersparen. Es ist wunderschön.« Sie nahm erneut seinen Arm. »Ganz im Ernst. Und es bedeutet mir viel mehr, als ich in Worte fassen kann.«

Er legte seine Finger auf ihre. »Dann war es die Sache wert. Ich hoffe, Ihr werdet hier glücklich, werte Hatset. Zweifellos werdet Ihr vom Hof und den Adelsfamilien, die ›seit Anahids Zeiten‹ hier sind, einiges an Druck aushalten müssen«, sagte er und ahmte einen herablassenden Divasti-Akzent nach. »Aber Ihr habt meinen Segen, um jegliche Traditionen zu integrieren, die Euch Trost bringen. Hoffentlich werden wir hier im Laufe der Zeit Kinderlachen hören, das uns beiden Freude bringt.«

Sie werden Qahtanis sein. Seine Worte – eine Warnung? – gingen Hatset abermals durch den Kopf. Sie versuchte, sie zu verdrängen. »Darf ich meinem Vater das hier zeigen?«, fragte sie stattdessen. »Ich vermute, dass er diesen Anblick ebenfalls als tröstlich empfinden wird.«

»Bitte tut das. Aber zuerst ... müsst Ihr Euch noch eine weitere Attraktion Daevabads ansehen.« Ghassan zwinkerte ihr verschwörerisch zu. »Seid Ihr schon einmal einem Nahid begegnet?«

* * *

Leises Lachen hallte ihnen entgegen, als sie über die gewundenen Gartenwege in Richtung Krankenstube gingen. Es passte gut zu der zunehmenden Wärme in Hatsets Brust. Ghassan hatte sie auf ihrem Spaziergang häufig zum Lachen gebracht und war bei seinen Komplimenten und bescheidenen Kindheitsanekdoten derart aggressiv charmant gewesen, dass sie ihn deswegen hatte necken müssen. Der Himmel war inzwischen wolkenlos, die Sonne schien auf den mit Laub bedeckten Weg und ließ den Haremsgarten in seiner Schönheit harmlos wirken. Zugegeben, die Affen, die sich durch die Bäume schwangen, hatten Fangzähne und edelsteinscharfe

Klauen, und ja … eine Wurzel hatte nach Ghassans Fußknöcheln geschnappt, doch er war ihr geschickt ausgewichen. Aber Hatset war eine Dschinn, und es brauchte mehr, um sie zu ängstigen.

Als sie an einem gewaltigen Orangenhain vorbeikamen, wurde das Gelächter lauter und von Stimmen begleitet, die für Hatsets ungeübtes Ohr eine Art von Arabisch zu sprechen schienen. Sie hatte die heilige Sprache der Menschen nur insoweit gelernt, wie es für die Gebete erforderlich war. Möglicherweise hielten sich in der Nähe zwei Shafit-Gärtner auf … doch der unüberhörbar schäkernde Unterton ihrer Stimmen – dafür brauchte man keine Übersetzung – ließ vermuten, dass es nicht unbedingt um die Arbeit ging. Hatset wollte Ghassan soeben vorschlagen, einen anderen Weg zu nehmen, als sie auf eine sonnenbeschienene Lichtung gelangten, auf der Blumen in allen nur denkbaren Farben blühten. Silberne und blass rosafarbene Rosenbüsche wuchsen so hoch, dass sie Hatset überragten, und safrangelbe Kornblumen standen in sorgsam arrangierten Büschen neben lilafarbenen Schwertlilien, gelben Narzissen und leuchtend roten Mohnblumen.

Die Lichtung war nicht leer. Bei dem Mann, den Hatset als Ersten entdeckte und der es sich mit einem Skizzenblock auf dem Schoß bequem gemacht hatte, handelte es sich allerdings nicht um den arabisch sprechenden Shafit-Gärtner, mit dem sie gerechnet hatte. Der Schnitt seiner Hose und die schwarzen Augen in dem blassen Gesicht, die er nun aufriss, waren eindeutig *Daeva*. Er sprang auf die Beine, kaum dass er ihrer gewahr wurde, ließ den Skizzenblock fallen und verdeckte sein Gesicht mit einem weißen Seidenschleier, der ihm von einem Ohr herabgehangen hatte.

Hatset blinzelte erstaunt. Der weiße Schleier – das war doch nicht etwa … Sie musterte seine kichernde Gesprächspartnerin. Diese Frau war eindeutig eine Shafit, denn ihre runden Ohren und die stumpfe erdfarbene Haut ließen ihr menschliches Erbe überdeutlich erkennen. Sie saß auf dem Boden und hielt einen Korb mit gesammelten Kräutern und Blattgemüse in den Armen. Die junge Frau hatte gelächelt, als Hatset und Ghassan die Lichtung betraten, doch beim Anblick des königlichen Paares wurde sie schlagartig ernst.

»Baga Rustam …« Ghassan klang amüsiert. »Ruht Ihr Euch ein wenig aus?«

»Mein König.« Rasch trat der Baga Nahid zwischen Ghassan und die Shafit-Frau. »Vergebt mir, ich habe Euch nicht gehört.«

»Da gibt es nichts zu vergeben«, erwiderte Ghassan großmütig. Er bückte sich und hob den Skizzenblock auf, den Rustam fallen gelassen hatte. »Ein sehr hübsches Motiv«, bemerkte er und bedachte die Frau, die sich halb hinter dem Baga Nahid verbarg, kaum eines Blickes. »Es ist schön, dass Ihr Euch an einem derart wundervollen Tag erfreut, statt Euch in Euren Gemächern zu verstecken.«

Er tätschelte Rustam allem Anschein nach freundlich die Schulter, doch Hatset entging nicht, dass der Daeva zusammenzuckte.

»J-ja«, erwiderte Rustam mit zittriger Stimme.

»Ich möchte Euch unsere zukünftige Königin vorstellen.« Ghassan führte ihn zu Hatset und sie lächelte den zitternden Nahid beruhigend an. Sie hatte schon von den sonderbaren Eigenarten der Heiler gehört. »Edle Hatset, das ist Baga Rustam e-Nahid.«

Rustam hob den Blick nicht von seinen Füßen. »Mögen die Feuer hell für Euch brennen.«

Hatset warf Ghassan einen fragenden Blick zu, der nur mit den Achseln zuckte. »So ist er nun mal«, meinte er auf Ntaran.

»Es ist mir eine Freude, Euch kennenzulernen, Baga Rustam«, erwiderte sie freundlich. »Ich hoffe, wir haben Euch und Eure …«, Hatset schaute sich um, doch die Shafit-Frau war verschwunden, »… Gefährtin nicht unterbrochen.«

Rustam hob den Blick und sah Hatset mit derart dunklen und ausdruckslosen Augen an, dass sie beinahe einen Schritt zurückgewichen wäre. »Sie ist nicht meine Gefährtin.«

»Genau«, warf Ghassan schnippisch ein, der das seltsame Verhalten des Baga Nahid offensichtlich gewöhnt war. Er stieß den anderen Mann an der Schulter an. »Habt Ihr ein Skalpell dabei?«

Rustam erschauderte sichtlich. »Nein«, antwortete er heiser.

Ghassan zog den Khanjar aus der Scheide an seiner Taille. »Dann nehmt den hier. Zeigt ihr, was Ihr zu tun vermögt.« Bei diesen Worten grinste Ghassan Hatset an. »Wartet es nur ab. So etwas habt Ihr noch nie gesehen.«

Hatset beobachtete die beiden ebenso verwirrt wie verunsichert. Rustam legte die Finger um den Dolchgriff und starrte die Waffe einige Augenblicke lang an, um sich dann mit einer schnellen Bewegung das Handgelenk aufzuschneiden.

Mit einem Schrei stürzte Hatset vor, um ihm zu helfen. Schwarzes Blut strömte aus der Wunde und tropfte auf Rustams Finger und die Blumen. Doch noch während Hatset nach etwas Ausschau hielt, womit sie die Blutung stoppen konnte, bemerkte sie, dass die Wunde bereits verheilte. Vor ihren Augen fügte sich die Haut wieder zusammen und verschloss sich innerhalb von Sekunden, ohne dass eine Narbe zurückblieb.

»Ist das nicht unglaublich?«, wollte Ghassan wissen.

»Was geht hier vor sich?«, verlangte eine Frauenstimme hinter ihnen zu erfahren.

Noch immer sprachlos von dem, was sie eben gesehen hatte, schrak Hatset zusammen, als eine Frau auf die Lichtung stürmte. Sie war eine Daeva und etwa in Hatsets Alter, jedoch deutlich kleiner und mit verfrühten silbrigen Strähnen im lockigen Haar und Müdigkeitsfalten um die raubvogelartigen Augen. Ihre zerknitterte Kleidung war mit Asche und Blut beschmutzt.

An dieser heruntergekommenen Daeva-Frau hätte rein gar nichts einschüchternd sein dürfen, doch als sie Baga Rustam ansah, der noch immer Ghassans Khanjar in der Hand hielt, an dessen Klinge sein Blut klebte, schien die Luft im Garten stillzustehen wie bei einer unheimlichen Ruhe vor einem Tropensturm.

»Banu Manizheh«, grüßte Ghassan sie, und seine Stimme bekam einen eisigen Unterton. »Wie beeindruckend, dass Ihr genau rechtzeitig erscheinen könnt, wenn Ihr das wünscht.«

Manizheh ignorierte die sarkastische Bemerkung des Königs und hatte nur Augen für ihren Bruder. »Rustam, Sayyida Kuslovis Fieber reagiert nicht auf die Behandlung. Du musst ihr ein stärkeres Tonikum brauen.«

Rustams Blick zuckte zu Ghassan und der König winkte ab. »Geht.«

Der Baga Nahid war so schnell verschwunden, dass es fast den Eindruck erweckte, er hätte sich in Luft aufgelöst. Seine Schwester richtete ihren abschätzigen Blick auf Hatset, die sich zwang, ihn zu erwidern.

Das ist also die legendäre Banu Manizheh. Die Banu Nahida, über die Hatset so viele Geschichten gehört hatte und vor der sie so oft gewarnt worden war. Diese Warnungen hatten sich leicht als Klatsch oder Angstmacherei abtun lassen, als Hatset noch nicht vor der Frau stand, die eine Aura der Macht umgab, wie sie es nie zuvor erlebt hatte. Hatset hatte tote Haie gesehen, in deren Augen mehr Emotionen zu erkennen waren als in Manizhehs, während sie sie musterte.

Doch Hatset war in erster Linie Diplomatin. »Friede sei mit Euch, Banu Nahida«, grüßte sie höflich. »Es ist mir eine Ehre …«

Die Frau fiel ihr ins Wort. »Leidet Ihr an Krankheiten?«

Die abrupte Frage verblüffte Hatset. »Nein.«

»Gut. Wenn ihr erkrankt oder kurz vor dem Gebären seid, sucht mich bitte sofort auf. Ich möchte nicht das Risiko eingehen, dass Ihr sterbt und man mir die Schuld gibt. Wieder einmal.« Manizheh warf Ghassan einen verächtlichen Blick zu, der daraufhin vor Wut rot anlief. »Ich habe Eure Einladung zu der … Veranstaltung heute Abend erhalten.«

»Mein Verlobungsessen«, korrigierte er sie. »Ein Fest, um Eure zukünftige Königin zu begrüßen.«

»Das mag sein.« Manizheh winkte ab. »Ich werde nicht daran teilnehmen. Mein Bruder und ich haben Patienten.« Ohne ein weiteres Wort drehte sich Manizheh auf dem Absatz um und ging.

Hatset hatte einen staubtrockenen Mund. Nun denn. So viel zu den Gerüchten, die sie über eine Affäre zwischen den beiden gehört hatte. Oder über Eifersucht. Oder darüber, dass die Banu Nahida auch nur irgendein romantisches Interesse an Ghassan haben könnte. Hatset hatte schon miterlebt, wie Liebe in Abscheu umschlug, doch das hier war etwas anderes. Wein konnte zu Essig werden. Dies hier jedoch glich eher Säure. Es war reiner, ungezügelter Hass. Und wenn Hatset an diesen äußerst merkwürdigen Zwischenfall dachte, bei dem Ghassan Rustam dazu gedrängt hatte, sich zu verletzen, war sie sich nicht einmal sicher, ob sie Manizheh die Schuld an diesem Verhältnis zuschreiben konnte.

»Meine geschätzten Nahid«, spottete Ghassan an niemanden im Besonderen gewandt. »Aber seid unbesorgt. Solltet Ihr ihre Dienste benötigen, kann ich Euch versichern, dass sie mit ihren Patienten weitaus mitfühlender umgehen. Muntadhirs Geburt war sehr schwer und beide Nahid haben sich dabei als sehr professionell erwiesen. Sie sind die ganze Zeit nicht von Saffiyehs Seite gewichen.«

Hatset versuchte sich vorzustellen, wie diese giftige Frau sie bei einer Geburt unterstützte, und entschied sich sogleich dagegen. Sollte sie schwanger werden, würde sie sich eine Hebamme aus Shefala schicken lassen.

Allerdings ging sie davon aus, dass die Gefahr für ihre Kinder nicht mit der Geburt vorbei wäre, sondern damit gerade erst anfangen würde. Auf einmal erinnerte sich Hatset an etwas, das ihr Vater in Ta Ntry gesagt hatte, als er sie darum bat, ihre Antwort auf Ghassans Antrag noch einmal zu überdenken:

Begib dich nicht in einen Krieg, der nicht der deine ist, Tochter. Du verstehst nicht, welche Gewalt Daevabad schon erlebt hat. Du hast keine Ahnung von der Feindschaft zwischen den Qahtanis und den Nahid.

Und was hatte Ghassan vorhin noch zu ihr gesagt?

Ihre Kinder würden Qahtani sein. Aber Hatset hatte längst in die Ehe eingewilligt.

MUNTADHIR

Diese Szene spielt sieben Jahre vor den Ereignissen aus Die Stadt aus Messing *und enthält nur Spoiler für dieses Buch.*

»Dhiru.« Eine Hand schüttelte ihn an der Schulter. *»Dhiru.«*

Muntadhir al Qahtani vergrub stöhnend das Gesicht im Kissen. »Verschwinde, Zaynab.«

Der kleine Körper seiner Schwester landete neben seinem, sodass das ganze Bett wackelte und erneut Schmerzen durch seinen pochenden Schädel zuckten. »Du siehst furchtbar aus«, erklärte sie beschwingt und zupfte ihm einige Haare weg, die an seiner Wange klebten. »Warum schwitzt du so?« Sie stieß einen entrüsteten – und gleichermaßen begeisterten – Schrei aus. »Hast du etwa *getrunken?«*

Muntadhir presste sich das Seidenkissen auf die Ohren. »Es ist viel zu früh für so was, Ukhti. Warum bist du überhaupt in meinem Zimmer?«

»So früh ist es gar nicht«, widersprach sie und ignorierte die – in seinen Augen – weitaus wichtigere Frage. Zaynabs Hände tasteten umher und kitzelten ihn, und sie lachte auf, als er sich ihr entziehen wollte. Auf einmal erstarrte sie und schloss die Finger um etwas, das dicht neben seinem Kopf lag.

»Ist das ein Ohrring? Wieso liegt der Ohrring einer Frau in deinem Bett, Dhiru?« Aufregung schwang in ihrer Stimme mit. »*Oh*, gehört er etwa dieser neuen Sängerin aus Babili?«

In einem Moment aufwallender Panik betastete Muntadhir die andere Seite der Matratze. Erleichterung durchflutete ihn, als er dort niemanden vorfand. Die Besitzerin des Ohrrings musste längst gegangen sein und dafür war er sehr dankbar. So etwas musste seine tratschsüchtige dreizehnjährige Schwester nun wirklich nicht sehen.

Er drehte sich auf den Rücken und spähte in die Dunkelheit. Muntadhirs Diener wussten ganz genau, dass sie nach einem seiner »Abende« die Vorhänge erst aufziehen durften, wenn der Emir erwacht war. Im Zwielicht konnte er Zaynab daher nur unscharf erkennen: ihre grau-goldenen Augen und ihr schmales, kleines Gesicht, ihr keckes Grinsen ... und den verzierten Goldohrring mit Smaragdbesatz, der von ihrem Finger baumelte.

»Gib mir den.« Muntadhir riss Zaynab den Ohrring aus der Hand, die nur noch lauter kicherte. »Könntest du dich wenigstens nützlich machen und mir einen Becher Wasser bringen?«

Noch immer grinsend sprang Zaynab vom Bett und goss etwas aus dem blauen Glaskrug in einen weißen Jadebecher. Doch dann verzog sie das Gesicht, als sie hineinspähte. »Warum riecht das so komisch?«

»Das ist Medizin für meinen Kopf.«

Sie kehrte zum Bett zurück und reichte ihm den Becher. »Du solltest keinen Wein trinken, Akhi. Das ist verboten.«

»Sehr viele Dinge sind verboten, kleiner Vogel.« Muntadhir leerte den Becher. Er ging seiner Schwester nicht gerade mit gutem Beispiel voran, doch das Gelage der letzten Nacht war zumindest – wenn man es genau nahm – zum Wohle seines Königreichs gewesen.

Zaynab verdrehte die Augen. »Du weißt, dass ich es nicht leiden kann, wenn du mich so nennst. Ich bin kein Kind mehr.«

»Das mag ja sein, aber du schleichst noch immer überall herum, lauschst und siehst Dinge, die dich nichts angehen.« Muntadhir tippte ihr auf den Kopf. »Ein großer Vogel«, neckte er sie. »Du und Ali, ihr könnt mir bald beide auf den Kopf spucken, wenn ihr so weiterwachst.«

Sie ließ sich wieder aufs Bett fallen. »Ich wollte zu ihm«, beschwerte sie sich mit finsterer Miene. »Wajed hat die Kadetten von der Königsgarde zum Sparring antreten lassen. Ich war in der Arena, doch Abba hat mich weggeschickt. Er sagte, es wäre ›unangemessen‹«, fügte sie hinzu und winkte ab.

Muntadhir hatte Mitleid mit ihr. »Du wirst älter, Zaynab«, sagte er sanft. »Daher darfst du auch nicht mehr in Gesellschaft all dieser Männer sein.«

Das brachte ihm einen erbosten Blick seiner Schwester ein. »Du riechst nach Wein und hast den Ohrring einer Dame im Bett. Wieso kannst du tun und lassen, was du willst, während ich nicht mal mehr den Harem verlassen darf? Wären wir zu Hause in Am Gezira, dürfte ich vor die Tür. Unsere Cousinen sind die ganze Zeit draußen!«

»Aber wir sind nicht in Am Gezira, und unsere Cousinen sind keine Prinzessinnen«, entgegnete Muntadhir. Er war zwar nicht völlig anderer Meinung als Zaynab, hatte jedoch im Augenblick keine Lust, mit seiner Schwester über die in Daevabad vorherrschenden archaischen Traditionen zu diskutieren. »Hier läuft eben vieles anders. Die Leute zerreißen sich sonst das Maul über dich.«

»Sollen sie doch!« Zaynab ballte die Fäuste in der gesteppten Decke. »Das ist nicht fair! Mir ist so *langweilig!* Ich darf nicht mal mehr den Marktpark im Ayaanle-Viertel besuchen. Das war mein Lieblingsort. Amma ist jeden Freitag mit mir dort gewesen, damit ich mir die Tiere anschauen konnte.« Ihre Unterlippe bebte, wodurch sie deutlich jünger als dreizehn aussah. »Ali war auch immer dabei.«

Muntadhir seufzte. »Ich weiß, Ukhti. Es tut mir leid …« Zaynab wandte den Blick ab und war sichtlich geknickt, was Muntadhir beinahe das Herz brach. »Ich gehe mal mit dir hin, ja?«, schlug er vor. »Mich wird niemand davon abhalten. Und wir gehen bei der Zitadelle vorbei und schleifen Alizayd ebenfalls mit.«

Sofort hellte sich Zaynabs Miene auf. »Wirklich?«

Er nickte. »Ich werde darauf bestehen, ein besonders kleines Zulfiqar zu unserer Sicherheit mitzunehmen. Solange du mir versprichst, dass du Alis Gerede erträgst. Er wird uns wahrscheinlich den ganzen Nachmittag Vorträge über die Geschichte des Parks halten, woher die Tiere stammen oder weiß Gott was sonst noch.«

»Abgemacht.« Sie lächelte wieder und strahlte übers ganze Gesicht. »Du bist ein guter Bruder, Dhiru.«

»Ich gebe mir Mühe.« Er deutete mit dem Kopf in Richtung Tür. »Lässt du mich jetzt bitte weiterschlafen?«

»Das geht nicht. Abba will dich sehen.«

Muntadhirs Stimmung verschlechterte sich schlagartig. »Warum?«

»Danach habe ich nicht gefragt. Er wirkte verärgert.« Sie legte den Kopf schief. »Du solltest dich vielleicht besser beeilen.«

»Verstehe. Danke, dass du mich das so schnell hast wissen lassen.« Seine Schwester tat seinen Sarkasmus lachend ab und er scheuchte sie seufzend hinaus. »Verschwinde, du kleine Unruhestifterin. Ich muss mich anziehen.«

Zaynab huschte hinaus und Muntadhir schwang leise fluchend die Beine aus dem Bett. Er hatte nicht erwartet, seinem Vater vor dem heutigen Abend unter die Augen treten zu müssen. Hätte er geahnt, dass man ihn derart früh rufen würde, wäre er am Vorabend beim Alkohol deutlich zurückhaltender gewesen.

Er spritzte sich etwas Rosenwasser ins Gesicht, spülte sich den Mund aus und fuhr sich in dem Versuch, etwas ordentlicher auszusehen, mit den Händen durchs Haar und über den Bart. Dann tauschte er das zerknitterte Lendentuch gegen eine saubere Dishdasha mit blauem Diamantmuster, nahm sich seine Kappe und eilte hinaus, wobei er sich noch den Turban um den Kopf schlang, während er schnellen Schrittes zur Arena lief. Seine Glieder fühlten sich schwer an; und sein in Mitleidenschaft gezogener Körper wusste die Geschwindigkeit, in der er sich notgedrungen bewegte, kein bisschen zu schätzen.

Als er die Arena endlich erreichte, erklomm Muntadhir vorsichtig die Treppe zur Aussichtsplattform und setzte einen Fuß vor den anderen, damit man ihm seinen Zustand ja nicht anmerkte. Ghassan wäre sicher nicht erfreut, wenn er wie ein neugeborener Karkadann herumtaumelte.

Der Pavillon, von dem aus man in die Palastarena blickte, lag dank des mit einem gold-schwarzen Muster verzierten Seidenbaldachins im Schatten, und dicht an dicht stehende Topffarne schützten die Mitglieder der Königsfamilie von Daevabad und ihre privilegierten Untertanen vor der gnadenlosen Mittagshitze. Ein halbes Dutzend Dienstboten schwenkte feucht glänzende Palmwedel und tauchten sie immer wieder in einen Brunnen mit verzaubertem Eis, um damit den abgedunkelten Raum abzukühlen.

Muntadhir atmete vor dem mit Tüchern abgetrennten Bogengang noch einmal tief durch, inhalierte den rauchigen Geruch des Weihrauchs und versuchte, seine Nerven zu beruhigen. Er hatte einen säuerlichen Geschmack im Mund und eine belegte Zunge, was noch am Wein der letzten Nacht lag. Was jedoch keinen Unterschied machte. Er konnte einen makellosen Auftritt hinlegen und Ghassan durchschaute ihn dennoch – so wie immer. Sein Vater hatte einen Blick, der einen Mann durchdrang und sezierte, bis sich dieser vor ihm wand. Und diesen Blick hatte er bei seinem ältesten Sohn perfektioniert.

Zumindest würde Muntadhir ihm heute einige nützliche Informationen liefern können. Er wappnete sich und trat durch den dünnen Vorhang.

Dann zuckte er zusammen. Lichtstrahlen drangen durch die Stoffbahnen. Das Geplapper der Männer im Pavillon, das Klirren und Zischen der Zulfiqare unten in der Arena und die leise Musik der zwei Lauten ließen seinen Kopf derart hämmern, dass ihm ganz schwummrig wurde. Ein Stück voraus sah er seinen Vater auf einem dicken Brokatkissen sitzen, von wo aus er das Geschehen in der Arena unter sich beobachtete.

Muntadhir wollte auf ihn zugehen, hatte jedoch gerade erst die halbe Strecke zurückgelegt, als ihm auf einmal ein junger Daeva in den Weg trat. Überrascht blieb Muntadhir stehen und hätte beinahe das Gleichgewicht verloren.

»Emir Muntadhir! Friede sei mit Euch! Ich hoffe, Ihr habt einen außergewöhnlich guten Morgen!«

Der Mann trug die Kleidung eines Priesters … oder eher die eines Priesters in Ausbildung – Muntadhir kannte sich mit den Feinheiten des Daeva-Glaubens nicht aus. Die kurze purpurrote

Jacke reichte ihm bis zu den Knien und darunter trug er eine gestreifte Hose in Azur und Feuergelb. Eine Kappe in derselben Farbe bedeckte sein lockiges Haar.

Das Ergebnis war farbenfroh. Sehr farbenfroh. Viel zu farbenfroh für diesen speziellen Morgen. Doch da war etwas an den schwarzen Augen des Mannes, die halb unter langen Wimpern verborgen lagen. Diese übermäßig enthusiastische Ausstrahlung und der ländliche Divasti-Akzent brachten Muntadhir ins Grübeln.

Langsam fügten sich die Einzelteile in seinem umnebelten Kopf zusammen. »Und auch mit Euch«, erwiderte er zaghaft. »Pramukh, nicht wahr? Kavehs Sohn?«

Sein Gegenüber nickte mit breitem Grinsen. Vor lauter Aufregung verlagerte er sogar das Gewicht abwechselnd auf die Fersen und die Zehen, und auf einmal fragte sich Muntadhir, ob er vielleicht nicht der Einzige hier war, der zu viel getrunken hatte.

»Jamshid! Das ist … Ich meine, das ist mein Name.« Die Worte auf Dschinnistani kamen dem Mann nicht so leicht über die Lippen. Er errötete, und trotz seines Zustands stellte Muntadhir unwillkürlich fest, dass der junge Mann recht bezaubernd aussah. »Ich kann Euch gar nicht sagen, wie sehr ich mich darüber freue, in Eure Dienste treten zu dürfen, Emir.« Er legte die Finger zum Daeva-Gruß zusammen und setzte zur Sicherheit noch einen flotten Geziri-Salut hinterher. »Ihr werdet keinen getreueren Mann finden als mich!«

Er tritt in meine Dienste? Muntadhir starrte Jamshid einige Augenblicke lang vollkommen verwirrt an, bevor sein Blick zu seinem Vater wanderte. Ghassan sah nicht einmal in seine Richtung, was Muntadhirs Vermutung bestätigte, dass er soeben zur Figur in irgendeinem Spiel geworden war.

Daher wandte er seine Aufmerksamkeit abermals dem so zappeligen wie begeisterten Priester zu. Seine Wimpern waren wirklich verdächtig lang, was ihn außerordentlich anziehend machte.

Muntadhir räusperte sich und verdrängte diesen Gedanken. Dieser junge Mann würde auf gar keinen Fall in seine Dienste treten. Er täuschte ein Lächeln vor und bedeutete Jamshid mit dem Kopf, ihm aus dem Weg zu gehen. »Wenn Ihr so freundlich wärt …«

»Aber natürlich!« Jamshid machte einen Satz. »Soll ich draußen auf Euch warten?«

»Tut das.« Geschickt trat Muntadhir an ihm vorbei und drehte sich nicht noch einmal um.

Ghassan blickte nicht auf, als Muntadhir näher kam. Sein bewundernder Blick war weiterhin auf die Arena unter ihm gerichtet.

»Sieh nur, wie er kämpft«, sagte sein Vater anstelle einer Begrüßung. Anerkennung und stolze Bewunderung – zwei Gefühlsregungen, die Ghassan Muntadhir gegenüber selten zeigte – schwangen in seiner Stimme mit. »Ich habe noch nie gesehen, dass jemand, der so jung ist, derart geschickt mit dem Zulfiqar umgehen kann.«

Es gab nur eine Person, die Ghassan al Qahtani ein solches Lob entlocken konnte, und als Muntadhir zu dem Sand hinabblickte und ihm immer banger in der Brust wurde, entdeckte er Alizayd. Sein kleiner Bruder kämpfte gegen einen Soldaten, der doppelt so groß und dreimal so breit schien wie er. Beide Kämpfer hielten brennende Klingen in den Händen, und eine Gruppe junger Kadetten hatte sich um sie geschart und feuerte ihren königlichen Kameraden an.

Muntadhir runzelte die Stirn und trat vor, als er die grünliche Hitze im Herzen der zuckenden Flammen bemerkte. »Das ist keine Trainingsklinge.«

Ghassan zuckte mit den Achseln. »Er ist bereit für den nächsten Schritt.«

Bei diesen Worten wirbelte Muntadhir zu seinem Vater herum. »Er ist *elf*. Die Kadetten der Zitadelle wechseln erst mit fünfzehn zu richtigen Klingen, wenn nicht sogar noch später.« Sein Körper verkrampfte sich, als die Schwerter lautstark gegeneinanderprallten. »Er könnte getötet werden!«

Doch Ghassan winkte ab. »Man hätte ihn nicht vorgeschlagen, wenn Wajed und seine Ausbilder nicht der Ansicht wären, dass er bereit dafür ist. Ich habe außerdem mit Alizayd gesprochen. Er hat sich diese Herausforderung gewünscht.«

Muntadhir biss sich auf die Unterlippe. Er kannte seinen kleinen Bruder gut genug, um genau zu wissen, dass es Ali hierbei nicht um die Herausforderung ging. Vielmehr wollte er sich beweisen.

Er wollte den anderen Kadetten – Jungen, die aus den ärmlichen Dörfern Am Geziras stammten und ihn nun anfeuerten – zeigen, dass der Halb-Ayaanle-Prinz genauso gut war wie sie. Nein, besser. Und Kind hin oder her, das tödliche Glitzern in Alis Augen war unverkennbar, als er den Schlag seines Gegners erwiderte und seine geringere Größe ausnutzte, um sich unter dem Arm des größeren Mannes hindurchzuducken.

Mein zukünftiger Qaid. Der junge Mann, der unter anderen Umständen durchaus in der privilegierten Position seines älteren Bruders hätte sein können.

Bestürzt wandte Muntadhir den Blick ab. »Darf ich mich setzen, Abba?« Ghassan deutete auf ein Kissen und Muntadhir ließ sich darauf nieder. »Verzeih meine Verspätung. Mir war nicht bewusst, dass du mich so früh sprechen möchtest.«

»Es ist Mittag, Muntadhir. Würdest du nicht bis Sonnenaufgang trinken, käme dir diese Tageszeit auch nicht früh vor.« Ghassan machte ein verzweifeltes Gesicht. »Du bist zu jung, um derart dem Wein zu verfallen. Wenn dich das nicht in ein frühes Grab bringt, wirst du ein schwacher König.«

Für Muntadhir bestand kein Zweifel daran, welche dieser Möglichkeiten seinem Vater größere Sorgen bereitete. »Ich werde versuchen, meinen Konsum einzuschränken«, versprach er diplomatisch, »doch der gestrige Abend war durchaus von Erfolg gekrönt.«

Er verstummte, als ein Diener näher trat, um ihm eine Tasse Kaffee aus einer dampfenden Kupferkaraffe einzuschenken. Muntadhir dankte ihm, trank einen großen Schluck und hoffte darauf, das Pochen in seinem Schädel dadurch zu besänftigen.

»Inwiefern?«, fragte Ghassan.

»Unser Verdacht in Bezug auf al Danaf scheint sich zu bestätigen«, erläuterte er und bezog sich damit auf einen der nördlichen Geziri-Gouverneure. »Ich war gestern mit seinem Vetter aus und er hat einer meiner Begleiterinnen einige höchst interessante Versprechungen gemacht. Es hörte sich ganz danach an, als hätten sie entweder gelernt, aus Steinen Gold zu machen, oder sie bereichern sich an den Karawanenzöllen, die der Schatzkammer zustehen.«

»Beweise?«

Muntadhir schüttelte den Kopf. »Aber seine Frau stammt aus einem mächtigen Clan. Dort wird man die Angebote, die er einer anderen Frau unterbreitet, nicht gerade mit Wohlgefallen aufnehmen.« Er trank noch etwas Kaffee. »Ich dachte, ich überlasse ihn besser dir.« So handhabten sie es meistens: Muntadhir brachte mithilfe seines Charmes so viel in Erfahrung, wie er nur konnte, und danach trat sein Vater in Aktion und setzte andere – brutalere – Methoden ein.

Ghassan schüttelte den Kopf und presste erbost die Lippen aufeinander. »Dieser Mistkerl. Und dabei hatte ich ihn als Kandidaten für die Hand deiner Schwester im Auge.«

»Was?« Muntadhir wurde trotz des heißen Getränks eiskalt.

»Es wäre weise, unsere Beziehungen zum Norden zu verbessern und einige der Spannungen abzubauen, die in den letzten Jahrzehnten entstanden sind.«

»Du würdest deine Tochter einer Schlange überlassen, die ein halbes Jahrhundert älter ist als sie, nur um einige Spannungen zu beseitigen?« Muntadhirs Stimme klang schneidend. »Sie spricht noch nicht einmal Geziriyya. Hast du überhaupt eine Ahnung, wie einsam sie dort wäre? Wie sehr sie leiden würde?«

Ghassan winkte ebenso ab, wie er es bei Muntadhirs Sorge um Ali getan hatte. Das war eine überaus irritierende Geste. »Es war ja nur so ein Gedanke. Ich würde doch nichts unternehmen, ohne mit ihr zu sprechen. Und jetzt kommt das ganz offensichtlich gar nicht mehr infrage.«

Als ob ihre Meinung einen Unterschied machen würde. Muntadhir wusste, dass sein Vater nicht wirklich lieblos war … Aber Zaynab war nun einmal eine Prinzessin, eine mächtige Figur in dem tödlichen Spiel, das die Politik von Daevabad darstellte. Ihre Zukunft hing vor allem davon ab, welchen Kurs Ghassan als den besten für ihre Regentschaft erachtete.

»Und der Grund, aus dem du mich hast rufen lassen – hat er zufällig etwas mit Kavehs eher lautem Sohn zu tun, der denkt, er würde in meine Dienste treten?«

»Er *tritt* in deine Dienste. Er hat sich für die Daeva-Brigade gemeldet. Er wird in der Zitadelle zu deinem persönlichen Leibwächter ausgebildet, und bis es so weit ist, kann er sich schon einmal mit deinen Kreisen vertraut machen. Den Gerüchten zufolge ist er ein sehr begabter Bogenschütze.«

Ein *Bogenschütze?* Muntadhir stöhnte. »Nein. Zwing mich nicht, irgendeinen Adligen vom Lande unter meine Fittiche zu nehmen, der danach strebt, ein Afshin zu sein. Ich flehe dich an.«

»Sei nicht so ein Snob.« Ghassan wandte sich erneut der Arena zu, in der Ali einen weiteren Treffer landete. »Jamshid ist ein Daeva-Edelmann, der im Tempel ausgebildet wurde. Ich gehe davon aus, dass er sich nahtlos in dein kleines Gefolge aus Poeten und Sängern einfügen wird. In der Tat erwarte ich sogar von dir, dass du dafür sorgst.«

Bei den entschiedenen Worten seines Vaters runzelte Muntadhir die Stirn. »Ist hier irgendetwas im Busch?«

»Nein.« Ghassan presste die Lippen aufeinander. »Aber ich bin der Ansicht, dass es nicht schaden kann, wenn sich Jamshid in deiner Nähe aufhält und loyal ist – wirklich loyal. Wir können nur davon profitieren, einen verlässlichen Daeva in einer derart hohen Position zu haben.« Er zuckte mit den Achseln. »Und wenn dieser verlässliche Daeva auch noch zum Haushalt des Großwesirs gehört ... umso besser.«

Obwohl er leise und auf Geziriyya sprach, spähte Muntadhir über die Schulter seines Vaters zu den anderen Adligen hinüber, um sicherzustellen, dass sie nicht belauscht wurden. »Meinst du, Kaveh führt etwas im Schilde?«

»Du klingst hoffnungsvoll.«

Muntadhir zögerte. Er hatte die einige Jahre zurückliegende Entscheidung seines Vaters, Kaveh e-Pramukh zu seinem Großwesir zu machen, nicht gutgeheißen, war jedoch zu jung gewesen, um zu protestieren – und hatte zu viel Angst gehabt, seinem Vater zu widersprechen. Manizheh und Rustam waren kurz zuvor von den Ifrit ermordet worden und Daevabad stand am Rand eines Bürgerkriegs. Da waren die Vorbehalte eines minderjährigen Qahtani-Sprösslings völlig ohne Belang gewesen.

Ghassan schien seine Gedanken erraten zu haben. »Immer heraus damit, Emir.«

»Ich vertraue ihm nicht, Abba.«

»Weil er ein Daeva ist?«

»Nicht deshalb«, antwortete Muntadhir mit fester Stimme. »Du weißt, dass ich nicht so denke. Ich vertraue vielen Daeva. Aber es gibt einige, die wir nie für uns gewinnen werden. Das spüre ich. Man *sieht* es. Sie können die Feindseligkeit in ihren Augen nicht hinter ihrem höflichen Lächeln verbergen.«

Ghassans Miene blieb unverändert. »Und du glaubst, Kaveh sei einer von ihnen? Bisher hat er sich als sehr guter Großwesir erwiesen.«

»Selbstverständlich hat er das. Er ist auch noch nicht in einer Position, in der er irgendetwas in Gang setzen könnte.« Muntadhir drehte den Silberring an seinem Daumen. »Aber ich bin der Meinung, dass wir uns vor einem Mann vorsehen sollten, der Manizheh und Rustam angeblich derart nahegestanden hat. Abba, manchmal sieht Kaveh mich an ... als sei ich ein Insekt. Er lässt sich nie etwas anmerken, aber ich wette, dass er uns im Schutz seines Hauses als Sandfliegen bezeichnet, die man zerquetschen sollte.«

»Ein Grund mehr, jemanden in seinem Haus zu haben.«

»Und sein Sohn ist die beste Option? Du könntest auch einfach einen Spion bei ihm einschleusen.«

Ghassan schüttelte den Kopf. »Ich will keinen Spion. Ich will seinen Sohn. Ich will jemanden, den ich benutzen kann, jemanden, bei dem Kaveh *weiß*, dass ich ihn benutzen kann, und ich will eine Person, deren Wohlergehen er nicht aufs Spiel setzen wird.«

Muntadhir wusste, was sein Vater damit eigentlich sagen wollte. Diese Dynamik kannte er inzwischen zur Genüge: Die Söhne politischer Gegner fanden Aufnahme in der Zitadelle, vermeintlich, um ehrenvolle Karrieren einzuschlagen, aber auch, damit man ihnen jederzeit eine Klinge an die Kehle drücken konnte, falls ihre Eltern aus der Reihe tanzten. Ehefrauen wurden als Gefährtinnen der Königin »eingeladen«, um dann im Harem festgehalten zu werden, wenn ihre Gatten unter Verdacht gerieten.

Sein Vater wollte eine Geisel.

Bei der Erinnerung an Jamshids fröhliches Lächeln erschauderte er schuldbewusst. »Hast du vor, ihm zu schaden?«

»Ich hoffe, das wird nicht notwendig werden. Du besitzt ein Talent dafür, andere zu bezaubern. Zahlreiche Höflinge würden ihr Blut dafür vergießen, um zu deinen Gefährten zu gehören.« Ghassan kniff die Augen zusammen. »Also nimm diesen angehenden Afshin mit den strahlenden Augen und mach ihn zu deinem engsten Freund. Zeig Kavehs Sohn den Charme, die Reichtümer, die Frauen … das Paradies, das auch sein Leben sein könnte. Und sorge dafür, dass sein Schicksal an das deine gebunden ist. An das *unsere*. Das dürfte dir nicht allzu schwerfallen.«

Muntadhir dachte darüber nach. So wie er seinen Vater kannte, sollte er vermutlich erleichtert sein, dass Ghassan ihn nur bat, sich mit Jamshid anzufreunden, statt ihn zu vergiften oder in irgendeinen Skandal zu verwickeln. »Das ist alles? Er soll nur zu einem meiner Gefährten werden?«

In den Augen seines Vaters flackerte etwas auf, das er nicht deuten konnte. »Ich rate dir nicht davon ab, ihn zu ermutigen, mehr über sein Leben in Zariaspa zu erzählen – und dir all das anzuvertrauen, was er über die Beziehung seines Vaters zu den Nahid-Geschwistern weiß.«

Muntadhir fuhr mit einem Finger über den Rand seiner Kaffeetasse. Er hatte die Lust darauf verloren, wusste jedoch nicht, ob es an den Nachwirkungen des Weines oder an den Worten seines Vaters lag.

»Verstehe. Wenn das alles ist …«

Ein Schrei von Ali unterbrach ihr Gespräch. Als sich Muntadhir umdrehte, konnte er gerade noch sehen, wie seinem Bruder das Zulfiqar aus der Hand geschleudert wurde.

Erleichterung durchflutete ihn. Er bezweifelte, dass Ali verlieren wollte, aber je eher sein kleiner Bruder aufhörte, mit dieser feurigen, vergifteten Klinge zu spielen, desto besser.

Doch Alis Gegner hielt nicht inne. Er stürzte sich auf ihn und trat ihm fest gegen die Brust. Ali stürzte zu Boden und blieb im Sand liegen.

Muntadhir sprang entrüstet auf.

»Setz dich«, verlangte Ghassan mit ausdrucksloser Stimme.

»Aber, Abba …«

»Sofort.«

Muntadhir ließ sich mit brennenden Wangen wieder nieder, als Alis Gegner seinem jüngeren Bruder immer näher kam. Die anderen Kadetten standen wie erstarrt da. Plötzlich kam ihm sein Bruder entsetzlich jung und klein vor; ein verängstigtes kleines Kind, das nach hinten kroch und dessen Blick aus panischen grauen Augen zwischen dem vor ihm aufragenden Gegner und der Stelle, an der sein Zulfiqar gelandet war, hin- und herzuckte.

Es waren schon viele Männer bei dem Versuch gestorben, das Zulfiqar zu beherrschen. Das Training war gnadenlos und dazu gedacht, jene, die eine derart zerstörerische Waffe führen und kontrollieren konnten, von denen zu trennen, die das nicht zu tun vermochten. Aber doch gewiss nicht hier. Nicht der Sohn des Königs, noch dazu vor dessen Augen.

»Abba.« Muntadhir verkrampfte sich, als Ali dem nächsten Schlag nur knapp auswich. Flammen zuckten um das Kupferschwert des Kriegers, der ihn attackierte. »Du musst das unterbinden, Abba. Sag ihm, dass er damit aufhören soll!« Seine Stimme brach vor Furcht.

Sein Vater schwieg beharrlich.

Mit einem Mal änderte sich Alis Miene und Entschlossenheit spiegelte sich darin. Er packte eine Handvoll Sand und schleuderte ihn seinem Gegner ins Gesicht.

Der Mann zuckte zurück und fasste sich mit der freien Hand an die Augen. Dadurch hatte Ali mehr als genug Zeit, um einen Fuß um die Knöchel seines Gegners zu haken, ihn aus dem Gleichgewicht zu bringen und zu Boden zu reißen. Im nächsten Moment hatte Ali auch schon seinen Khanjar gezogen und in die Hand gerammt, die das Zulfiqar festhielt. Wieder und wieder stach er zu, bis der andere Krieger stark blutete.

Der Krieger ließ das Zulfiqar fallen.

Muntadhir atmete vor Erleichterung zitternd aus. Ungeachtet der Anordnung seines Vaters stand er auf und trat an den Rand der Plattform. Ali bemerkte die Bewegung und blickte zu ihm auf. Sie sahen einander in die Augen.

In der kurzen Zeit, die sein kleiner Bruder brauchte, um Muntadhir ein zittriges Lächeln zu schenken, hatte sein Gegner ebenfalls den Khanjar gezückt.

Er schlug Ali den Griff des Dolches ins Gesicht.

Ali schrie vor Schmerzen auf und Blut strömte aus seiner Nase. Muntadhirs Wutschrei wurde vom Klang der Pfeife übertönt, der das Ende des Kampfes anzeigte.

Oh, das wird ihn das Leben kosten. Muntadhir drehte sich auf dem Absatz um und griff nach seiner Klinge. Sein Khanjar war nur eine Zierde seiner Emir-Erscheinung, ein juwelenbesetztes Symbol seiner Autorität und erst in zweiter Linie eine Waffe. Doch Muntadhir ging davon aus, dass er dennoch in der Lage war, es dem Mann, der seinen Bruder eben geschlagen hatte, da unten in der Arena mit genug Kraft in die Kehle zu stoßen.

Ghassan packte sein Handgelenk und zog ihn ruckartig an sich. »Halt.«

»Ich lasse mich nicht davon abhalten! Hast du gesehen, was er eben getan hat?«

»Ja.« Die Stimme seines Vaters klang entschieden, aber Muntadhir entging nicht, dass er kurz zu Ali schaute, bevor er seinem Ältesten ins Gesicht sah. »Der Kampf war noch nicht entschieden. Alizayd hätte sich weiterhin konzentrieren müssen.«

Muntadhir entzog ihm seinen Arm. »*Er hätte sich weiterhin konzentrieren müssen?* Sie waren beide entwaffnet! Ein Mann tut deinem Sohn so etwas an und du sagst nichts dazu?«

Zorn flackerte in Ghassans Miene auf, aber er wirkte eher ermattet. »Mir ist es lieber, ihm wird vor meinen Augen die Nase gebrochen, als dass er auf einem weit entfernten Schlachtfeld den Tod findet. Er muss noch viel lernen, Muntadhir. Er soll Qaid werden. Damit erwartet ihn ein Leben voller Gewalt und Gefahr, und wir tun ihm beide keinen Gefallen, wenn wir ihn beim Training schonen.«

Muntadhir betrachtete seinen kleinen Bruder. Die weiße Trainingsuniform war nun schmutzig und mit Brandspuren, Blut und dem dunklen Sand der Arena bedeckt. Ali presste sich einen schmierigen Ärmel an die Nase, um die Blutung zu stoppen, und humpelte zu seinem Zulfiqar.

Bei dem Anblick brach Muntadhir das Herz. »Dann möchte ich nicht, dass er mein Qaid wird«, sprudelte es aus ihm heraus. »Hol ihn aus der Zitadelle. Lass ihn den Rest seiner Kindheit genießen und danach ein normales Leben führen.«

»Er wird nie ein normales Leben führen«, stellte Ghassan leise fest. »Er ist ein Prinz und entstammt zwei mächtigen Familien. Solche Personen führen in unserer Welt kein normales Leben. Erst recht nicht jetzt. Nicht nachdem …«

Sein Vater beendete den Satz nicht. Das war auch gar nicht nötig. Jeder wusste, welch irreparabler Schaden ihrer Welt mit dem Tod der letzten Nahid zugefügt worden war. Wenn die Politik in Daevabad in Muntadhirs Kindheit schon als tödlich gegolten hatte und die Stabilität der Stadt auf Messers Schneide stand, so sah die Lage heute noch weitaus schlimmer aus.

Nein. Ali würde niemals ein normales Leben führen. Keiner von ihnen konnte das. Muntadhir sah weiterhin gebannt nach unten, und ihm war ein bisschen übel, als Ali sein Zulfiqar in die Scheide steckte, wobei die Klinge im Vergleich zu seinem kleinen Körper viel zu groß aussah.

»Ich tue das alles nicht nur für Alizayd«, schalt sein Vater ihn sanft. »Du verfügst über gute politische Instinkte, Muntadhir. Du bist charmant und ein hervorragender Diplomat … Aber du bist weder ein Botschafter noch ein Wesir. Du bist mein Nachfolger. Du musst dein Herz abhärten, sonst wird Daevabad dich zertrümmern. Und das darfst du nicht riskieren, mein Sohn, nicht mal für einen Moment. Die Stadt steht und fällt mit ihrem König.« Sein Vater sah ihm in die Augen, und kurz ließ sich ein Hauch von Verletzlichkeit darin erkennen, ein Echo der Sorge und Angst und schlichten *Zuneigung*, die Ghassan seiner Familie früher einmal so freimütig gezeigt hatte. Doch sogleich war das alles wieder verschwunden. »Hast du verstanden?«

Daevabad steht immer an oberster Stelle. Das war das Mantra seines Vaters, das, was er immer sagte, wenn er jene brutal ausschaltete, die es wagten, ihm zu widersprechen. Oder wenn er das Leben seiner jungen Kinder ruinierte.

All das würde man eines Tages auch von Muntadhir erwarten.

Übelkeit stieg in ihm auf. »Ich ... ich sollte Jamshid zur Zitadelle bringen.« Das war die erste Ausrede, die ihm in den Sinn kam, um endlich von hier verschwinden zu können.

Ghassan hob eine Hand. »Geh in Frieden.«

»Sei gesegnet.« Muntadhir berührte Herz und Stirn und wich zurück.

Jamshid war noch immer da und er wirkte nicht weniger überschwänglich. Als er Muntadhir auf sich zukommen sah, sprang er auf, als habe ihn jemand mit heißen Kohlen berührt. »Emir!«

»Bitte hört damit auf.« Muntadhir rieb sich den Kopf. Er verspürte nicht das geringste Verlangen, zur Zitadelle zu gehen. Obwohl er seinem Vater etwas anderes versprochen hatte, wollte er eigentlich nur so viel trinken, bis er ihre Unterhaltung vergessen hatte, ebenso wie die Erinnerung an Alis Schmerzensschrei und Zaynabs traurige Augen. Doch seine üblichen Trinkkumpane lagen noch verkatert in ihren Betten, und Muntadhir kannte seine Schwächen gut genug, um zu wissen, dass er in diesem Zustand nicht allein trinken sollte.

Er musterte Jamshid kritisch. »Verbietet Eure Priesterschaft Wein?«

Jamshid zog die dichten Augenbrauen hoch und sah ihn verwirrt an. »Nein?«

»Dann begleitet mich.«

* * *

Jamshid schritt über den mit Schnitzereien verzierten hölzernen Balkon. »Ihr habt eine wundervolle Aussicht«, gab er staunend zu. »Von hier oben aus sieht man ganz Daevabad.«

Muntadhir gab von seinem Kissen aus ein zustimmendes Brummen von sich, rührte sich jedoch nicht. Ihm war nicht danach, auf die Stadt hinabzublicken, die er eines Tages tyrannisieren sollte, selbst wenn sie wunderschön aussah.

Jamshid drehte sich um und lehnte sich ans Geländer. »Stimmt etwas nicht, Emir?«

»Warum fragt Ihr das?«

»Ihr wirkt ein wenig bedrückt. Und ich hatte gehört, Ihr wärt redseliger.«

Muntadhir starrte den Mann fassungslos an. Man fragte den Emir von Daevabad nicht, ob er bedrückt war. Nicht einmal seine engsten Gefährten wagten es, so offen zu ihm zu sprechen. Gut, ihnen wäre seine Schweigsamkeit gewiss aufgefallen, doch sie hätten es nicht gewagt, dies zu kommentieren. Stattdessen hätten sie Gedichte verfasst, um ihn zu lobpreisen, oder angeboten, ihn mit Geschichten abzulenken, um dabei diskret seinen Wein zu verwässern.

Allerdings stellte Muntadhir fest, dass ihn diese Offenheit nicht störte. Vermutlich lehrte man im Großen Tempel der Daeva keine Palastetikette. »Erzählt mir von Euch!«, bat er Jamshid und ignorierte dessen Bemerkung. »Warum wolltet Ihr das Priesteramt aufgeben? Habt Ihr den Glauben verloren?«

Jamshid schüttelte den Kopf. »Nein, mein Glaube ist unerschütterlich wie eh und je. Aber ich hielt es nicht für die beste Art, meinem Stamm zu dienen, mich mit verstaubten Schriften einzusperren.«

»Und Euer Vater war damit einverstanden? Kaveh macht auf mich einen sehr orthodoxen Eindruck.«

»Mein Vater ist in Familienangelegenheiten in Zariaspa.« Jamshids Fingerknöchel liefen weiß an, als er seinen Weinkelch umklammerte. »Er weiß noch nichts davon.«

»Ihr habt den Großen Tempel verlassen und Euch der Königsgarde angeschlossen, ohne die Erlaubnis Eures Vaters einzuholen?« Muntadhir war erstaunt … und auch ein bisschen fasziniert. Das war eindeutig nicht die Art, wie die Dinge innerhalb mächtiger Adelsfamilien in Daevabad geregelt wurden, doch der Mann vor ihm wirkte auf ihn nicht wie ein Rebell. Ganz und gar nicht.

Jamshid schien seine Reaktion zu amüsieren. »Weiß Euer Vater alles über Euch?«

Das Funkeln in den dunklen Augen des Mannes in Kombination mit der Frage ließ Muntadhir einen Schauer den Rücken hinunterlaufen. Er richtete sich auf und wandte sich Jamshid zu. Unter anderen Umständen hätte er sich gefragt, ob Jamshid womöglich irgendwelche Hintergedanken hatte. Möglicherweise wäre er versucht gewesen, das herauszufinden, mit seinem Lächeln, von dem er wusste, dass es schon so manches Herz in Daevabad gebrochen hatte, und der Einladung, sich zu ihm zu setzen.

Doch nur wenige in Daevabad sahen Muntadhir al Qahtani so offen in die Augen … und noch viel weniger sprachen mit dieser aufrichtigen Wärme, die von Jamshid ausging, zu ihm. Und kaum einer von diesen legte dabei ein derartiges politisches Feingefühl an den Tag, wie es Kavehs Sohn hier tat. Daher würde Muntadhir die Sache sehr taktvoll angehen müssen.

Er räusperte sich und versuchte die Tatsache zu ignorieren, dass sein Herz auf einmal schneller schlug. »Mein Vater weiß alles«, gab er für sich selbst unerwartet zu.

Jamshid lachte auf und bei diesem wundervollen Geräusch spürte Muntadhir ein Flattern im Bauch. »Damit habt Ihr vermutlich recht.« Er verließ den Balkon und trat näher. »Das muss ziemlich schwierig sein.«

»Es ist furchtbar«, stimmte Muntadhir zu und konnte den Blick plötzlich kaum noch von dem anderen Mann abwenden. Jamshid war keine wahre Schönheit, aber mit den anmutigen Brauen und dem etwas altmodischen Schnurrbart gab er dennoch eine angenehme Erscheinung ab. Ganz zu schweigen von den schwarzen Augen mit den langen Wimpern, mit denen er Muntadhir nahezu ununterbrochen betrachtete. Da er noch seine Tempelkleidung trug, sah Jamshid aus, als wäre er einem der abgenutzten Gemälde entsprungen, die den Nahid-Rat darstellten und an vielen Wänden des uralten Palastes zu finden waren.

Jamshid setzte sich, ohne dazu aufgefordert worden zu sein, sprang sofort wieder auf und wirkte schuldbewusst. »Vergebt mir … Darf ich mich setzen? Mir ist klar, dass es dafür irgendein Protokoll geben muss.«

»Setzt Euch«, bat Muntadhir ihn. »Bitte. Es ist angenehm, mal eine Pause vom Protokoll zu machen.«

Erneut umspielte ein Lächeln Jamshids Lippen. Das schien etwas zu sein, das er häufiger tat – Muntadhir vermutete, dass es allen Leuten so ging, die aufwuchsen, ohne sich ständig den Kopf wegen der lächerlichen Hofetikette und der damit verbundenen politischen Intrigen zu zerbrechen. »Mein Vater wäre da anderer Meinung. Er ist ständig besorgt, dass man uns unsere ›schrecklichen‹ provinziellen Gepflogenheiten anmerken könnte.« Jamshid verzog das Gesicht. »Man sollte doch meinen, dass ich nach einem Jahrzehnt in Daevabad so langsam meinen Akzent verloren hätte.«

»Ich mag Euren Akzent«, versicherte Muntadhir ihm und nippte an seinem Wein. »Warum habt Ihr Zariaspa verlassen?«

»Mein Vater wollte, dass ich im Großen Tempel ausgebildet werde. Jedenfalls behauptet er das.« Jamshid trank ebenfalls einen Schluck und blickte zum Himmel hinauf. »Ich vermute, es war leichter, hier von vorn anzufangen.«

»Wie meint Ihr das?« Muntadhirs Neugier war geweckt und übertrumpfte seinen Entschluss, den Befehlen seines Vaters nicht sofort Folge zu leisten.

Jamshid warf ihm einen überraschten Blick zu. »Meine Mutter … Ich ging davon aus, dass Ihr das wisst.«

Muntadhir zuckte zusammen. Selbstverständlich wusste er davon und er hatte seine Worte nicht mit Bedacht gewählt. »Verzeiht mir. Eure Mutter ist gestorben, als Ihr noch sehr jung wart, nicht wahr? Ich hatte nicht vor, das Thema anzuschneiden.«

»Das macht mir nichts aus«, erwiderte Jamshid rasch. »Wirklich nicht. Ich habe kaum noch Gelegenheit, über sie zu sprechen. Mein Vater möchte das nicht.« Seine Miene umwölkte sich. »Sie starb bei meiner Geburt, aber keiner will mir mehr über sie erzählen. Sie scheinen sich alle zu sehr zu schämen.«

Muntadhir runzelte die Stirn. »Aber warum? Ihr tragt den Namen Eures Vaters. Ist das so ein großes Problem?«

»Für Daeva schon. Mein Volk ist besessen davon, dass jeder seine Wurzeln nachverfolgen kann.« Er leerte seinen Kelch. »Das bestimmt, was wir tun, wen wir heiraten … einfach alles.« Seine Worte klangen unbefangen, aber Muntadhir entging der Schmerz in seiner Miene nicht. »Und die Hälfte meiner Wurzeln fehlt.«

»Vielleicht bedeutet das nur, dass Ihr die Freiheit habt, selbst über Euer Schicksal zu bestimmen. Es könnte auch ein Geschenk sein«, meinte Muntadhir leise und musste an Ali und Zaynab denken.

Jamshid erstarrte und sah Muntadhir mit ernster Miene an. Als er schließlich das Wort ergriff, klang seine Stimme ernst. »Ich hatte gehört … dass Ihr dazu neigt, übermäßig poetisch zu werden, wenn Ihr betrunken seid.«

Muntadhir riss die Augen auf und spürte, wie ihm das Blut in die Wangen schoss. Hatte Jamshid ihn etwa eben … *beleidigt*? Er war schockiert. Abgesehen von seiner Familie wagte es niemand, mit dem Emir von Daevabad derart respektlos umzugehen. Wahrscheinlich fürchteten alle, dass der König sie dafür exekutieren könnte.

Doch Jamshids Augen funkelten verschmitzt, und ein Lachen drang aus seiner Kehle. Da wurde Muntadhir bewusst, dass er nicht etwa wütend war. Er konnte nicht genau benennen, was er empfand, doch in seiner Brust machte sich eine seltsame Leichtigkeit bemerkbar, die er so noch nie gespürt hatte.

Er war sich ziemlich sicher, dass er sich gerade *amüsierte*.

Dennoch versuchte er sich an einem empörten Blick. »Euer Vater macht sich zu Recht Sorgen um Eure Manieren«, schoss er zurück. »Ich wollte nur freundlich sein und Ihr benehmt Euch wie ein Esel.«

»Dann fühle ich mich umso mehr gesegnet, in Eure Dienste treten zu dürfen.« Jamshid grinste, und Muntadhir befürchtete so langsam, dass die Aufgabe, die ihm sein Vater übertragen hatte, weitaus schwieriger werden würde als erwartet. »Denn so habt Ihr mehr als genug Zeit, mir Manieren beizubringen.«

JAMSHID

Diese Szene spielt etwa ein Jahr nach dem vorangegangenen Muntadhir-Kapitel und enthält Spoiler für das erste Buch.

Die Töne, die durch die geschlossene Tür drangen, hörten sich ziemlich albern an.

Jamshid e-Pramukh verlagerte das Gewicht und wurde immer unruhiger, während er die Waffen betrachtete, die an der Wand des langen Marmorkorridors, in dem er Wache stand, ausgestellt waren. Dabei handelte es sich um eine durchaus furchterregende Sammlung. Ein so langer Speer, dass er nur von einem Riesen angehoben werden konnte, und ein mit Zahhak-Zähnen gespickter Streitkolben. Verbeulte Schilde, Schwerter und, oh … eine gezackte Axt, zwischen deren Zähnen noch Blut und Knorpel prangten.

Möglicherweise hätte ihn diese Dekoration nicht überraschen sollen, genoss der große Kriegsherr von der Tukharistani-Grenze, der momentan hier wohnte, doch einen beachtlichen Ruf. Angeblich sammelte er Soldaten und Münzen, um sein kleines Lehnsgut zu schützen. Es hieß, er habe sich aus dem Schädel eines Feindes einen goldenen Becher machen lassen und einen gefangenen Ifrit bei lebendigem Leibe gekocht. Zudem hatte er den Emir von Daevabad mit den Worten begrüßt, seine Vorfahren hätten einst Geziri-Blut getrunken.

Nun hatte sich dieser Kriegsfürst mit Muntadhir und allem Anschein nach mindestens vier weiteren Personen in sein Schlafgemach zurückgezogen, darunter auch eine Frau, bei der sich Jamshid ziemlich sicher war, dass es sich um die Gattin des Kriegsfürsten handelte und eine äußerst schlechte Sängerin.

Hinter der geschlossenen Tür lachte Muntadhir leise und neckend, und bei diesem Geräusch zog sich Jamshids Magen zusammen. Er konnte die Worte seines Emirs nicht verstehen, doch der spaßhafte Tonfall klang nicht ängstlich oder eingeschüchtert. Andererseits hörte sich Muntadhir auch nie ängstlich oder eingeschüchtert an. Stattdessen machte es eher den Eindruck, als würde der Emir von Daevabad vollkommen selbstsicher und amüsiert durchs Leben gleiten und sich von Konzepten wie mangelnder Sicherheit kein bisschen aus der Ruhe bringen lassen. Aber wieso sollte er auch? Schließlich hatte er andere, die sich an seiner statt deswegen den Kopf zerbrachen.

Personen wie Jamshid, der seinen Dolch fester umklammerte, als er den Kriegsfürsten laut auflachen hörte. Der kleine Dolch war die einzige Waffe, die man Jamshid gestattet hatte. Muntadhir hatte erwähnt, dass sie nicht unhöflich oder respektlos erscheinen durften. Um Himmels willen! Da war es doch weitaus besser, wenn sein Emir ermordet wurde und man im Anschluss Jamshid und alle anderen Daeva hinrichtete, weil sie es zugelassen hatten.

Vielleicht hättest du an so etwas denken sollen, bevor du den Tempel verlassen und dich der Königsgarde angeschlossen hast.

Zugegebenermaßen war Jamshid davon ausgegangen, dass er als Bogenschütze zur Daeva-Brigade kommen und stolz das Viertel seines Stammes beschützen würde, als er sich an Ghassan gewandt hatte. Stattdessen beschützte er nun Ghassans ältesten Sohn und bekam in kürzester Zeit vermittelt, wie Muntadhir auf seine äußerst spezielle Weise Politik betrieb.

Die Tür wurde lautstark aufgerissen. Jamshid nahm sofort Haltung an, als trunkenes Lachen und warmes Kerzenlicht auf den Korridor drangen. Einen Moment lang war er der Panik nahe, doch dann trat Muntadhir al Qahtani in den Türrahmen. Trotz der Geräusche, die Jamshid gehört hatte, und der daraus geschlussfolgerten Aktivitäten wirkte Muntadhir unangetastet und bemerkenswert nüchtern. Die Seide seines blassblauen Lendentuchs sah immer noch glatt aus, die Mondsteinknöpfe am Kragen seiner Tunika, die im modischsten Stil gefärbt und geschnitten war, sahen unberührt aus. Sein silberner Turban, den ein Schmuckstück mit Saphiren und Karneolen schmückte, saß vielleicht ein wenig schief, doch das ließ ihn nur noch schneidiger wirken.

Als ob das überhaupt nötig wäre, dachte Jamshid und war froh, dass man seine geröteten Wangen im dunklen Flur nicht sehen konnte.

Muntadhirs Blick fiel auf Jamshid und er lächelte. Sein Lächeln breitete sich langsam und zaghaft aus, bis es sein ganzes Gesicht strahlen ließ – und dieses Lächeln richtete Dinge mit Jamshid an, die seiner Berufsausübung alles andere als dienlich waren. Muntadhirs Augen funkelten, als er sich vorbeugte, um Jamshid etwas ins Ohr zu flüstern. Er wirkte erfreut und überaus zufrieden, als habe er nur die Tür geöffnet, um mehr Wein oder vielleicht weitere Gesellschaft zu verlangen, und sein Atem strich warm über Jamshids Hals.

»Wir müssen von hier verschwinden.« Muntadhir sprach Divasti, und sein Tonfall war noch immer leicht und ungezwungen, als sei alles in bester Ordnung. »Auf der Stelle.«

Jamshid zuckte zurück und spähte über Muntadhirs Schulter. Ein Blick reichte aus, um ihn vollständig erröten zu lassen. Die Feierlichkeiten schienen in vollem Gang zu sein, und der Kriegsfürst und seine Begleiter hatten Muntadhirs Gang zur Tür anscheinend noch gar nicht mitbekommen. Oder sie konzentrierten sich eher auf die recht akrobatischen Bewegungen, die sie soeben vollzogen.

Rein aus Instinkt zog Jamshid Muntadhir ganz auf den Korridor und schloss leise die Tür. Während er ihm eine Hand ins Kreuz legte, als seien sie zwei völlig normale Männer, die weitere Erfrischungen besorgen wollten, führte Jamshid Muntadhir vorsichtig durch den Gang.

»Die Tür liegt in dieser Richtung«, raunte er ihm zu.

Muntadhir blieb stehen. »Wir können nicht durch den Haupteingang rausgehen. Da bin ich mir sicher.«

»Na gut …« Jamshid schluckte schwer. »Wir befinden uns recht weit oben, aber da vorn war ein Fenster.«

»Perfekt.« Muntadhir drehte sich bereits um. Jamshid musste sich beeilen, um ihn einzuholen, und war sich der Geräusche seiner Stiefel auf dem Steinboden überdeutlich bewusst. Muntadhir hatte sich die Sandalen wieder angezogen, bewegte sich jedoch lautlos vorwärts. Er besaß offensichtlich mehr Erfahrung darin, sich durch dunkle Häuser zu schleichen, als der Mann, der angeblich an seiner Seite weilte, um ihn zu beschützen.

Das Fenster bestand aus sandgestrahltem Glas und war dick und trübe. Durch die Wirbel aus hineingeätzten Rosen und Ranken konnte man die Straße erkennen, die gute drei Stockwerke weiter unten verlief.

Muntadhir runzelte die Stirn. »Meinst du, wir können das Glas zerbrechen?«

»Das ist nicht nötig.« Jamshid legte die Handflächen auf die kühle Scheibe und rieb Hitze hinein. Schon fing das Glas an zu sieden und zu schmelzen, tropfte in glitzernden Wellen herunter, bis sich eine Öffnung gebildet hatte, die breit genug war, damit sie beide hindurchschlüpfen konnten.

Muntadhir stieß einen beeindruckten Pfiff aus. »Wenn das hier vorbei ist, müsst Ihr mir beibringen, wie man das macht.« Er kletterte durch das Fenster.

»Wartet!« Jamshid hielt ihn am Handgelenk fest. »Wir sind sehr weit oben und Ihr habt getrunken. Solltet Ihr in diesem Zustand wirklich nach unten klettern?«

»Es ist besser, als hierzubleiben. Und ich bin ganz ruhig, nicht wahr?« Muntadhir streckte eine Hand aus. »Nicht einmal ich wäre so töricht, mich in Gegenwart gewaltiger, wütender Krieger mit mehr Waffen als Verstand zu betrinken.«

Oh Schöpfer, steh mir bei! Für solche Abenteuer hatte Jamshid seinen Posten nicht angetreten. Doch er folgte Muntadhir und konnte nicht leugnen, dass ihn Aufregung durchzuckte. Vielleicht hätte er sich genau das erhoffen sollen, denn es war weitaus erfüllender, als sich im Tempel verstaubte Texte einzuprägen.

Sie krabbelten auf allen vieren über die Dachschindeln. Danach folgte ein kleiner Sprung auf einen Gartenbalkon voller üppiger Topfpalmen und Hängekörbe mit Farnen. Als sie zwischen den Pflanzen entlangschlichen, tippte Jamshid Muntadhir auf die Schulter und deutete mit dem Kopf auf ein Abflussrohr.

»Könnt Ihr daran hinunterrutschen?«, fragte er.

Der Emir erbleichte leicht, aber dann ertönte von oben zorniges Gebrüll. »Ja«, bestätigte Muntadhir, stürzte sich mit dem Eifer eines Schuljungen auf das Rohr und glitt daran zu Boden. Jamshid wartete, bis Muntadhir fluchend und humpelnd zur Seite getaumelt war, bevor er ihm folgte.

Er landete sehr viel anmutiger als der Emir, allerdings in einer Pfütze, sodass er Muntadhirs feine Kleidung mit Schmutzwasser bespritzte. Jamshid runzelte die Stirn und ging fest davon aus, dass er irgendeine heilige Regel der Palastetikette gebrochen hatte, bis ihm wieder einfiel, dass alles, was sie hier gerade taten, den Regeln widersprach. Schon packte Muntadhir ihn am Handgelenk und zog ihn mit sich.

»Weg hier!«

Sie eilten durch die dunklen Gassen einer Gegend, die wie ein eher zwielichtiger Bereich des Tukharistani-Viertels wirkte und weitaus dreckiger war als alles, was Jamshid kannte. Muntadhir schien jedoch zu wissen, welchen Weg sie einschlagen mussten, denn er bog in den gewundenen Straßen ab, als sei er hier zu Hause. Als sie sich einer der Hauptstraßen näherten, lockerte Muntadhir ein Ende seines Turbans und schlang es sich vor Mund und Nase.

»Macht Ihr so etwas öfter?« Jamshid musste die Frage einfach stellen.

»Was meint Ihr? Mich in meiner Stadt herumschleichen?« Muntadhir zwinkerte ihm zu, und in seinen stahlfarbenen Augen spiegelte sich das Licht der bemalten Glaslampen, die überall entlang der Straße hingen. »Im Allgemeinen bin ich jedoch mit deutlich mehr Begleitern und weitaus mehr Waffen unterwegs, was das Schleichen doch deutlich erschwert.« Er hakte sich bei Jamshid ein und zog ihn näher heran. »Aber es könnte zur Abwechslung mal amüsanter sein, anonym zu bleiben. Wer rechnet denn schon damit, dass der Qahtani-Emir mit einem einzigen Daeva zum Schutz durch die Gegend schlendert?«

Abermals machte sich dieses äußerst unpassende Flattern in Jamshids Magengrube bemerkbar. »Ich sollte Euch besser daran erinnern, dass ich seit noch nicht einmal einem Jahr mit Waffen trainiere.« *Und ich erinnere Euch lieber nicht daran, dass ich im Augenblick nur ein winziges Messer als einzige Waffe bei mir trage.*

Muntadhir tätschelte Jamshids Hand. »Umso größer ist die Herausforderung für uns beide.«

Wahrscheinlich hätten diese Worte Jamshid beunruhigen sollen, doch als sie sich den Weg ins betriebsame Geschäftszentrum des Tukharistani-Viertels bahnten, Arm in Arm wie normale Bürger, die einen Abend in der Stadt verbrachten, fiel es Jamshid zunehmend schwerer, sich Sorgen zu machen. Er lebte seit mehr als zehn Jahren in Daevabad, doch bislang war er sehr eingeschränkt gewesen. Eine Mischung aus gerechtfertigter Angst und Vorurteilen hielt die meisten Daeva davon ab, ihr Viertel zu verlassen und sich unter die anderen Dschinn-Stämme zu mischen oder gar unter die Shafit. Stattdessen hatte sich Jamshids Welt bislang um den Tempel und gesellschaftliche Treffen mit anderen Adligen gedreht. Nächte im glitzernden Tukharistani-Viertel – noch dazu in Gesellschaft des weitaus weltoffeneren Prinzen – waren für ihn eine neue und belebende Erfahrung.

»Ich kann es nicht fassen, dass ich noch nie zuvor hier gewesen bin«, bemerkte Jamshid und atmete den Geruch nach verbranntem Karamell ein, der von den am Spieß verkauften Süßigkeiten an einem Stand in der Nähe ausging.

»Ihr wart noch nie im Tukharistani-Viertel?« Als Jamshid nickte, gluckste Muntadhir. »Es war also durchaus ernst gemeint, dass Euer Vater überfürsorglich ist.«

»Mich überrascht vielmehr, dass Euer Vater es nicht ist.« Kaum hatte Jamshid die Worte ausgesprochen, bereute er sie auch schon. Aber es war ihm nahezu unmöglich, sich in Muntadhirs Nähe zurückzuhalten. Dabei konnte der Emir Jamshid mit einem Fingerschnippen umbringen und seine Familie zerstören. Rasch entschuldigte er sich. »Bitte vergebt mir. Das sollte nicht …«

Doch Muntadhir winkte mit leicht bebender Hand ab. »Da gibt es nichts zu vergeben. Mein Vater glaubt an eine andere Art von Schutz.«

»Und das bedeutet?«

»Das bedeutet, dass es sowohl für Daevabad als auch für mich gefährlich wäre, wenn ich schwach wirke.« Muntadhir sah ihm in die Augen. Es machte fast den Eindruck, als würde er sich hinter dem Turbanzipfel vor seinem Gesicht an einem Lächeln versuchen. »Wäre es nach meinem Vater gegangen, hätte ich meine Kindheit in Am Gezira verbracht, um zusammen mit meinen Vettern von dem zu leben, was das Land einbringt, und Zahhak zu jagen.«

Jamshid runzelte die Stirn. »Und warum habt Ihr es nicht getan?«

»Meine Mutter wollte mich nicht gehen lassen.« Trauer schwang in seiner Stimme mit. »Wir standen uns sehr nahe.«

Du neugieriger Idiot. »Bitte entschuldigt«, stieß Jamshid hervor. »Ich sollte Euch keine derartigen Fragen stellen.«

»Und ich sollte sie vermutlich nicht beantworten. Trotzdem muss ich feststellen, dass ich es ständig tue, Pramukh. Ihr hättet einen guten Priester abgegeben. Oder einen noch besseren Spion, wenn das Euren Neigungen entspräche.«

Jamshid erschauderte. »Ich bezweifle, dass ich einen guten Spion abgeben würde.«

»Ach, man weiß nie.« Doch auf einmal taumelte Muntadhir und fiel beinahe auf die Knie. »Oh, verstehe. Darum haben sie Kissen ausgelegt, als die Pilze herumgereicht wurden.«

»Die *was?*«

Muntadhir klammerte sich an seinen Arm. »Ihr solltet mich besser rasch zurück zum Palast bringen.«

* * *

Jamshid versuchte, nicht zu stolpern, als er Muntadhir ins Bett legte. So benommen, wie Muntadhir war – und sein Zustand ließ sich kaum noch als klar bezeichnen, hatte Muntadhir doch den ganzen Rückweg über Gedichte rezitiert und war ständig kurz vor dem

Einschlafen gewesen –, hielt es Jamshid doch für höchst unklug, auf dem Emir von Daevabad zu landen. Endlich hatte Jamshid ihn mehr oder weniger auf die Matratze bugsiert, und Muntadhir stieß einen zufriedenen Seufzer aus, bei dem Jamshids Gedanken alle möglichen unangebrachten Richtungen einschlugen.

Reiß dich zusammen!, ermahnte er sich, was jedoch leichter gedacht als getan war, als er sich über Muntadhir beugte, um nach einem Kissen zu greifen. Jamshid war sich überdeutlich bewusst, wie seidig sich die Laken anfühlten, wie prall die Kissen und wie Muntadhirs Atem roch. Er schob dem Emir vorsichtig das Kissen unter den Kopf, und sein Herz schlug schneller, als er dabei Muntadhirs Haar berührte. Nie zuvor hatte er den Kopf des Emirs unbedeckt gesehen. Muntadhir hatte wunderschöne Haare und der Hauch von Rot darin ließ das Schwarz wärmer wirken. Sein Haar war kurz geschnitten und lockte sich an den Enden, und Jamshid fragte sich unwillkürlich, wie es wohl aussehen mochte, wenn er es wachsen ließe. Wenn er mit den Fingern hindurchfuhr.

Er schluckte hörbar und war sich bewusst, dass er sich nicht gerade zusammenriss, wenn er sich ausmalte, wie sich Muntadhirs Haar anfühlen mochte. Rasch ließ er das Kissen los.

»Kann ich noch etwas für Euch tun, Emir?«, erkundigte er sich und bemühte sich um eine ruhige Stimme.

Muntadhir schlug flatternd die Augen auf. Sein Blick wirkte immer noch benommen, aber es schien zu helfen, dass er sich hingelegt hatte, denn er schien ein wenig wacher geworden zu sein. »Reist in der Zeit zurück und ratet mir, heute Abend nichts zu mir zu nehmen?«

»Diese besondere Fähigkeit wurde mir bisher in der Zitadelle noch nicht beigebracht.« Ein leises, erschöpftes Lächeln umspielte Muntadhirs Lippen und neue Sorge stieg in Jamshid auf. »Soll ich wirklich niemanden rufen? Nicht einmal Nisreen? Sie könnte Euch einen Trank brauen oder …«

»Es geht mir gut. Wirklich. Zugegeben … im Augenblick sehe ich drei von Euch, und einer davon tanzt mit den Sternen, aber ich kann inzwischen erkennen, welcher davon echt ist. Ich muss einfach nur schlafen.« Muntadhir streckte eine Hand aus und wirkte noch immer leicht benommen. Er streichelte Jamshids Wange und fuhr seinen Unterkiefer nach. »Ihr seht im Sternenlicht wirklich gut aus.«

Alles in Jamshid schien zu erstarren. Plötzlich war er sich der Berührung von Muntadhirs Fingern und dem Staunen in seinen grauen Augen überdeutlich bewusst.

Küss ihn.

Wäre es irgendein anderer Mann oder die Situation eine andere gewesen, hätte Jamshid genau das getan. Doch Muntadhir war kein Mann – nicht wirklich. Er war ein Prinz. Der Emir. Und nicht nur der Emir, sondern ganz offensichtlich auch nicht bei Sinnen. Als Muntadhirs Daumen über Jamshids Unterlippe fuhr und alles in ihm zum Erbeben brachte, zwang sich Jamshid daher, ganz still sitzen zu bleiben.

»Wir sind nicht gut für Euch«, sagte Muntadhir leise.

Jamshid stieß einen erstickten Atemzug aus. Er musste sich sehr zusammenreißen, um sich nicht in das Bett dieses Mannes fallen zu lassen und seine Lippen auf Muntadhirs Mund zu pressen. Daher brauchte er einen Moment, bis die Warnung zu ihm durchdrang. »W-was?«

Abermals fuhr Muntadhir mit dem Daumen über Jamshids Lippen, und der glaubte, tatsächlich Sterne zu sehen.

»Ihr wärt in Eurem Tempel sicherer gewesen. Dieser Ort, dieser Palast, frisst einen von innen heraus auf. Er nimmt einem alles, was freundlich und gütig ist, und verwandelt Herzen zu Stein.« Muntadhir ließ die Hand sinken. »Und Ihr … Ihr seid gut und perfekt und werdet hier untergehen.«

Nun stand echte Angst in Muntadhirs Augen. Obwohl Jamshid Angst bekommen sollte, weil ihn eine der gerissensten und mächtigsten Personen von Daevabad derart warnte, empfand er keine Furcht.

Diese stellte sich erst ein, als Jamshid sich aufrichtete und einen Blick auf die hintere Wand warf. Muntadhirs Gemächer waren opulent und überaus prunkvoll eingerichtet, mit derart dicken und weichen Teppichen, dass die Füße tief darin einsanken. Es gab mit Landschaften bemalte Seidentücher an den Wänden und Paravents aus Rosenholz, die mit so feinen Schnitzereien verziert waren, dass man den Eindruck bekommen konnte, sich in einem Garten aufzuhalten. Sie befanden sich an einem prominenten Ort in dem uralten Palast, und vom Balkon hatte man einen unvergleichlichen Blick sowohl auf die Stadt als auch auf den tiefen See, der sie umgab. Diese Zimmer hatten eindeutig schon immer den hochrangigsten Adligen als Unterkunft gedient.

Was Jamshid auch anhand eines anderen Hinweises erkannte: Vor ihm an der Wand prangten die blassen Überreste eines Kreises aus brüllenden Shedus. Das Emblem seiner gesegneten Nahids, die nun schon seit Langem tot waren. Die geflügelten Löwen, die noch immer symbolisch das Daeva-Viertel bewachten und die schweren Tore flankierten, die von seinem Volk stets sauber gehalten und geölt wurden für den Fall, dass sie erneut vor dem Rest der Stadt verschlossen werden mussten.

Für sie wirst du immer in erster Linie ein Daeva sein. Sein Vater hatte ihm diese Worte ins Gesicht geschrien, bis er ganz blau anlief, nachdem er aus Zariaspa zurückgekehrt war und erfahren hatte, dass sein Sohn die Tempelgewänder gegen einen Platz in der Armee der Qahtanis eingetauscht hatte. *Begreifst du das denn nicht? Alles, was du in ihren Diensten tust, wirkt sich auf uns aus, und jeder Fehler bringt uns in Gefahr.*

Jamshid senkte den Blick. »Eure Sorge wurde zur Kenntnis genommen, mein Emir.« Er zwang sich zu kühler Professionalität in der Stimme. »Kann ich sonst noch etwas für Euch tun?«

Er hörte, wie Muntadhir schwer schluckte. Jamshid wollte nicht den Blick heben. Er wollte nicht das Aufschimmern von Reue im Gesicht seines Gegenübers wahrnehmen, das ihn weich werden ließ, durch das er real und aufrichtig erscheinen würde und nicht länger vom unberührbaren, tödlichen Charisma des Emirs umgeben wäre, der einen mit einer einzigen Geste ruinieren oder in einen höheren Stand erheben konnte.

»Würdet Ihr bleiben?« Muntadhirs Stimme wurde immer leiser. »Rüttelt mich einfach nur hin und wieder sanft, um Euch zu vergewissern, dass ich noch atme. Und redet mit mir«, fügte er hinzu und klang, als sei er bereits am Einschlafen. »Damit ich weiß, dass ich nicht halluziniere.«

»Worüber soll ich denn reden?«

»Worüber Ihr wollt«, antwortete Muntadhir. »Ich möchte einfach nur Eure Stimme hören.«

DARA

Diese Szene spielt während Nahris und Daras Reise nach Daevabad und kurz nach ihrer Flucht aus Hierapolis. Sie enthält keine Spoiler.

Diese kleine Betrügerin, in deren Adern Menschenblut floss, würde noch sein Untergang sein.

Wieder einmal warf Dara den Händlern einen Blick zu, die sich auf der Straße stritten, wobei der Schuster dem Obstverkäufer wütend vorwarf, seinen Wagen absichtlich umgestoßen zu haben. Dann drehte er sich zu Nahri um.

»Würdest du dich bitte beeilen?«, flehte er sie an. »Er kann jeden Augenblick zurückkommen.«

Umgeben von Lederstiefeln und -schuhen in allen möglichen Reparaturzuständen streckte Nahri träge einen Fuß aus und wackelte in dem Schuh, den sie eben anprobierte, mit den Zehen.

»Sie zanken sich doch noch. Entspann dich.« Sie schnitt eine Grimasse, zog sich den Schuh aus und warf ihn beiseite. »Zu steif.«

Dara zischte leise. »Beim Schöpfer, würdest du dir bitte endlich etwas aussuchen? So schwer kann das doch nicht sein!«

»Wenn meine Füße aus Feuer wären, ginge das hier auch viel schneller. Aber da sie … Oh!« Ihre dunklen Augen funkelten, als sie nach einem Paar Lederstiefeln griff. »Die sehen bequem aus. Und wie wunderschön sie sind.« Sie bewunderte das in die Seiten gestanzte Blattmuster. »Die lassen sich später bestimmt gut eintauschen.«

Dara zählte innerlich bis zehn und rief sich ins Gedächtnis, dass diese Frau als Einzige auf der Welt einer Nahid-Heilerin überhaupt nahekam, dass er ein Afshin war und dass sie von einer Gruppe Ifrit verfolgt wurden. Jetzt die Geduld zu verlieren und den Schuhhaufen in Flammen aufgehen zu lassen, war daher keine Option.

Jedenfalls keine gute Option.

»Nahri«, sagte er daher und betonte ihren Namen besonders. Ihn auszusprechen, fühlte sich intim und ungewohnt an, aber sie hatte aufgehört, auf Anreden wie *Diebin, Mädchen* oder *Mensch* zu reagieren. Er hob halb betend, halb flehend die Hände. »Für mein Volk gelten Regeln. Wenn dieser Menschenmann hier reinkommt und dich erwischt, darf ich ihm nichts tun.«

»Wieso nicht? Musst du dann schmelzen? Zu Asche zerfallen?« Sie verdrehte die Augen. »Was hat man denn davon, ein allmächtiger Dschinn zu sein, wenn man vor Menschen weglaufen und sich verstecken muss?«

Auch wenn nicht länger Blut durch seine Adern floss, war Dara fest davon überzeugt, dass gewisse Teile seines Körpers gerade brodelten. »Ich habe dir doch schon hundertmal gesagt, dass ich kein Dschinn bin.«

»Ich weiß.« Nahri schenkte ihm ein süßliches Lächeln. »Aber ich genieße es außerordentlich, dich auf die Palme zu bringen.«

Trotz ihres frechen Grinsens und seiner aufgewühlten Gefühle waren es die Worte *genieße es außerordentlich* in Nahris neckendem Tonfall, die Dara am meisten zusetzten. »Bitte stiehl einfach etwas und lass uns von hier verschwinden«, grummelte er.

»Na gut.« Sie stand auf und behielt die Stiefel an. »Mit denen hier kann ich leben.« Dann schnappte sie sich ihre Tasche, in der sich bereits weitere entwendete Dinge befanden, drückte sie ihm in die Arme, damit er sie trug, holte aber noch einen Topf heraus, den sie ebenfalls stibitzt hatte. »Lass uns gehen.« Sie wandte sich der Eingangstür des winzigen Ladens zu.

Dara streckte einen Arm aus, um sie aufzuhalten. »Du willst doch nicht allen Ernstes da langgehen. Er wird dich sehen!«

»Ja, das wird er«, stimmte Nahri ihm zu und zwängte sich an ihm vorbei. Entsetzt musste Dara beobachten, wie sie den Laden verließ, sich geschickt an den Haufen aus Ledersohlen und heruntergefallenen Früchten vorbeischlängelte und direkt auf die sich noch immer streitenden Händler zuhielt.

Ich werde sie nicht retten. Ganz sicher nicht. Dara eilte ihr hinterher.

Wie erwartet, war dies kein glatter Abgang. Nahri schrie den Schuster an und hatte eine Hand in die Hüfte gestemmt. Dabei nutzte sie diese Menschensprache, die Dara kaum verstand, doch wenn er die rechtschaffene Wut im Gesicht des Obsthändlers und das gestammelte Leugnen des Schusters richtig deutete, hatte sie Partei ergriffen. Kurz darauf warf der Schuster die Arme in die Luft und sah aus, als würde er sie beide verfluchen, bevor er davonstürmte. Dara sah zu, wie sich Nahri hinkniete, um dem Obstverkäufer zu helfen. Er schien ihr zu danken und wusste anscheinend nicht, dass es Nahri gewesen war, die eines der Werkzeuge des Schusters in das Rad seines Karrens gesteckt hatte. Als er ihren Topf bemerkte, machte er sich daran, diesen mit Früchten zu füllen, und tat ihren gespielten Protest ab.

»Du bist die … unehrlichste Person, die mir je begegnet ist«, stellte Dara fest, als Nahri an seine Seite zurückkehrte. Er war ebenso beeindruckt wie empört.

»Dann hast du einige sehr langweilige Jahrhunderte verbracht, deren genaue Zahl du mir ja weiterhin nicht verraten willst.« Im Gehen blickte Nahri zu ihm auf und zwinkerte ihm zu. »Aber du musst in deinem Leben doch auch schon mal wenigstens eine Regel gebrochen haben. Bist zu lange aufgeblieben, hast deine Mutter angelogen oder mit der falschen Frau geschlafen?«

Ich habe Tausende wie dich abgeschlachtet.

»Nein«, log Dara. »All diese Jahrhunderte war ich äußerst langweilig und regeltreu. Genau, wie du gesagt hast.«

»Das hört sich für mich nach verschwendetem Leben an.«

Sie hätte ihn auch gleich schlagen können. Aber Dara hielt den Mund, verbarg seine Reaktion und folgte Nahri, die weiter über den Markt schlenderte und unauffällig Gemüse und Kleidungsstücke einsteckte, als sei sie bei der Ernte in ihrem eigenen Garten. Dies war die dritte Menschenstadt, die sie seit ihrer Flucht aus Hierapolis aufsuchten, und er hoffte, dass es für lange Zeit die letzte sein würde. Inzwischen mussten sie doch genug Vorräte besitzen, um die restliche Reise nach Daevabad zu überstehen.

Daevabad. Allein der Name ließ Trauer in Dara aufsteigen. Die Aussicht darauf, sich tatsächlich am anderen Seeufer vor seiner Heimatstadt zu befinden, kam ihm noch immer unmöglich vor. Auf einmal bemerkte er, wie Nahri geschickt die Geldbörse eines Mannes raubte, der doppelt so breit war wie Dara.

»Das reicht jetzt«, erklärte Dara, umklammerte Nahris Handgelenk und zerrte sie durch die Menge der Einkaufenden. Die Menschen erschauderten, wenn er an ihnen vorbeiging, und ihre leeren Blicke glitten über ihn hinweg, ohne ihn wahrzunehmen. Er konnte das nicht leiden. Dara fühlte sich schon bei seinem eigenen Volk, den Daeva, denen er seit seiner Befreiung aus dem Weg ging, wie ein Geist. Doch inmitten von Menschen in ihrer Welt aus Dreck und Eisenblut zu sein, in der er tatsächlich ein unsichtbares Gespenst war, ließ sich kaum ertragen.

Sie hatten ihre Pferde an einer Stelle mit üppig sprießendem Gras in Flussnähe zurückgelassen, und Dara hatte einen rauchigen Nebel heraufbeschworen, um sie darin zu verbergen. Nun vertrieb er ihn und wandte sich an Nahri. »Wir sollten … W-was machst du denn da?«, stammelte er. »Warum *ziehst du deine Kleidung aus?*«

Nahri fuhr damit fort, die Stoffstreifen, mit denen sie seine Ersatztunika an ihren deutlich kleineren Körper angepasst hatte, zu lösen. »Ich will dieses zeltartige Gewand loswerden und baden, damit ich nicht länger wie ein finsterer Feuerkrieger rieche.« Sie zog sich die Tunika über den Kopf, und Dara erhaschte einen Blick auf ebenholzfarbene Locken, die über ihre nackten Schultern fielen, bevor er sich leise fluchend umdrehte.

»Du wirst ertrinken«, spie er hervor, als er hörte, wie sie in den Fluss sprang. »Und dann habe ich dich ganz umsonst um die halbe Welt geschleift.«

»Ach, halte ich dich etwa von deinem spannenden gesellschaftlichen Leben ab? Was genau hast du denn getrieben, bevor wir einander begegnet sind? Bist du über die Ebenen gestreift und hast das Wild angeknurrt? Also bitte. Ich würde wetten, dass die Rettung einer bislang geheimen Nahid-Shafit das Aufregendste ist, was du jemals erlebt hast, *Darayavahoush*.« Nahri säuselte seinen Namen förmlich. Seitdem sie ihn mit ihrem albernen Trick in den Ruinen von Hierapolis in Erfahrung gebracht hatte, benutzte sie ihn so oft wie möglich, und das wahrscheinlich vor allem, um ihn zu ärgern.

Und wie es ihn ärgerte. Denn, beim Schöpfer, Dara gefiel es ungemein, seinen Namen aus ihrem Mund zu hören.

Reiß dich zusammen. Dara setzte sich mit dem Rücken zum Wasser hin und unterdrückte den Drang, nach ihr zu sehen. Denn damit hätte er auch sein Bedürfnis gestillt, sie anzusehen, und er wollte sich von dieser Shafit-Diebin nicht noch mehr betören lassen. Trotz seines anfänglichen Entsetzens, als er herausgefunden hatte, was Nahri war, bekam Dara zunehmend Mitleid mit dem so fernen Nahid-Vorfahren, der einem ihrer menschlichen Ahnen über den Weg gelaufen war. Wenn diese Person auch nur ansatzweise so wie Nahri gewesen war, hatte man ihr unmöglich widerstehen können. Er fuhr sich mit den Händen durchs Haar und versuchte, an irgendetwas anderes zu denken, das nichts mit ihren Schwimmgeräuschen zu tun hatte.

»Beeil dich«, bat er sie. »Wir müssen vor Anbruch der Nacht noch eine gute Strecke zurücklegen.«

»Und du musst mir noch einen ganzen Berg Fragen beantworten, wie du es mir in Hierapolis versprochen hast. Vielleicht bleibe ich ja im Fluss, bis du anfängst, über diesen angeblichen Krieg zu reden, in den du laut Khayzurs Worten verwickelt warst.«

Dara wurde ganz mulmig zumute. Es gab sehr viele Dinge, über die er auf keinen Fall mit Nahri reden wollte, und der Krieg stand an oberster Stelle.

Aber dir läuft die Zeit davon. In einer Hinsicht hatte Dara längst eine Entscheidung getroffen: Nahri vor den Qahtani-König treten zu lassen, ohne sie über die tödliche Geschichte zwischen ihren Familien zu informieren, wäre schlichtweg grausam.

Insbesondere da Dara nicht die Absicht hatte, dabei an ihrer Seite zu sein. Er plante nicht, die Tore von Daevabad jemals wieder zu durchschreiten. Wie hätte er das auch tun sollen? Schließlich hatte er nicht nur das Recht verloren, nach Hause zurückkehren zu dürfen, als er sein Volk und seine Nahid im Stich gelassen hatte – zudem plagte ihn auch noch die Angst. Nahri mochte nicht wissen, was er im Krieg getan hatte, aber Dara ging felsenfest davon aus, dass die Dschinn dies auch nach vierzehn Jahrhunderten nicht vergessen hatten. Sie würden ihn in eine der berüchtigten Zellen unter dem Palast einsperren und dort eine Ewigkeit leiden lassen. Was möglicherweise ein Schicksal war, das er verdient hatte, doch er würde es ganz bestimmt nicht bereitwillig herbeiführen. So sehr hasste er sich nun auch wieder nicht.

Die Dunkelheit hinter seinen geschlossenen Augenlidern schien sich noch zu vertiefen, und als Dara aufblickte, stand Nahri vor ihm, wobei sich ihr Umriss gegen das Sonnenlicht abzeichnete. Sie trug die gestohlene Kleidung, und an ihren Wangen und in ihrem Haar glänzten noch Wassertropfen.

Bei Suleimans Auge, sie ist so wunderschön. Ihr Anblick raubte ihm den Atem, was natürlich unmöglich war, da Dara nicht atmete, und der Augenblick war zudem schnell vorbei, da Nahri zielte und ihn fest gegen den Fuß trat.

»Bist du jetzt damit fertig, dir wegen meiner Diebstähle auf dem Markt Vorwürfe zu machen? Wenn du dich dann besser fühlst, kann ich dir versichern, dass du ein völlig nutzloser Komplize warst.«

Wäre die Tatsache, dass er ein nutzloser Komplize war, doch das Einzige, was er sich vorwerfen konnte! »Du bist die unhöflichste Person, der ich je begegnet bin«, sagte er und zwang sich, etwas Groll in seiner Stimme mitschwingen zu lassen.

Nahri schnaubte abfällig, und dieses spöttische Geräusch hätte Daras wenig hilfreichen Drang, sie auf seinen Schoß zu ziehen, eigentlich gar nicht weiter anstacheln dürfen. Sie legte ihren Gürtel wieder um und zückte den Dolch, den er ihr gegeben hatte. Das Sonnenlicht spiegelte sich auf der Eisenklinge.

»Kannst du mir beibringen, wie man ihn wirft?«

»Warum?«

»Weil ich gern dazu in der Lage wäre, mich gegen die Ifrit zu verteidigen, die hinter mir her sind?«

Dara zuckte zusammen. »Gutes Argument. Lass uns aber vorher noch ein Stück reisen. Ich halte mich nicht gern länger in der Nähe von Menschensiedlungen auf.«

Sie sattelten erneut die Pferde, wobei Dara stillschweigend bemerkte, dass Nahri sich an das erinnerte, was er ihr beigebracht hatte. Er brachte ihre Neuanschaffungen unter und zog eine Kordel durch den Topfgriff. Dann tippte er darauf. »Was genau hast du damit vor?«

»Mir das Kochen beibringen?« Nahri hörte sich allerdings nicht besonders optimistisch an. »Ich habe etwas Gemüse gestohlen und dachte, wenn ich es in Wasser koche ... dann bekommt man doch eine Suppe, oder nicht?«

Dara runzelte die Stirn. »Wenn du nicht kochen kannst und schon immer allein lebst, wovon hast du dich dann ernährt?«

»Von allem, was ich in die Finger bekommen konnte. Wenn ich genug Geld hatte, habe ich mir gebackene Bohnen und hin und wieder ein Stück Grillfleisch gekauft. Andernfalls gab es meist altes Brot und überreifes Obst.« Nahri errötete. »Und als ich ein Kind war ... habe ich sehr oft Abfälle gegessen; das, was andere Leute nicht mehr wollten.«

Abfälle. Ein Leben voller warmer, zu Hause gekochter Mahlzeiten blitzte vor Daras innerem Auge auf. Obwohl seine Welt in einen Krieg verwickelt gewesen war, hatte Dara geliebt und gut versorgt im Haus wohlhabender Eltern aufwachsen können, in dem auch zahlreiche Verwandte ein und aus gegangen waren, und bei einer Mutter, die er vergötterte, sowie einem Dutzend Tanten, die es als persönliche Beleidung angesehen hätten, wenn er hungrig aus dem Haus gegangen wäre. Ihm waren stets eine dampfende Schüssel mit Eintopf, frisch frittierte Klöße oder Butterteilchen aufgedrängt worden, und erst jetzt wurde ihm bewusst, wie privilegiert er gewesen war.

Er musterte Nahri und erinnerte sich wieder an die scharfen Konturen ihres Gesichts und ihre fahle Hautfarbe bei ihrer ersten

Begegnung. Er mochte sich gar nicht ausmalen, wie einsam und schwer ihre Kindheit gewesen sein musste.

»Ich werde etwas für dich kochen«, beschloss Dara. »Beschwören, sollte ich wohl besser sagen.« Er hatte bislang noch nie versucht, etwas Essbares herbeizuzaubern – in keiner seiner Formen musste er besonders viel zu sich nehmen –, doch das konnte auch nicht viel schwerer sein, als Wein erscheinen zu lassen, und darin besaß er mehr als genug Übung.

Ihre Miene wurde misstrauisch. »Und was wird mich das kosten?«

Einige weitere Tage, an denen du es für mein schlimmstes Verbrechen hältst, ein nutzloser Komplize zu sein. Einige weitere Tage, während derer Dara es genießen konnte, sich als gewöhnlichen Soldaten mit einem irrationalen Wunsch nach etwas Unmöglichem auszugeben, statt die Geißel von Qui-zi zu sein.

»Nur deine Gesellschaft und das Versprechen, mich bei deinen Messerwurflektionen nicht zu erdolchen«, erwiderte Dara und versuchte, so ernst wie nur möglich zu klingen. »Versprochen.«

»Bedeutet das etwa, dass ich dich erstechen darf, wenn es dir nicht gelingt, etwas Essbares zu beschwören?«

Unwillkürlich musste Dara grinsen. »Wenn dich das glücklich macht, kleine Diebin.«

JAMSHID

Diese Szene spielt gegen Ende von Die Stadt aus Messing *und im Anschluss an die Nacht, in der Ali von einem Attentäter überfallen wird, wobei sie sich über mehrere Tage bis hin zum entscheidenden Kampf auf dem See erstreckt. Sie enthält Spoiler für das erste Buch.*

Vor nahezu einem Jahrzehnt war Jamshid e-Pramukh in Muntadhir al Qahtanis Dienste getreten, und in dieser Zeit hatte es eine ganze Reihe von Zwischenfällen gegeben, die ihn an seiner Entscheidung, das sichere, langweilige Leben im Tempel hinter sich zu lassen, zweifeln ließen. Doch als er dem Emir mitten in der Nacht durch einen verfluchten Garten folgte und einen bewusstlosen Prinzen in den Armen hielt, erreichte Jamshids Reue einen neuen Höhepunkt.

Baba hat dich davor gewarnt, dich mit ihnen einzulassen. Er hat es versucht. Daran trägst du ganz allein die Schuld. Jamshid duckte sich, um einer Ranke auszuweichen, die über dem schlammigen Weg hing. Sensenartige Dornen ragten aus der körnigen Borke der Pflanze und glänzten feucht im Mondlicht. Das einzige Geräusch – abgesehen vom Tropfen des Wassers – war Muntadhirs angestrengter Atem. Der Emir plagte sich sichtlich mit seinem Teil der aus seinem Bruder bestehenden Last ab und schnaufte und keuchte, während er sich Alizayds lange Beine unter die Arme geklemmt hatte.

Gut, dachte ein erbärmlicher Teil von Jamshids Verstand. *Ich hoffe sehr, dass du dich damit abmühen musst.* Seitdem er auf das Dach des Palastes geschlendert war, in der Erwartung, seinen königlichen Liebhaber dort anzutreffen, und stattdessen ein Attentat vereitelt hatte, fiel es ihm schwer, seine Gefühle unter Verschluss zu halten. Jamshid bildete sich gern ein, er habe sich entsprechend seiner Ausbildung verhalten: Er hatte Alizayds Befehl befolgt und den Prinzen rechtzeitig zur Banu Nahida gebracht, um ihm das Leben zu retten. Danach hatte er das Dach gereinigt und Muntadhir diskret aufgesucht, weil der Emir wissen würde, was als Nächstes getan werden musste. Alles in allem war das gar nicht mal übel für den Hauptmann der Wache des Emirs, den Mann, von dem erwartet wurde, dass er Muntadhirs fähiger Schatten war, den Mann, der den nächsten König von Daevabad beschützte und das von ihm hinterlassene Chaos beseitigte. Jamshid hatte sogar die Geistesgegenwart besessen, Muntadhir im Schlafzimmer der Banu Nahida zu unterbrechen, als es den Anschein machte, als wolle der Emir offen über den Schlamassel sprechen, in den sich sein Bruder hineinmanövriert hatte.

Doch jetzt war keine Banu Nahida mehr bei ihnen. Jamshid war mit Muntadhir allein im unheimlichen Garten, und aus diesem Grund geriet die professionelle Maske, an die er sich derart verzweifelt klammerte, ins Rutschen.

»Warum warst du bei Khanzada?«, verlangte er zu erfahren.

Muntadhir fluchte leise, als ihm versehentlich eine von Alizayds Sandalen herunterfiel. »Was?«

»Bei Khanzada«, beharrte Jamshid und ärgerte sich über den eifersüchtigen Unterton in seiner Stimme. »Warum warst du dort? Wir wollten uns treffen, nachdem du dir mit deinen Geschwistern die Sterne angesehen hast, oder etwa nicht? Was denkst du denn, was ich sonst auf dem Dach gemacht habe?«

Muntadhir seufzte. »Willst du wirklich ausgerechnet jetzt darüber sprechen?«, erwiderte er und deutete mit dem Kopf auf den bewusstlosen Alizayd zwischen ihnen.

»*Ja*. So hast du weniger Zeit, dir eine Lüge auszudenken.«

Bei diesen Worten blieb Muntadhir stehen, und der Blick, den er Jamshid über die Schulter hinweg zuwarf, war sein königlicher.

Dies war der Muntadhir, der einen Geschäftsrivalen verführte, während Jamshid schweigend zusah, oder der die Gefangennahme eines Daeva-Schriftstellers anordnete, der sich gegen Ghassan ausgesprochen hatte. »Senk deine Stimme«, zischte er. »Man wird uns noch erwischen.«

Jamshid musste sich zusammenreißen, tat jedoch, was sein Emir befahl, und schwieg, während sie weiter zu Alizayds Gemächern eilten. In diesem Teil des Gartens war der Kanal breiter – und das Wasser schlug gegen die hohen Steinmauern, bevor es sich zu einem umgekehrten Wasserfall erhob. Dieser Anblick ließ sich nur als außergewöhnlich beschreiben, und hätte Jamshid Zeit dafür gehabt, wäre er vermutlich stehen geblieben, um ihn zu bewundern. Zwar jagte der Palast von Daevabad den meisten Leuten ob seiner blutigen Vergangenheit und seiner unvorhersehbaren und rachsüchtigen Magie Angst ein, doch Jamshid war von Anfang an wie verzaubert gewesen. Es kam ihm vor, als würde er hier durch die Seiten eines Märchenbuchs wandeln und zusehen, wie die Geschichten vor seinen Augen zum Leben erwachten.

Im Augenblick tat er jedoch, was von ihm verlangt wurde. Nach einem schnellen Blick, um sich zu vergewissern, dass die Gemächer leer waren und dort kein weiterer Attentäter lauerte, trugen Muntadhir und er Alizayd hinein. Der junge Prinz hatte sich noch nicht gerührt, und sein opiumgeschwängerter Atem – Banu Nahri nahm es mit der Schmerzstillung offenbar sehr genau – deutete darauf hin, dass er auch so bald nicht aufwachen würde.

Vorsichtig legten sie ihn aufs Bett. Muntadhir rief in einer Hand eine Flamme herbei und zog das Hemd seines Bruders hoch, um den Verband zu überprüfen. Jamshid sah zu und sagte nichts, als der Emir Alizayd die Sandalen auszog und ihn mit einer dünnen Decke zudeckte. Alizayd murmelte etwas im Schlaf und Muntadhir drückte ihm einen Kuss auf die Stirn. »Du Idiot wirst noch mein Tod sein.«

»Ja«, stimmte Jamshid ihm gleichmütig zu. »Einige deiner Anhänger befürchten genau das.«

Muntadhir warf ihm einen weiteren erbosten Blick zu und stand auf. »Komm mit.« Sie verließen Alizayds Schlafzimmer, und

Muntadhir zog die Tür hinter ihnen zu und deutete auf ein Kissen. »Setz dich.«

Jamshid ärgerte sich über die Anweisung, kam ihr jedoch nach. Muntadhir füllte zwei Becher mit Wasser aus einem Krug, und Jamshid entging nicht, dass seine Hände zitterten. Der Emir mochte vorgeben, alles unter Kontrolle zu haben, aber Jamshid hatte ebenso viel Erfahrung darin, die Gefühle des Mannes zu durchschauen, in den er sich törichterweise verliebt hatte, wie es Muntadhir vermochte, diese zu verbergen.

Und Muntadhir machte sich Sorgen.

Jamshid ebenfalls. »Sollten wir deinem Vater nicht mitteilen, was passiert ist? Das ist doch Wahnsinn. Ein Attentäter weidet deinen Bruder fast aus und du rufst nicht die Wache? Was ist, wenn da draußen noch weitere Mörder lauern? Sie könnten es als Nächstes auf dich abgesehen haben!«

Muntadhir stellte einen der Becher vor ihm ab. »Der Attentäter war ein Shafit? Bist du dir da ganz sicher?«, verlangte er zu erfahren und ignorierte Jamshids Frage.

»Ja.« Jamshid öffnete den Mantel, den er gestohlen hatte, um den roten Blutfleck auf seiner Tunika zu verbergen. »So ist es.«

»Und Ali hat dir aufgetragen, ihn zu beseitigen? Und dafür zu sorgen, dass niemand außer Nahri von seiner Verletzung erfährt?«

»Ja.«

»Verdammt.« Nun wirkte Muntadhir noch besorgter.

»Hast du eine Ahnung, wer das gewesen sein könnte? Das Ganze sah … Muntadhir, es sah nach etwas Persönlichem aus. Ein besserer Attentäter wäre schneller vorgegangen und hätte Erfolg gehabt. Wer immer das war, wollte deinem Bruder sehr große Schmerzen zufügen. Er kann von Glück reden, dass er noch am Leben ist.«

Muntadhir erbleichte. »Aber er ist tot? Da bist du dir ganz sicher?«

Bei Suleimans Auge, das will ich doch hoffen. Jamshid unterdrückte ein Schaudern, als er sich zwang, an das Ereignis zurückzudenken. An Alizayds Befehl und das widerliche Geräusch, als der Attentäter sehr viel weiter unten auf dem Wasser aufgekommen war. Aber war der Mann wirklich schon tot gewesen?

Oder hatte Jamshid ihn zu einem sogar noch brutaleren Ende verdammt?

Bei dieser Vorstellung wurde ihm übel. Aber er war Soldat, und das gehörte zu seinen Aufgaben, nicht wahr? Er musste die Königsfamilie beschützen und alle töten, die sie bedrohten, oder nicht?

Ist es das, was du sein willst? Ein Mörder?

»Jamshid?«, hakte Muntadhir besorgt nach. Ob es sich nun um Sorge um Jamshid oder wegen möglicher Mitwisser handelte, vermochte Jamshid nicht zu sagen.

Er räusperte sich. »Dein Bruder hat dem Attentäter den Schädel eingeschlagen, ihm mit der Linse des Teleskops die Kehle aufgeschnitten und mir befohlen, die Leiche in den See zu werfen.« Jamshid hielt dem Blick des Emirs stand. »Der Attentäter ist tot. Davon bin ich überzeugt. Verrätst du mir jetzt vielleicht, was hier eigentlich los ist?«

Muntadhirs Miene wirkte auf einen Schlag verschlossen. »Das ist eine Familienangelegenheit. Nichts, womit ich nicht fertigwerde.«

»Nur, dass *du* nicht damit fertiggeworden bist«, bemerkte Jamshid und wurde zunehmend wütender. »Meine Banu Nahida hat das getan. Und falls sie deswegen Schwierigkeiten bekommt …«

»Das wird sie nicht. Darauf gebe ich dir mein Wort. Weder du noch Nahri haben irgendetwas zu befürchten. Sollte mein Vater wider Erwarten davon Wind bekommen, werde ich euch beide beschützen.«

Nach diesen Worten fühlte sich Jamshid etwas besser, aber Nahri war nicht die einzige Person, um die er sich Sorgen machte. »Und was ist mit dir? Ich bin der Hauptmann deiner Wache. Du enthältst mir etwas vor, das merke ich doch. Du bist angespannt, abgelenkt und …«

»In meiner Stadt läuft ein Afshin herum, der Geziri ermordet hat, der die Qahtanis hasst und Jahrtausende alt ist. Natürlich bin ich angespannt!«

»Das hat doch schon lange vor Darayavahoushs Ankunft angefangen«, beharrte Jamshid. »Du benimmst dich schon seltsam, seitdem dein Bruder zurück in den Palast gezogen ist.« Muntadhir stieß die Luft aus und wandte den Blick ab, und Jamshid hätte ihn am liebsten geschüttelt. »Du kannst mir vertrauen. Wenn mit Alizayd irgendetwas vor sich geht …«

»Dem ist nicht so.«

»Du weißt doch, was die Leute sagen, Muntadhir …«

»Dann irren sie sich«, fauchte Muntadhir. »Ich würde Ali mein Leben anvertrauen und dieses Gespräch ist jetzt beendet.«

Noch vor wenigen Jahren hätten Muntadhirs hitzige Worte bewirkt, dass Jamshid auf die Knie gefallen wäre und um Vergebung gefleht hätte. Emir Muntadhir wurde nur sehr selten wirklich wütend. Er war eigentlich stets gut gelaunt und geneigt, anderen zu vergeben. Wenn man ihn verriet, wachte man am nächsten Morgen höchstwahrscheinlich ohne seine Partnerin oder seinen Partner, ohne sein Vermögen und ohne sein Haus wieder auf – aber man wachte wieder auf, was mehr war, als man erwarten konnte, wenn man den König verärgerte.

Doch Jamshid würde jetzt nicht auf die Knie fallen. Muntadhir wollte nicht über das Attentat reden? *Schön.* Es gab noch andere Themen, die Jamshid auf dem Herzen lagen. »Wenn dich deine Sorgen um Alizayd wirklich nicht länger beschäftigen, können wir vielleicht auf das im Garten begonnene Gespräch zurückkommen, bei dem es darum ging, dass du mich versetzt hast, um Khanzada zu besuchen.«

Muntadhir hob den Blick zur Decke. »Du scheinst allen Ernstes auf einen Streit aus zu sein.«

Als ob Jamshid Streit wollte … aber bei diesem Mann sah er einfach rot. Jamshid stellte seinen Becher ab, den er Muntadhir am liebsten an den Kopf geworfen hätte. »Du hast mich angelogen. Ich habe dich seit drei Monaten nicht gesehen, und dann lässt du mich auf dem Dach sitzen, um dich zu betrinken, noch dazu bei …«

»Ich war nach meiner Rückkehr zuerst bei dir! Bei Gott, mir ist durchaus bewusst, dass ich nach der langen Reise durch die Wüste mit Dara-ich-würde-dich-gern-voll-Pfeile-pumpen-yavahoush etwas außer Übung bin, aber du erinnerst dich doch gewiss noch an meinen Überraschungsbesuch von heute Nachmittag?«

Der Blick, den Muntadhir Jamshid zuwarf, ließ einige Teile von ihm schmelzen, während andere noch immer vor Wut tobten – eine Wirkung, die sein königlicher Liebhaber des Öfteren auf ihn hatte. Jamshid erinnerte sich noch sehr gut an den Nachmittag. Indem er einen wichtigen Botengang vortäuschte, hatte sich Muntadhir von seiner königlichen Entourage entfernt und Jamshid im Haus der Pramukhs überrascht. Kaveh war unterwegs gewesen, die Dienstboten ließen sich leicht wegschicken, und der plötzliche Schreck, seinen Emir völlig ungewohnt und doch unfassbar attraktiv in staubiger Reisekleidung und mit ungestutztem Bart vor sich zu sehen … Nun ja, sie waren möglicherweise nicht so diskret gewesen, wie sie es hätten sein sollen.

Trotz dieser Erinnerung an einen Hauch von Intimität und Häuslichkeit, die sie niemals wirklich haben würden – Muntadhir ausgestreckt in Jamshids schlichtem Bett, wie sie sich im selben Becken wuschen und in die Küche schlichen, um sich einige Leckereien zu besorgen –, war Jamshid erbost, denn Muntadhir hatte das schöne Gefühl soeben selbst zunichtegemacht.

»So sieht es also aus?«, fragte Jamshid. »Ich bekomme dich am Nachmittag, Khanzada am Abend, und morgen früh ist irgendein betörter Diplomat an der Reihe … Da ist es kein Wunder, dass du mich versetzt hast. Es muss sehr schwer sein, uns alle unterzubringen. Vielleicht solltest du einen weiteren Sekretär einstellen.«

»Ich könnte ihn niemals angemessen bezahlen.« Als Jamshid ihn wütend anstarrte, hob Muntadhir beschwichtigend die Hände. »Es tut mir leid. Du hast recht; ich hätte dich nicht so auf dem Dach warten lassen sollen. Zwar war ich nach einem Streit mit meinem Vater abgelenkt, doch das ist keine Entschuldigung.«

Das halb flehende, halb belustigte Funkeln in Muntadhirs grauen Augen setzte Jamshid zu, doch er hatte nicht vor, ihn so leicht davonkommen zu lassen. »Und was ist mit Khanzada? Als du mit dem Afshin aufgebrochen bist, hast du mir versichert, dass die Sache vorbei sei. Ich hätte doch nicht … Ich meine, heute Nachmittag …« Jamshid rang nach Worten. »Ich kann das nicht mit dir haben und dann mit ansehen, wie du zu ihr gehst.«

Muntadhir verzog das Gesicht. »Ich kann die Beziehung zu ihr nicht beenden. Der halbe Hof kehrt jeden Abend bei ihr ein und schüttet ihren Schülerinnen sein Herz aus, Jamshid. Diese Form der Informationsbeschaffung kann ich nicht einfach aufgeben.«

»Natürlich nicht.« Jamshids Stimme klang ganz hohl. »Daevabad kommt immer an erster Stelle.«

Muntadhir zuckte zusammen, sagte aber nichts. Eine Zeit lang schwiegen sie beide und das angespannte Schweigen zwischen ihnen setzte Jamshid noch mehr zu. Wenn das Liebe war – dass man seinen eigenen Schmerz verdrängte, weil man dem anderen nicht wehtun wollte –, dann war sie ebenso schrecklich wie wunderschön. Er wollte Muntadhir ebenso wütend anschreien wie dafür sorgen, dass es kein anderer tat.

Als Muntadhir aufstand, wirkte seine Haltung derart steif, dass Jamshid wusste, gleich würde etwas emirartiges und zweifellos Frustrierendes folgen.

»Daevabad wird immer an erster Stelle kommen«, erklärte er leise. »So muss es auch sein. Ich kann dir nicht mehr von meinem Herzen und meiner Treue anbieten, als dir bereits gehört, Jamshid. Und ich habe immer versucht, offen zu dir zu sein.«

Das stimmte. Wenn es eines gab, was Jamshid Muntadhir zugutehalten musste, dann dass er stets offen gewesen war, brutal ehrlich in Bezug darauf, wo sein Liebhaber im Vergleich zu seinem Königreich und seiner Stadt stand. Denn Muntadhir konnte mit allem – Geld, Wein und Herzen – noch so verschwenderisch und sorglos umgehen, doch bei Jamshid hatte er stets Vorsicht walten lassen. Es war Jamshid gewesen, der Muntadhir Avancen gemacht hatte. Jamshid hatte die sorgsam aufgebauten Mauern des Emirs durchbrochen, die ersten Küsse eingeleitet, Muntadhirs Warnungen stets geflissentlich ignoriert. Trotz allem, was Jamshid über die Grausamkeit am Hof von Daevabad gelernt hatte oder darüber, wie es war, einem geschlagenen, verfolgten Volk in einer Stadt anzugehören, über die es eigentlich herrschen sollte, war Jamshid zum Teil weiterhin der Junge vom Land, der in Zariaspa mit Legenden und romantischen Vorstellungen aufgewachsen war.

»Wir könnten durchbrennen«, schlug er nur halb zum Spaß vor. »Die Welt erkunden und wie unsere Ahnen von den Menschen leben.«

Muntadhir schenkte ihm ein geknicktes Lächeln. »Ich habe einen ganzen Trupp von Dienstboten, die mich ankleiden. Was glaubst du wohl, wie ich mich in der Wildnis schlagen würde?«

Ich würde dir alles beibringen. Ich würde alles tun, um bei dir zu sein und dafür zu sorgen, dass du von deinen Pflichten befreit wirst und die schreckliche, mörderische Politik dieser Stadt nicht länger ertragen musst. Aber das sprach Jamshid nicht aus. Denn er wusste längst, welche Entscheidung Muntadhir treffen würde.

Daevabad kam an erster Stelle.

Muntadhir starrte ihn noch immer mit einem derart verzweifelten Blick an, dass Jamshid es kaum ertragen konnte. »Was meine Pflichten angeht, Jamshid … Es gibt da etwas, das ich dir sagen sollte, bevor du es von Kaveh erfährst. Der Streit mit meinem Vater …« Muntadhir räusperte sich. »Dabei ging es um deine Banu Nahida.«

»Was ist mit ihr?«

»Er will, dass ich sie heirate.«

Jamshid versteifte sich. »Du sollst sie heiraten? Das ist doch lächerlich«, stieß er hervor und widersprach schon, bevor er diese Nachricht richtig verarbeitet hatte. »Sie ist eine Nahid. Du bist ein …«

»Ein was?« Muntadhir hob ruckartig den Kopf und wirkte ebenso erstaunt wie verletzt. »Ein Dschinn? Eine Sandfliege?«

Jamshid ruderte zurück und schämte sich, weil ihn die Aussicht, eine seiner heiligen Nahid könnte einen Nicht-Daeva heiraten, derart entsetzte. Selbstverständlich hätte er damit rechnen müssen. Es war schließlich naheliegend, die ideale Allianz, und ergab vollkommen Sinn, dass Ghassan – einer der wenigen Könige, die wirklich versuchten, die Beziehung zu den Daeva zu verbessern – seinen Erben mit der Banu Nahida verheiraten wollte.

Aber sie gehört nicht zu ihnen! Banu Nahri war ein Wunder, ein *Daeva*-Wunder. Ihre Ankunft in Daevabad an der Seite des Afshins hatte ihren ganzen Stamm aufgewühlt. Sie war ein Segen, das Versprechen einer besseren Zukunft. Außerdem mochte Jamshid sie. Sie war witzig und freundlich und, zugegeben, ein kleines bisschen unheimlich, aber er mochte sie.

Er wollte auf keinen Fall mit ansehen müssen, wie sie zu Ghassans Schachfigur wurde.

»Du kannst sie nicht heiraten«, protestierte Jamshid, nun etwas beharrlicher. »Das ist nicht richtig. Sie ist doch gerade erst nach Daevabad gekommen. Da hat sie es nicht verdient, sofort von deinem Vater vereinnahmt zu werden.«

Muntadhirs Augen blitzten. »Wie schön, dass du davon ausgehst, ich sei die Art von Ehemann, die zulässt, dass die Gattin vereinnahmt wird.« Er drehte einen seiner Ringe, den schlichten goldenen, den er als Andenken an seine Mutter trug. Muntadhir hatte elegante Hände, die noch nie von Schwielen verunziert worden waren. Jamshid liebte seine Hände. Stillschweigend die Finger zu verschränken, war ihre erste Form der Intimität gewesen: ein Zeichen von Muntadhir, dass er Jamshid brauchte, um ihn aus den Umständen zu befreien, in die er verwickelt worden war.

Auf einmal wurde ihm bewusst, dass er für diese Ehe auch einen sehr persönlichen Preis würde bezahlen müssen: Nahri war Jamshids Banu Nahida. Wenn sie Muntadhir heiratete …

»Dann ist das unser Ende«, sprach Jamshid seine Erkenntnis laut aus. »Von dem … was immer das hier zwischen uns ist. Sie ist meine Banu Nahida und ich könnte sie niemals derart hintergehen.«

In Muntadhirs Miene stand kein Erstaunen, nur Resignation. Selbstverständlich war sein Emir längst zu demselben Schluss gekommen.

»Ja«, sagte er leise. »Das dachte ich mir.«

Jamshid drehte sich der Magen um. »Willst du sie heiraten?«

Die Unsicherheit in Muntadhirs Gesicht war ihm eigentlich schon Antwort genug. »Nein. Aber … Es könnte ein Neuanfang für unsere Stämme sein. Ich käme mir egoistisch vor, wenn ich es nicht wenigstens in Betracht ziehe.«

Dann sei egoistisch, wollte Jamshid ausstoßen. Schreien. Aber das konnte er nicht. Muntadhir ließ seine Maske nur sehr selten sinken, und im Augenblick wirkte er, als sei er am Boden zerstört. Jamshid zweifelte nicht daran, dass Muntadhir nur seinetwegen nicht längst zugestimmt hatte, zum Wohle seines Königreichs eine politische Ehe einzugehen.

Es war schon immer klar, dass er irgendwann eine politische Ehe eingehen würde. Muntadhir hatte Jamshids Herz vermutlich schon öfter gebrochen, als er zählen konnte, aber Jamshid war der Einzige von ihnen, der überhaupt eine Wahl hatte. Denn Muntadhir konnte seinem Schicksal nicht entkommen, Jamshid schon. Wenn er seine Position aufgeben oder nach Zariaspa zurückkehren wollte, gäbe es zwar allerlei Gerüchte, und sein Vater würde wütend werden, doch er hätte keine wirklichen Konsequenzen zu erwarten.

Muntadhir ergriff erneut das Wort. »Ich hoffe, du weißt, dass ich immer für dich da sein werde, was auch passiert. Das hängt nicht davon ab, was … zwischen uns ist.« Er rang nach Worten und wirkte ungewöhnlich nervös. »Ich kann dir eine andere Position besorgen. Alles, was du willst und wo immer du willst. Du müsstest keine Geldsorgen haben oder dich fragen …«

Ach, Geliebter. Jamshids Zorn schmolz dahin. »Nein.« Er beugte sich näher heran und nahm Muntadhirs Hand. »Jemand ist vorhin in den Palast eingebrochen und wollte einen Qahtani-Prinzen ermorden, und der Afshin hetzt die Daeva immer weiter auf. Da verlasse ich auf keinen Fall deine Seite.«

»Mein Beschützer.« Muntadhir schenkte ihm ein leises, gequältes Lächeln und hob Jamshids Hand an die Lippen, um seine Fingerknöchel zu küssen. »Vielleicht könntest du mein Afshin sein.«

Jamshid zog Muntadhir an sich. Er legte die Arme um ihn, und endlich stieß Muntadhir zittrig die Luft aus und entspannte sich in der Umarmung. Sanft nahm Jamshid ihm den Turban ab und fuhr Muntadhir mit den Fingern durchs Haar. »Als ich noch jünger war, hätte ich diesen Vergleich schrecklich romantisch gefunden.«

»Natürlich hättest du das.« Aber Jamshid hörte das Zögern in Muntadhirs Stimme. »Darf ich dich etwas fragen?«

»Natürlich.«

Muntadhir rückte von ihm ab und sah Jamshid ins Gesicht. »Was meinst du damit, dass der Afshin die Daeva aufhetzt?«

* * *

Jamshid beobachtete, wie sich Dara gegen die Kissen lehnte, die man für das Festessen ausgelegt hatte, und den gebannten und faszinierten Daeva, die ihn umringten, ein Lächeln schenkte.

»Er hat mich einfach vom Pferd geworfen«, sagte der Afshin lachend und setzte seine Geschichte fort. »Ich hab das verdammte Viech nicht mal kommen sehen. In einem Augenblick begutachte ich vor dem Schießwettbewerb noch meinen Bogen und im nächsten wirbeln fliegende Steine um mich herum und …« Er schlug die Hände gegeneinander und schüttelte betrübt den Kopf. »Drei Tage später wachte ich im Nahid-Krankenhaus wieder auf. Da hatte ich mich jahrelang auf mein erstes Navasatem gefreut, und dann verbrachte ich die meiste Zeit im Krankenbett, während mein Schädel wieder zusammengeflickt wurde.«

Saman Pashanur, einer von Kavehs ältesten Bekannten und ein ernster Mann, den Jamshid noch nie hatte lächeln sehen, beugte sich vor und wirkte wie ein aufgeregter Schuljunge. »Hat Euch wirklich ein Shedu getroffen?«

Dara griff glucksend nach seinem Dattelwein. Noch vor wenigen Monaten hatte Jamshid niemanden gekannt, der Dattelwein trank, und heute schworen die Hälfte seiner Freunde darauf.

»Nicht so ganz«, antwortete Dara. »Selbst zu meiner Zeit waren echte Shedu seit mehreren Jahrhunderten nicht mehr gesehen worden. Mich hat eine der Statuen getroffen, wie sie auf den Palastmauern sitzen. Ein Baga Nahid experimentierte mit ihnen in der Hoffnung, sie dazu bringen zu können, Flammen über die Arena zu speien.« Er lächelte traurig. »Ich wünschte, Ihr hättet das Daevabad meiner Jugend sehen können, meine Freunde. Es war ein Juwel, ein Paradies voller Gärten und Bibliotheken, und die Straßen waren so sicher, dass eine Frau des Nachts allein unterwegs sein konnte.«

»Wir werden dafür sorgen, dass es wieder so wird«, erklärte Saman eifrig. »Eines Tages. Jetzt, wo uns der Schöpfer eine Banu Nahida zurückgebracht hat, ist alles möglich.«

Es könnte ein Neuanfang sein. Aber Jamshid war durchaus realistisch, was Träume anging, und ihm wurde unbehaglich, als ihm Muntadhirs Worte wieder einfielen. Denn er wusste, dass es in der glorreichen Zeit, von der die Daeva um ihn herum träumten, keinen Platz für Geziri-Könige gab.

Trotzdem konnte er einfach nicht anders, als den Afshin zu beobachten. Jamshid war keineswegs immun gegen die Art und Weise, wie er die anderen Anwesenden faszinierte. Allein die Ruhe und Selbstsicherheit, mit der Dara dort saß und grinste oder lachte. Seine unverhohlene Nostalgie, wenn er sich in poetischen Worten über die Tage des Nahid-Rates und Daevabads vor der Invasion ausließ.

Er hat keine Angst vor ihnen. Das war eine Haltung, die törichte junge Daeva in der Sicherheit ihrer Häuser einnehmen konnten, wenn sie sich über die Geziri lustig machten. Doch Dara verhielt sich anders. Der Afshin prahlte nicht und wollte auch nicht angeben. Er hatte schlichtweg keine Angst vor Ghassans Regime. Schließlich war er noch nie wegen des »Verbrechens«, einem Dschinn-Soldaten in die Augen gesehen zu haben, von der Königsgarde verprügelt worden, und keines seiner Elternteile war wegen seiner unliebsamen politischen Ansichten verschwunden. Man hatte Dara nicht wie all die anderen Daeva kleingemacht, die in der Gewissheit aufgewachsen waren, dass sie auf ihre Wortwahl achten und den Kopf gesenkt halten mussten.

Das war faszinierend. Jamshid konnte es den Daeva nicht verdenken, dass sie sich im Haus der Pramukhs versammelten, seitdem der Afshin dort wohnte. Es war leicht, sich von Daras Worten einlullen zu lassen und von dem Traum von einer Welt, in der Angehörige ihres Volkes Legenden waren.

»Nicht solange sie im Palast inmitten von Qahtanis eingesperrt ist. Banu Nahri ist nicht …« Die Worte holten Jamshid in die Gegenwart zurück. Das war ein anderer Bekannter seines Vaters, ein Gelehrter aus der Königlichen Bibliothek. »Sie verbringt jeden Nachmittag in Gesellschaft dieses Krokodilprinzen. Die Dschinn versuchen schon, sie zu bekehren und sie von unserer Religion und Kultur zu entfremden.«

»Da wünsche ich ihnen viel Glück«, kommentierte Dara trocken. »Banu Nahri hat einen Willen, an dem ein Zulfiqar zerbrechen würde. Sie wird sich von gar nichts überzeugen lassen.« Trotzdem wirkte er kurz besorgt. »Die Beziehungen zwischen den Prinzen …

Diese angebliche Allianz zwischen ihnen scheint mir übertrieben zu sein. Auf mich wirken Muntadhir und Alizayd eher wie Rivalen.«

»Das sind sie auch«, bestätigte der Gelehrte, der leidenschaftslos dreinblickte ... möglicherweise aber auch einfach nur betrunken war. »Die Leute sagen, Emir Muntadhir hätte den König angefleht, seinen Bruder nicht als Krieger aufziehen zu lassen, aber Königin Hatset hätte sich eingemischt. Das alles kann nur in einer Katastrophe enden.«

Jamshid war sich nicht sicher, was er lächerlicher fand: die Vorstellung, Ghassan würde sich jemandem beugen, oder dass die notorisch geheimnistuerischen Qahtanis mit Außenstehenden über Familienprobleme reden würden. Er wusste allerdings, dass er dieses Gerede besser im Keim ersticken sollte. Wäre Kaveh anwesend gewesen, hätte er diesen verräterischen Kommentaren gewiss schon vor einer Weile Einhalt geboten. An diesem Abend saßen gut zwanzig Männer mit ihnen am Tisch und man redete in derart großer Runde nun mal nicht so offen über das Regime.

Doch sein Vater hielt sich im Palast auf, und Jamshid war es leid, sich zwischen seinem Volk und seinem Emir entscheiden zu müssen. Als Saman also abermals loslegte und über die Dschinn herzog, ging Jamshid hinaus. Sein Platz wurde sofort besetzt, da alle Männer versuchten, dem berüchtigten Afshin so nahe wie möglich zu kommen. Niemand schien zu bemerken, wie Jamshid hinausging, aber er war es gewohnt, übersehen zu werden.

Als er draußen im Hof vor dem Stall auf und ab ging, atmete er schon etwas freier. Seit der Ernennung seines Vaters zum Großwesir lebten sie in einem großen, gut ausgestatteten Haus in Palastnähe an der Außenmauer der Stadt im Gartenbezirk. Dies war nicht Zariaspa und würde es auch niemals sein, aber die frische Luft, die vom Wald der Insel herüberwehte, und der Duft der Blumen ermöglichten es, dass sich Jamshid kurz einbildete, er sei der Stadt entronnen. In diesem Moment hätte er viel dafür gegeben, unter dem Sternenhimmel über die Hügel reiten zu dürfen, aber Daeva durften die Stadt nach Einbruch der Dunkelheit natürlich nicht mehr verlassen.

»Darf ich Euch Gesellschaft leisten?«

Jamshid schrak zusammen. Es war der Afshin. Der Boden war hier mit Kieselsteinen bedeckt, aber irgendwie gelang es Dara, sich vollkommen geräuschlos zu bewegen. Seine Schritte waren nicht zu hören.

»Ich bin keine so gute Gesellschaft wie das Publikum da drin«, warnte Jamshid ihn.

Dara schnaubte. »Gut zu wissen, dass ich nicht der Einzige bin, dem das wie ein Auftritt vorkommt.«

Jamshid errötete. »So habe ich es nicht gemeint.«

Doch der Afshin lächelte nur. »Ihr müsst Euch nicht entschuldigen, Pramukh. Ob Ihr es glaubt oder nicht: Ich finde Eure Ehrlichkeit erfrischend.« Er trat näher an den Stall heran, schnalzte mit der Zunge und holte einige Zuckerstücke aus der Tasche. Angesichts der Geschwindigkeit, mit der ihre Pferde – sogar das alte, halb lahme seines Vaters – auftauchten, musste Jamshid davon ausgehen, dass Dara sie häufiger derart verwöhnte. »Ihr modernen Daeva seid alle so fein und glamourös, dass es mich ganz nervös macht. Und wenn ich nervös bin, rede ich immer zu viel. Vor einer ganzen Gruppe von Euch kann ich den Mund einfach nicht halten.«

Jamshid wollte seinen Ohren nicht trauen. »Wir sind glamourös? Ihr habt doch sogar einen eigenen Schrein im Tempel!«

Dara lachte. »Dieser Schrein wurde in einer einfacheren Zeit errichtet, das kann ich Euch versichern. All diese Feiern mit Lebensmitteln aus der ganzen Welt, die Seide, die Edelsteine und all das … und erst recht der Klatsch und die Politik. Ich habe mich nie mehr wie ein langweiliger, tölpelhafter Reisender aus einem anderen Jahrhundert gefühlt als bei diesen Gelegenheiten.«

Nun trat Jamshid zu ihm an den Zaun. »In vierzehnhundert Jahren hat sich vermutlich vieles verändert.«

»Es geht nicht nur um die Veränderung«, erwiderte Dara leise. »Ihr lebt in einer völlig neuen Welt.«

Die Trauer in der Stimme des Afshins erstaunte Jamshid, doch als er ihm in die Augen sah, schüttelte Dara bereits den Kopf und errötete peinlich berührt. »Vergebt mir. Ich neige zu tristen Gedanken, wenn ich zu viel getrunken habe, und Euer Dattelwein ist viel stärker als das, was ich gewohnt bin.«

»War Daevabad wirklich so, wie Ihr sagt?«, erkundigte sich Jamshid. »Ich kann mir gar nicht vorstellen, heutzutage durch das Shafit-Viertel zu schlendern oder gar unsere Feiertage derart offen zu begehen.«

»Es war all das und noch viel mehr. Ich kann nicht genau sagen, was ich in Daevabad erwartet hatte, aber auf einen Mob von Shafit zu treffen, die versuchen, ins Daeva-Viertel einzudringen, war nicht unbedingt inspirierend.«

»Es scheint Euch allerdings auch nicht sehr beeindruckt zu haben«, stellte Jamshid fest. »Ihr wirkt so … furchtlos.«

»Wenn dem so ist, dann liegt das nur daran, dass ich gelernt habe, mir meine Angst nicht anmerken zu lassen. Ich habe mir auf der ganzen Reise hierher Sorgen gemacht, dass mich Euer Dschinn-König in den Kerker steckt und dort verrotten lässt oder einfach hinrichtet. Und ich bin sehr besorgt um meine Banu Nahida«, gestand Dara. »Äußerst besorgt. Ich fürchte in jedem Moment, den sie in diesem Palast gefangen und von diesen verschlagenen und glamourösen Dschinn umgeben ist, um ihre Sicherheit.«

»Auf mich macht sie einen sehr fähigen Eindruck. Sie ist schlau und hat einen starken Willen, wie Ihr vorhin selbst gesagt habt.«

Dara wirkte nicht besonders beruhigt. Jamshid beobachtete, wie er die Pferde noch einmal tätschelte. »Mir ist aufgefallen, dass Ihr es nicht leiden könnt, wenn andere schlecht über die Qahtanis reden.«

Dieser Themenwechsel brachte ihn kurz aus dem Konzept. »Nein, das tue ich nicht«, gab Jamshid zu. »Abgesehen davon, dass es gefährlich ist, so über sie zu reden, betrachte ich Emir Muntadhir als engen persönlichen Freund.«

»Es kommt mir seltsam vor, dass Ihr vor einem engen persönlichen Freund Angst habt.«

Jamshid räusperte sich. »Die Angelegenheit ist kompliziert.«

»Zweifellos.« Dara drehte sich zu ihm um. »Ist er ein guter Mann?«

Ja. Aber Jamshid hielt den Mund, da ihm Daras Blick nicht entging. Er war der Sohn eines Politikers und spürte, wenn sich eine Unterhaltung veränderte. »Ihr seid doch gerade erst von einer

Reise zusammen mit ihm zurückgekehrt. Hattet Ihr dabei nicht genug Zeit, Euch eine Meinung über ihn zu bilden?«

»Die hatte ich in der Tat. Auf mich wirkte er wie ein kluger Diplomat, der versucht, mit einem von den Toten wiederauferstandenen Feind Frieden zu schließen. Ich wüsste gern, was jemand über ihn denkt, der ihn besser kennt.«

Warum fragt er mich das jetzt? Hatte Dara etwa von den Gerüchten gehört, dass Ghassan Nahri und Muntadhir miteinander verheiraten wollte? Bei der Aussicht erschauderte Jamshid. Es war für jeden, der Zeit mit dem Afshin verbrachte, offensichtlich, dass dessen Gefühle für die Banu Nahida weit über das hinausgingen, was seine Pflicht erforderte.

»Ja«, antwortete er schließlich. »Muntadhir ist ein guter Mann und ein sehr fähiger Emir, was nicht immer Hand in Hand geht. Er hat ein gutes Herz und versucht für sein Volk und sein Königreich das Richtige zu tun.«

»Er hat eine Schwäche für Alkohol.«

Jamshid fühlte sich an Muntadhirs Stelle angegriffen. »Und das aus dem Mund eines Mannes, der eben meinte, zu stark dem Dattelwein zugesprochen zu haben.«

Daras Augen funkelten. »Ah, Ihr müsst wahrlich eng mit ihm befreundet sein, dass Ihr ihn derart verteidigt! Dann lasst mich Euch etwas anderes fragen, Jamshid e-Pramukh, und ich hoffe sehr, dass Ihr ebenso freimütig antwortet. Glaubt Ihr, er wird auch *unserem* Volk ein guter König sein?« Als Jamshid den Mund öffnete, hob Dara eine Hand. »Nein, beantwortet die Frage nicht als Freund. Denkt darüber nach und sagt es mir als Daeva.«

Sagt es mir als Daeva. Hinter diesen Worten des Afshins, der gekämpft hatte und gestorben war, um ihr Volk zu befreien, steckte so viel mehr. Glaubte Jamshid in der Tat, dass Muntadhir ein guter König sein würde? Seltsamerweise hatte er sich bisher nie dazu durchgerungen, objektiv über diese Frage nachzudenken. Im Grunde war es auch unwichtig, was Jamshid dachte. Muntadhir würde so oder so König werden, und Jamshid hatte sich schon an ihn gebunden, bevor er sich in ihn verliebte. Ging es nicht eher darum, dass Jamshid ihm helfen wollte, der beste König zu sein, der er nur sein konnte? Zudem war Muntadhir eine gute Person und versuchte, das Richtige zu tun.

Es sei denn, das Richtige ist nicht das, was Ghassan will. Jamshid musste an Nahri denken. Hatte sie bei dieser königlichen Ehe überhaupt ein Mitspracherecht? War Muntadhir das wichtig? Wie oft hatte er Muntadhir schon angefleht, einige der Daeva-Künstler und -Poeten zu retten, die er protegierte, wenn sie einen Fehler begingen und in der Öffentlichkeit das Falsche sagten? Wie oft hatte er mit ansehen müssen, wie Muntadhir den Kopf senkte und den Mund hielt, während Kaveh am Hofe beleidigt wurde? Wenn sich die anderen Dschinn betranken und Jamshid fragten, ob er wirklich Flammen anbetete? Jamshid kannte Muntadhir. Vermutlich sogar besser als jeder andere. Und jedes weitere Jahr, in dem er ihm diente und ihn liebte, musste er beobachten, wie mehr von Muntadhirs Feuer – seiner Güte – unter dem grimmigen, gnadenlosen Druck seines Vaters verschwand.

»Wenn er König wird … früher oder später«, setzte Jamshid zögerlich an. »Er meint es gut, aber seine Familie … Sie setzt ihn sehr unter Druck. Ich habe den Eindruck, sein Vater ist fest entschlossen, ihn nach seinem Vorbild zu formen. Und was Alizayd angeht, so würde ich sagen, dass die Thronfolge besser früher als später erfolgen sollte.«

Dara senkte den Kopf und schien darüber nachzudenken. »Das klingt für mich, als sollte irgendjemand Ghassan ermorden.«

Jamshid erbleichte. »Was? Nein. Das habe ich nicht …«

Dara fing an zu lachen. »Oh, Euer Gesicht! Das war ein Witz, mein Freund.« Er schlug Jamshid so fest auf den Rücken, dass dieser ins Wanken geriet. »Seid froh, dass Ihr kein Nahid seid, sonst hätte ich mich überschlagen, um Eurem Befehl Folge zu leisten.«

»Das war kein Befehl«, widersprach Jamshid wenig energisch und fragte sich zunehmend, wie viel Dara wirklich getrunken hatte und ob er diese äußerst gefährliche Idee schnell wieder vergessen würde. »Ich meinte nur …«

»Afshin?« Einer der Diener der Pramukhs trat aus der Eingangstür des Hauses. Er verbeugte sich, als er Jamshid bemerkte. »Ich wollte Euch nicht unterbrechen. Aber eben traf eine Einladung für den Afshin ein, die persönlich überbracht wurde, von, äh ... einer Frau.«

Jamshid starrte den Mann an, der Dara den Brief überreichte, und staunte über dessen Tonfall. »Von einer Frau?«

Der Diener warf ihm einen vielsagenden Blick zu. »Aus Khanzadas Salon.«

Beim Schöpfer ... »Khanzada hat dem Afshin eine Einladung geschickt?«

Mit einem Blick, der ihnen mehr als deutlich vermittelte: *Lasst mich bloß aus der Sache raus,* nickte der Mann. »Ich dachte, ich übergebe sie besser gleich.« Er verbeugte sich erneut und eilte von dannen.

Dara fummelte an der Schriftrolle herum. »Wer ist diese Khanzada?«

Wenn Dara schon von einem einfachen Abendessen mit Freunden der Pramukhs beeindruckt war, wusste Jamshid beim besten Willen nicht, wie er Khanzadas Salon mit ungemein wohlhabenden Gästen, weltbekannten Unterhaltungskünstlern, Magie, Verbrechen und Sex beschreiben sollte.

»Sie ist eine berühmte Sängerin und Tänzerin aus Agnivansha«, erwiderte Jamshid schließlich. »Erst seit Kurzem in der Stadt. Sie führt einen Salon, der bei den Adligen der Stadt sehr beliebt ist.«

Dara runzelte die Stirn und wirkte sichtlich verunsichert. Es war seltsam, das bei einem Mann zu sehen, der eben noch Witze über die Ermordung des Königs von Daevabad gemacht hatte und der wahrscheinlich in der Lage war, alle im Haus Anwesenden in nicht einmal fünf Minuten zu töten.

Der Afshin reichte Jamshid die Einladung. »Würdet Ihr sie mir bitte vorlesen?«

Widerwillig öffnete Jamshid die Schriftrolle und musste sich zusammenreißen, um beim Lesen der blumigen Worte nicht das Gesicht zu verziehen. »Sie schreibt, sie wäre sehr geehrt, wenn Ihr ihr Haus heute Abend mit Eurer Anwesenheit beehren würdet. Es findet offenbar ein besonderer Auftritt statt.«

»Ein besonderer Auftritt? Heute Abend?«

»Heute Abend.« Jamshid gab ihm die Schriftrolle zurück. »Ihr seid berühmt, Afshin«, fügte er hinzu, als Dara verdutzt blinzelte. »Wahrscheinlich hofft sie darauf, dass einige Eurer Anhänger Euch begleiten.«

Dara schien zu überlegen. »Ich war noch nie im Agnivanshi-Viertel.«

»Wirklich nicht? Aber Ihr seid doch hier aufgewachsen.«

»Uns war vieles verboten«, gab Dara peinlich berührt zu und verstaute die Schriftrolle in seinem Mantel. »Würdet Ihr mitkommen?«

Zuerst begriff Jamshid nicht, was er meinte, und dann ließ ihn das hoffnungsvolle Funkeln in Daras grünen Augen vor Schreck erstarren. »Ihr wollt tatsächlich hingehen?«

»Ich muss zugeben, dass mein Interesse geweckt ist. Schließlich habe ich …« Dara schien um Worte zu ringen. »Es gibt so vieles, was ich noch nicht gesehen oder erlebt habe. Ich komme mir in meiner eigenen Stadt wie ein Außenseiter vor, der niemals die Scheuklappen ablegt.«

»Ich bin mir nicht sicher, ob Khanzadas Salon eines der Erlebnisse ist, die Ihr Euch vorstellt. All der Klatsch und die tödliche Politik, die Euch derart besorgen, sind ihr Kapital. Sie beschäftigt eine ganze Gruppe von Kurtisanen, um ihren Gästen Geheimnisse zu entlocken, durch die man Dynastien stürzen und Menschen ruinieren kann.«

Dara sah kein bisschen eingeschüchtert aus. »Ich kann Euch versichern, dass ich nicht das geringste Interesse an ihren Kurtisanen habe. Aber ich würde mir gern das Agnivanshi-Viertel ansehen und etwas Musik hören. Und erfahren, wie die Männer von Daevabad heute ihre Abende verbringen. Bitte«, fügte er hinzu und sah Jamshid flehentlich an. »Ohne Euch mache ich mich dort bestimmt zum Narren.«

Jamshid konnte sich kaum weniger erstrebenswerte Dinge vorstellen, als auf einen sehr großen – und bereits beschwipsten – tödlichen Krieger aufzupassen, dessen Liste an Sorgen schon länger war als sein Arm, und das auch noch im Salon einer Frau, die ihn hasste. Nicht zu vergessen, dass sich Muntadhir vermutlich ebenfalls dort aufhalten würde.

Muntadhir wird gewiss nicht da sein. Seit dem Angriff auf seinen Bruder war Muntadhir distanziert und deprimiert. Nach den Besprechungen bei Hofe zog er sich meist in seine Gemächer und den Haremsgarten zurück – Orte, die Jamshid ohne Einladung nicht betreten durfte.

Zudem wirkte Dara derart begierig. Jamshid sah den berühmten Afshin mehr und mehr in einem anderen Licht. Dara hatte ein kurzes und äußerst bedrückendes Leben in einer anderen Welt geführt und kehrte nun in eine zurück, in der er einsam und fremd war. Jamshid konnte dafür sorgen, dass er etwas Musik hörte und einige neue Dinge bestaunen konnte, und darauf achten, dass ihn niemand in einen der Räume jenseits der Tanzfläche lockte.

»Na gut«, gab Jamshid nach. »Aber nur kurz.«

* * *

Es war alles so schrecklich schiefgelaufen.

Jamshid rannte den Korridor entlang in Richtung Krankenstube und seine Gedanken überschlugen sich. Es kam ihm so vor, als sei er schon den ganzen Abend kreuz und quer durch die Stadt unterwegs. Zuerst zu Khanzadas Salon, um den unglückseligen Abend einzuleiten. Danach zurück nach Hause, um seinen Vater vor dem äußerst unangenehmen – und sehr öffentlichen – Zank zwischen dem Afshin und Muntadhir zu warnen. Danach zum Palast, so schnell sein Pferd ihn tragen wollte, weil das wilde Gerücht die Runde machte, Darayavahoush sei in die Krankenstube eingebrochen und habe Nahri und Alizayd entführt.

Das kann nicht sein. Zugegeben, der Streit mit Muntadhir war übel gewesen und ließ die beiden Männer, die Jamshid eigentlich sehr schätzte, in keinem guten Licht dastehen. Aber das reichte doch sicher nicht aus, um Darayavahoush zu einer derart übereilten Tat zu bewegen. Er musste doch inzwischen wissen, wie anfällig das Machtgefüge in dieser Stadt war und dass eine Entführung der Banu Nahida – und nicht zu vergessen von Ghassans jüngstem Sohn – den Zorn des Königs auf die Daeva herabbeschwören und einen tödlichen Rachefeldzug einleiten würde.

Es musste ein Gerücht sein. Das sagte sich Jamshid immer wieder, bis er die Krankenstube erreichte.

Dort wimmelte es von Soldaten. Im Raum hielten sich mehr Soldaten auf, als nach Jamshids Meinung überhaupt hineinpassen konnten, so viele Soldaten, dass er außer der Wand aus Leibern kaum etwas erkannte. Zwar hatte Jamshid in Muntadhirs Diensten mehr als genug Erfahrung darin gesammelt, der einzige Daeva im Raum zu sein, doch als er sich durch die Menge zwängte und mit hasserfüllten Blicken bedacht wurde, gefror sein Blut zu Eis. Nirgends sah er ein bekanntes Gesicht. Diese Männer kamen alle aus der Zitadelle.

Es sind Alizayds Männer. Und die Krankenstube, in der ihr Prinz sich zur Wehr gesetzt hatte, war vollkommen zerstört. So gut wie alle Möbelstücke waren zertrümmert, die Vorhänge in Fetzen gerissen. Einige Bruchstücke glühten noch, und Blut – sehr viel Blut – war gegen eine glänzende Steinsäule gespritzt.

Jamshid erstarrte. Ghassan höchstpersönlich stand vor der blutigen Säule. Muntadhir hielt sich an seiner Seite, hatte den Kopf beschämt gesenkt, aber es war Ghassan, der Jamshids Aufmerksamkeit fesselte. Der Dschinn-König war schlichter gekleidet, als Jamshid ihn jemals gesehen hatte, und er trug einen einfach gesponnenen Schal anstelle seiner ebenholzfarbenen Robe. Jeder andere hätte in diesem Aufzug wie ein harmloser, besorgter alter Mann gewirkt.

Aber nicht Ghassan. In dem einfachen Kleidungsstück sah er irgendwie sogar noch furchterregender aus, was Jamshid daran erinnerte, dass Ghassan kein verweichlichter Stadtkönig war. Er war in einem harten Land aufgewachsen und hatte sein erstes Jahrhundert als rechte Hand seines berüchtigten Vaters auf dem Schlachtfeld verbracht. Selbst wenn er den Daeva freundlicher gegenüberstand als sein Vorgänger, hielt er den Frieden in der Stadt doch durch brutale Gewalt aufrecht. Es gab nichts, was Ghassan mehr verabscheute als Chaos. Jedes Aufkeimen von zivilem Ungehorsam erstickte er sofort im Keim.

Und das, was Dara heute Abend getan hatte, war weitaus mehr als das.

Als hätte er Jamshids Blick gespürt, drehte sich Ghassan um und betrachtete ihn. Die grauen Augen des Königs – die Muntadhirs so ähnlich waren – wanderten an Jamshid auf und ab, und der Zorn in diesen Augen ließ Jamshid beinahe in die Knie gehen.

Doch im nächsten Augenblick war dieser Zorn verschwunden und wurde durch die eiskalte Maske des Königs ersetzt.

»Hauptmann Pramukh.« Es klang, als habe Ghassan in Erwägung gezogen, Jamshids Namen in die Länge zu ziehen, aber dies war kein Ort für Hofintrigen, vielmehr schwang in jeder Silbe tödliche Absicht mit. »Euer Hausgast hat heute Abend einige äußerst schlechte Entscheidungen getroffen.«

Bei diesen Worten vergaß Jamshid all die Jahre an Muntadhirs Seite, all die sorgsamen Lehren Kavehs, alles, was er je über das Überleben bei Hofe gelernt hatte. Wahrscheinlich wäre es weise gewesen, auf die Knie zu sinken, sich ausgiebig zu entschuldigen und um Gnade zu flehen.

Doch trotz allem, was an diesem Abend geschehen war, brannte noch die Erinnerung an Daras Selbstsicherheit und an seinen Trotz, um den Jamshid ihn so beneidet hatte, in ihm. Jamshid würde nicht vor Ghassan in die Knie gehen.

Stattdessen senkte er den Kopf. »Wie kann ich helfen, mein König?«

Muntadhir, der neben Ghassan stand, warf Jamshid einen warnenden Blick zu.

Allerdings reagierte der König auf Jamshids Wagemut nur mit einem leichten Aufeinanderpressen der Lippen. »Ihr habt mit dem Afshin trainiert, seitdem er in der Stadt ist, nicht wahr?«

»So ist es.«

»Dann bleibt den Rest der Nacht an der Seite des Emirs. Wir müssen uns ihnen auf dem See entgegenstellen.« Ghassan drückte Muntadhir etwas in die Hände, das wie ein blutgetränkter Lappen aussah. »Wenn dein Bruder heute Nacht deinetwegen stirbt, werde ich dafür sorgen, dass du in diesem Leben und im nächsten dafür büßen musst.«

Der König eilte an ihnen beiden vorbei und Muntadhir sank ein wenig zusammen. Er starrte das blutige Stoffstück an, und Jamshid drehte sich der Magen um, als er die Kappe erkannte, die er zuvor auf Alizayds Kopf gesehen hatte.

Jamshid räusperte sich, da er einen staubtrockenen Mund hatte. »Ist er …«

»Das wissen wir nicht.« Muntadhir sah aus, als wäre ihm speiübel. »Nahris Patienten waren außer sich. Es hört sich ganz danach an, als habe der Afshin sie als Geisel genommen, aber … Hier ist so viel Blut, Jamshid. Wenn ihm etwas zustößt …«

Jamshid umfasste Muntadhirs Handgelenk. »Nahri ist eine Nahid. Sie kann ihn mit einer einzigen Berührung geheilt haben.«

»Das ist alles meine Schuld«, flüsterte Muntadhir. »Ich hätte all das bei Khanzada nicht sagen dürfen. Ich habe ihn gereizt und jetzt ist mein kleiner Bruder in seiner Gewalt.« Er hob den Kopf und in seinen vom Trinken blutunterlaufenen Augen schimmerten Tränen. »Weißt du, wie Darayavahoushs Schwester gestorben ist, Jamshid?«

Das wusste er durchaus, und ihm wollte nichts einfallen, wie er Muntadhirs Angst besänftigen konnte. Denn, bei Gott, Ghassan hatte recht. Muntadhir war ein Narr gewesen, dass er in Darayavahoushs Gegenwart so grob über Nahri sprach. Er war grausam gewesen. Seine Aussagen hatten selbst Jamshid verärgert. Allerdings hätte er sich damit zufriedengegeben, Muntadhir später den Kopf zu waschen, wenn sie allein gewesen wären.

Aber Darayavahoush … Der Afshin war nicht wie sie. Er stammte aus einer anderen Zeit, von einem anderen Ort. Er war charmant und witzig, und Jamshid konnte ihn wirklich gut leiden, doch selbst wenn er lächelte, war Dara von einer Aura des Todes umgeben. In seiner königlichen Arroganz hatte Muntadhir einen schrecklichen Fehler begangen.

Für den sie jetzt alle bezahlen mussten.

Das jedoch sprach Jamshid nicht laut aus. »Darayavahoush ist kein Narr, Muntadhir. Und er kennt mich.« Trotz all seiner Fehler war der Afshin Jamshid stets wie ein ehrenwerter Mann vorgekommen. Er hatte davor zurückgeschreckt, anderen Daeva zu schaden, insbesondere dem Sohn des Mannes, der ihn bei sich aufgenommen hatte. »Ich werde die ganze Nacht an deiner Seite sein, dich keinen Moment lang aus den Augen lassen und versuchen, mit ihm zu reden.«

Muntadhir zitterte, aber er nickte. »In Ordnung.«

Jamshid widerstand dem Drang, ihn in die Arme zu nehmen. Muntadhir musste heute Nacht stark wirken – insbesondere vor den Männern aus der Zitadelle, die ihm die Schuld geben würden, wenn ihrem geliebten Prinzen etwas zustieß.

Daher verbeugte sich Jamshid stattdessen, und zwar deutlich tiefer, als er es vor Ghassan getan hatte. »Kommt, mein Emir. Wir sollten auf dem ersten Boot sein, das ablegt.«

* * *

Und Jamshid hielt sein Versprechen. Er wich nie von Muntadhirs Seite.

Allerdings hatte er sich in einer Hinsicht geirrt, denn Dara war durchaus bereit, ihm wehzutun.

ALI

Es gelang mir nicht, diese Szene in Das Königreich aus Kupfer *unterzubringen, daher beschloss ich, sie zu löschen und als leicht satirischen Blick auf einige der alten Sagen zu schreiben. Sie spielt etwa ein oder zwei Jahre nach* Die Stadt aus Messing *und enthält Spoiler für das erste Buch.*

Laut den Dschinn aus den Wüsten von Am Gezira gibt es keinen schöneren Anblick als das Glitzern von Wasser. In ihrem Blut mochte das Feuer brennen, aber es ist das Wasser, das Leben schenkt, das kostbare Wasser, das in den Ruinen der vergessenen Königreiche der Menschen, in denen sie sich niedergelassen hatten, nur selten zu finden war. Ein Mann konnte für seine Verbrechen begnadigt werden, wenn er einen neuen Brunnen entdeckte, eine Frau zum Häuptling ernannt werden, wenn sie eine neue Art der Wassergewinnung erfand.

Daher konnte man durchaus nachvollziehen, warum der Anblick des gewaltigen Schilfmeers einen Dschinn zu Tränen zu rühren vermochte. Insbesondere in einer Nacht wie dieser, in der sich ein Meer aus Sternen am samtenen Himmel erstreckte, das sich wie ein mit Edelsteinen besetztes Band im schimmernden, sich leise bewegenden ebenholzfarbenen Wasser darunter spiegelte. Es wehte kein Lüftchen, und alles war ruhig, so unfassbar ruhig, dass es sich fast schon heilig anfühlte, nur dass die Luft salzig roch und nicht etwa nach Weihrauch. Ein heller Mond stand silbern wie eine frisch geprägte Münze am Himmel und ließ sein sanftes Licht auf die See darunter fallen. So weit vom Strand entfernt gab es keine Wellen, stattdessen wogte das Meer leicht, hob und senkte sich, als würde es atmen.

Dieser Vergleich beruhigte Alizayd al Qahtani kein bisschen.

Er tauchte sein Ruder ins Wasser und trieb sein kleines Boot weiter an. *Das ist eine törichte Aufgabe, Ali,* hatte sein Freund Lubayd erklärt. *Du und dein dämlicher Heldenmut werden nur dafür sorgen, dass du im Bauch eines Hais landest.*

Ali runzelte die Stirn. Fraßen Haie Dschinn? Unverhofft kam ihm in den Sinn, dass es klug gewesen wäre, diese Frage zu stellen, bevor er allein zu einer derart gefährlichen Mission aufbrach. Doch die Familie des geraubten Mädchens war verzweifelt gewesen, ihre Eltern hatten geweint, und wenn es darum ging, anderen zu helfen, nun ja … Ali war noch nie gut darin gewesen, Pläne gründlich zu durchdenken.

Direkt vor ihm schillerte das Wasser auf seltsame Weise, als sei es dort flacher, und etwas weiter tauchte eine goldene Sandbank auf. Ali ruderte, bis er sich darüber befand, dann holte er die Ruder ein und hob den Anker des Bootes hoch. Er warf ihn ins Wasser und blickte aufs ruhige Meer hinaus, bis das Seil straff gespannt war. Weit und breit war kein Land zu sehen, aber Ali wusste, was viel weiter im Nordwesten lag.

Ägypten.

Wie es dort wohl ist? Ihm kam der törichte Gedanke, dass es schön wäre, Nahris alte Heimat zu besuchen, hinter ihr durch Kairos Straßen zu schlendern, sich die großen Moscheen anzusehen und die klebrigen frittierten Süßigkeiten zu kosten, die sie ihm lachend beschrieben hatte.

Das Seil ruckte in seinen Händen, als der Anker auf dem Meeresboden aufkam, und riss Ali aus seinen Gedanken. Was brachten solche Fantasien, wenn er Am Gezira doch niemals verlassen würde und Nahri stets in Daevabad blieb, insbesondere jetzt? Letzten Monat hatten sie erfahren, dass Emir Muntadhir und die Banu Nahida in einer spektakulären Zeremonie vermählt worden waren.

Eine neue Ära für die gesamte Dschinn-Welt sollte nun beginnen, und die zerstrittenen Königsfamilien wurden in einer politischen Allianz vereint, die Ali selbst noch befürwortet hatte. Eine Allianz, für deren Unterstützung er einen Freund verraten hatte.

Das reicht. Er verdrängte die Gedanken an Daevabad und zog seine Robe aus. Darunter trug er eine ärmellose Tunika und ein Lendentuch. Sein Zulfiqar hatte er sich auf den Rücken gebunden, und er überprüfte auch noch einmal die Schnüre, die den Khanjar an seiner Hüfte und ein weiteres Messer an seinem Fußknöchel sicherten. Danach wandte er sich dem kleinen Lehmtopf zu, den er zusammen mit dem Boot bekommen hatte. Er öffnete den Deckel und rümpfte die Nase ob des Geruchs nach Bitumen und saurer Kräuter: Darin befand sich ein magisches Gebräu, von dem die Sabaen-Dschinn behaupteten, es würde den Seeweg sichtbar machen. Ali schmierte es sich auf die Lider und unter die Augen, bevor er vom Boot sprang.

Dann tauchte er. Das Wasser umarmte ihn und war wärmer, als er erwartet hatte, begrüßte ihn und schien ihn in seine Tiefen zu ziehen. Ali schwamm schnell, viel schneller als jeder Dschinn es eigentlich vermochte. Sie waren Wesen rauchloser Flammen, die normalerweise vor Wasser zurückschreckten, das ihnen höher als bis zu den Knien reichte. Doch diese Eigenschaft war sein Segen und sein Fluch, nachdem der Marid des Sees von ihm Besitz ergriffen hatte.

Auf einmal verschwand das Wasser und Ali stolperte auf staubtrockenen Sand. Vor ihm erstreckte sich ein schmaler Weg, das Wasser zog sich zurück und hing über dem Meeresboden, als würde es durch unsichtbares Glas zurückgehalten. Jenseits davon sah er die schwarzen Schatten umherhuschender Fische im mondbeschienenen Wasser. Ein riesiger Rochen schwamm über ihn hinweg und sein blau gefleckter Körper kräuselte sich wie der Saum eines Frauenkleides. Bei diesem Anblick sperrte Ali staunend den Mund auf.

Es war wunderschön. Magisch. Was bedeutete, dass es mit Sicherheit auch tödlich sein musste. Der Anker ruhte neben ihm und sicherte sein Boot. Der sandige Weg erstreckte sich vor ihm, bis er an einer Felswand voller bunter Korallen und wogender Meerespflanzen endete. Am Fuß der Klippen und fast verborgen hinter einem Büschel rotem Seegras entdeckte er eine weiße Doppeltür, deren Farbe an Knochen erinnerte.

Der Sand knirschte unter Alis nackten Füßen, als er darauf zuging. Bei genauerer Betrachtung war es kein Wunder, dass die Tür derart glänzte; sie schien aus einem riesigen Stück Perlmutt geschnitten zu sein. Der Effekt wurde noch dadurch verstärkt, dass eine gezackte Linie die beiden Türhälften wie bei einer Muschel trennte.

Nachdem er einmal tief Luft geholt hatte, zückte Ali sein Zulfiqar und drückte vorsichtig die Tür auf. Die beiden Türflügel glitten mit einem Flüstern zurück und enthüllten einen engen Korridor. Er trat ein.

Sofort gingen die Türen hinter ihm zu.

Ali zuckte zusammen und spannte die Finger fester um die Waffengriffe, aber ansonsten geschah nichts. Sein Herz raste. Die Dunkelheit war derart undurchdringlich, dass sie fast schon erdrückend wirkte.

Er schluckte seine Furcht hinunter und brachte sein Zulfiqar zum Leuchten. Die Klinge gehorchte und fing an zu brennen. Feurige Ranken umspielten die Kupferschneide und warfen ihr Licht auf die Sandsteinwände und den schmierigen Kieselboden des Gangs.

Und auf die glänzenden Stahlschwerter mehrerer Dutzend Krieger.

Augenblicklich nahm Ali Kampfhaltung an. Was jedoch gar nicht nötig war, denn die Krieger rührten keinen Muskel. Es waren Statuen, erkannte er und betrachtete erschrocken ihre reglosen Gesichter. Einige schienen aus Stein geschaffen zu sein, andere aus Muschel- oder Korallenstücken. Das Unheimlichste war, dass sie alle, unabhängig vom Material der Statuen, identische Stahlschwerter in den Händen hielten. Abgesehen davon waren sie erstaunlich unterschiedlich: Ihre Kleidung stellte eine Mischung aus Rumi-Togen, nabateanischen Wickeln, Sabaen-Tuniken, ägyptischen Faltenröcken und anderen Gewändern, die Ali nicht erkannte, dar. Diese Statuen stammten vermutlich aus Dutzenden unterschiedlichen Zivilisationen, die es in den Tausenden von Jahren, die die Menschen in diesem Land beheimatet gewesen waren, hier gegeben hatte.

Er trat näher heran und betrachtete eine Statue in einem geschnitzten Thawb. Ein Zahnreinigungsstab steckte im ausgefransten Gürtel und die winzigen Steindetails bildeten eine perfekte Replik.

Fast zu perfekt. Ali erschauerte und musterte die Linien im Gesicht der Statue und den Fleck, bei dem es sich um eine Pockennarbe handeln konnte. Unruhe machte sich in ihm breit und seine Fantasie kochte über.

Hol das Mädchen, sagte er sich. *Und dann verschwinde von hier.*

Er ging weiter, das Zulfiqar in der einen und den Khanjar in der anderen Hand, und hörte nichts als das Knistern der Flammen und seinen beschleunigten Atem. Der Feuerschein des Zulfiqars flackerte über die engen Wände und erhellte eine mit feinen Schnitzereien verzierte Fassade mit geheimnisvollen Gestalten und bizarren Tieren. Außerdem anscheinend ein Alphabet, das er jedoch nicht zu entschlüsseln vermochte, ein Gekritzel aus Linien und vollkommen runden Kreisen.

Das sieht aus, als sei es von Menschen geschaffen worden. Ali umklammerte seine Waffen etwas fester. Sehr viele der Klippen und Sandsteingräber in Bir Nabat waren mit ähnlichen Schnitzereien verziert und zeigten seit Langem tote Könige und Jäger in Aktion, vergessene Gottheiten und Gebete in längst vergessenen Sprachen. Aber diese Bilder wirkten unheimlicher: riesige Seeschlangen, die flüchtende Menschen verschlangen, und Bullen mit Löwenköpfen, die brüllend auf Haufen abgetrennter Gliedmaßen standen.

Das Ende des Korridors kam in Sicht und schimmerte in der Ferne: ein weiteres Perlentor. Obwohl er das Gefühl nicht abschütteln konnte, direkt in eine Falle zu tappen, ging Ali hindurch.

Kaum war er über die Schwelle getreten, wurde die Kammer erhellt und Dutzende von der Decke hängende Glaslaternen erwachten zum Leben und ließen eine riesige Höhle erkennen – bestimmt doppelt so groß wie der Thronsaal seines Vaters.

Und randvoll mit Schätzen.

Berge von Goldmünzen, Glasperlen und Muschelschalen umgaben Truhen voller Juwelen in allen nur denkbaren Farben – Smaragde, Rubine und Saphire, größer als seine Faust. Perlenketten in einer Länge, dass man einen Mann damit fesseln konnte, aus Ebenholz und Elfenbein geschnitzte Tiere, Messingschalen mit Weihrauch, Ambra und Moschus. Ballen von Brokat, Seide und kostbarem Damast. Sogar die Wände waren mit Gold verbrämt und mit Jade- und Korallenintarsien in gewaltigen Blumenmustern verziert. Nichts wirkte irgendwie geordnet, ganz im Gegenteil: Auf dem Boden lagen zertrümmerte Vasen, und Halsketten, die ein Vermögen wert sein mussten, ruhten zerrissen zwischen zerschmetterten Möbelstücken. Mehrere Marmorsäulen waren eingestürzt und ein abgebrochenes Steingesicht eines bärtigen Mannes war mit einer dicken Staubschicht bedeckt. Alles hatte den Anschein, als habe ein rachsüchtiger Geist gewütet, habe alles ins Meer gezerrt, was irgendeine menschliche Zivilisation einst geschätzt hatte, und seine Höhle mit den geplünderten Schätzen der ermordeten Völker gefüllt.

Was offen gesagt durchaus möglich erschien, wenn man mal genauer über die magische Welt nachdachte. Ali konnte den Blick nicht von dem Vermögen abwenden, das ihn umgab. Mit einer bloßen Handvoll hätte er das Leben der Dorfbewohner, die ihm mutig Unterschlupf gewährt hatten, drastisch verändern können; mit mehreren Handvoll ließ sich eine ganze Menge kaufen. Sicherheit. Schutz. Soldaten. Ein Weg, die finstere Zukunft zu ändern, die sein Vater für ihn bestimmt hatte.

Ein Weg, der ihm leichter fiele als die Entscheidung, mich sofort hinzurichten. Ali ging weiter, ohne irgendeinen der Wertgegenstände anzurühren.

Vor ihm ragte ein Hain aus mit Edelsteinen besetzten Bäumen aus dem Marmorboden, und die Stämme aus braunem Topas waren mit Messing verziert, das sich bis zur Decke erstreckte. Die Äste bogen sich unter den Früchten und Blüten aus Glas und kostbaren Juwelen. Goldene Vögel saßen zwischen Smaragdblättern, als seien sie beim Hegen ihrer Quarzeier erstarrt, wobei sie Korallenwürmer in den geschnitzten Schnäbeln hielten. Am Fuß jedes Baums befand sich ein silberner Sockel. Ali trat näher heran und erstarrte. Auf jedem Sockel – von denen es Dutzende gab – kauerte eine verhüllte Gestalt.

Eine Leiche. Einige Tücher verrotteten bereits und ließen verrostete Ketten erkennen, die von skelettierten Handgelenken hingen, und angelaufene Ornamente an verwesenden schwarzen Zöpfen. Und da, auf einem Sockel weiter hinten, saß ein nicht verhülltes Mädchen, deren braune Haut von einem rauchigen Schimmern umgeben war, das sie eindeutig als Dschinn kennzeichnete.

Ali rannte zu ihr und seufzte erleichtert auf, als er feststellte, dass sich ihre Brust noch hob und senkte. Ihrem Aussehen nach konnte sie durchaus die Tochter des wohlhabenden Geziri-Gouverneurs sein, der ihn um Hilfe gebeten hatte. Ein schwerer Goldkragen lag um ihren Hals; Blumenmedaillons mit blauem Lapislazuli, bernsteinfarbene Bergkristalle und leuchtende Rubine ruhten in ihrer Kehlgrube. Sie trug eine bestickte purpurfarbene Robe mit einem Ikatmuster, die jedoch offen stand und ein roséfarbenes Seidenkleid enthüllte, das sich an ihren Körper schmiegte. Ihre Lippen waren mit Ocker bemalt und auf ihrer zarten Stirn prangte ein stilisierter Vogel mit ausgestreckten Flügeln. Ihr langes schwarzes Haar war unbedeckt und hing in kunstvollen Zöpfen um ihre mit goldenen Scheiben geschmückten Ohren.

»Abla?«, fragte Ali leise. »Bist du das?«

Er bekam keine Antwort. Aber er hätte schwören können, dass sie leicht den Mund bewegte und die Lippen schürzte.

»Abla?« Er streckte eine Hand aus, um ihre Schulter zu berühren. »Bist du …«

Sie schlug die wundervollen grauen Augen auf und ließ die Lider flattern. Träge reckte sie die Arme über den Kopf, wobei die Robe noch weiter aufging, und lächelte. »Du musst mich doch küssen.«

Ali hätte nicht verdutzter sein können, wenn das Mädchen vom Sockel gesprungen wäre und sich in einen der Steinsoldaten aus dem Korridor verwandelt hätte. »Ich muss was?«

Sie setzte sich auf und ihr Haar fiel ihr in mitternachtsfarbenen Locken auf den Rücken. »Mich küssen«, neckte sie ihn. »Hast du denn noch nie ein Märchen gehört?«

Ihm schoss das Blut in die Wangen. »Ich weiß nicht … Immerhin gibt es Regeln, die so etwas verbieten.«

Sie legte den Kopf schief. »Wo kommst du denn her? Wenn ich es nicht besser wüsste, würde ich behaupten, dein Akzent klingt nach Daevabad, aber das ist …« Auf einmal riss sie die Augen auf. »Großer Gott, du *bist* es, nicht wahr? Du bist der …!«

»Sch!« Er hielt sich einen Finger an die Lippen. »Wir sollten uns besser kennenlernen, wenn wir nicht von verwesenden Leichen umgeben sind. Wo ist die Kreatur, die dich entführt hat?«

Abla erschauerte. »Das weiß ich nicht. Sie hat mich gepackt, als ich Muscheln gesucht habe, und kehrt einmal am Tag hierher zurück – jeden Morgen, glaube ich. Dann zwingt sie mich, einen widerlichen Tee zu trinken, der mich einschlafen lässt.«

»Jeden Morgen?«, wiederholte Ali. Ihm wurde das Herz schwer, als er sich daran erinnerte, dass er direkt vor dem Tauchen das erste Morgenlicht am Horizont erspäht hatte. Als sie nickte, nahm er ihre Hand. »Lass uns gehen. Uns bleibt nicht viel Zeit.«

Sie spähte hinter ihn. »Wo sind deine Männer?«

»Ich bin allein hier.«

»Allein?« Nun wirkte sie verunsichert. »Verzeih mir, aber … Was sagtest du, wann es Morgen wird?«

Die Kammer bebte. »Bald«, antwortete eine donnernde Stimme, die klang, als würden Steine übereinanderreiben. »Sehr bald.«

Ali wirbelte herum und ein Schwall übel riechender Hitze überflutete ihn. Sie waren erwischt worden.

Die Kreatur, die sich an sie angeschlichen hatte, sah viel zu groß aus, um so etwas vollbracht zu haben. Doppelt so groß wie ein Elefant, mit dem Körper und den Hörnern eines Bullen, dem gepeinigten, lila angelaufenen Gesicht einer Frau, Fledermausflügeln und einem gestreiften Schlangenschwanz, der in den Tiefen des Juwelenhains verschwand. Die Vorderbeine endeten nicht in Hufen, sondern in krallenbewehrten Händen, und als sie sich auf die kräftigen Hinterbeine stellte, hob sie einen riesigen Dreizack empor.

Ali staunte. »Dieses Wesen hat dich entführt?« Der Geruch nach Eisenblut, Verwesung, Staub und völliger Fremdheit ließ ihn abermals würgen. Was immer das für eine Bestie war, sie wirkte im Meer ebenso fremd wie die beiden feuerblütigen Dschinn vor ihr. Ein Erddämon, erkannte er benommen. Diese Kreaturen waren angeblich unfassbar selten und Wesen, die dem Zeitalter der Legenden angehörten.

Die Kreatur grinste, wobei fleckige Elfenbeinhauer aus ihrem scharlachroten Mund ragten.

»Die Helden kommen immer«, schnaubte sie. »Sie folgen ihren Schönheiten in den Tod.« Sie betrachtete Ali mit glitzernden Augen. »Eine schöne Ergänzung meiner Steinkrieger. Aus dir mache ich auch einen Sklaven der Bilqis.«

Abla verdrehte die Augen. »Ich habe ihr schon die ganze Zeit gesagt, dass wir nichts mit Bilqis zu tun haben.« Sie wandte sich an die Kreatur. »Die Dschinn sind frei! Suleiman ist seit mehreren tausend Jahren tot!«

Die Kreatur fauchte sie an. »Lügen. Die Dschinn lügen immer. Wer hat die Marid, die Kinder der verfluchten Tiamat, in die Flucht geschlagen, wenn es nicht Suleiman war?«

Ali blinzelte und war jetzt völlig verwirrt, doch Abla winkte ab. »Sie plappert jetzt schon seit Tagen von den Marid und Tiamat. Nicht, dass es von Bedeutung wäre.« Bei diesen Worten stemmte sie eine Hand in die Hüfte und hob trotzig das Kinn. »Du hast nicht nur irgendeinen beliebigen Krieger herausgefordert, Bestie … Das hier ist der Afshin-Schlächter Alizayd al Qahtani.«

Die Kreatur warf den Dreizack von einer Hand in die andere. »Ich kenne keinen Afshin und ich fürchte erst recht nicht seinen Schlächter. Ich bin Shardunazatu, Er, der demütigt.« Schon kam sie näher und ragte vor ihnen auf. »Zehntausend Jahre lang herrschte ich über dieses Land, ließ Menschenstädte zu Staub zerfallen und brachte Berge mit einem Händeklatschen zum Einsturz, bis die elende Tiamat mich einsperrte! Aber sie wird verzweifeln, wenn sie meine Armee aus Steinkriegern sieht, oh ja!« Die riesigen Augen richteten sich auf Ali und erinnerten ihn an wogende Schlammgruben. »Und du wirst sie anführen!«

Aus dem Korridor drang das leise Geräusch marschierender Schritte und von Stein, der über Stein glitt, zu ihnen herüber. Die Armee des Erddämons … Das bedeutete doch nicht etwa …

Shardunazatu stürzte vor.

Ali schob Abla zur Seite und parierte den ersten Stoß des Dreizacks mit seinem Zulfiqar, sodass Funken vom Metall aufstoben. Die Kreatur wich zurück und Ali setzte ihr nach. Er wollte ihr das Zulfiqar in den entblößten Bauch stoßen.

Es war, als habe er einen Eisenblock angegriffen. Sein Zulfiqar traf hart auf und die Vibrationen erschütterten seine Arme. Doch er reagierte schnell, verlor die Waffe nicht aus der Hand und setzte seine Magie ein, sodass die Flammen über die Brust des Dämons rasten.

Shardunazatu riss lachend das grässliche Maul auf. Ein Schwall Schlamm stürzte heraus und löschte die Flammen des Zulfiqars derart mühelos, als habe Ali eine Kerze ausgetreten. Der Geruch nach Verwesung hing schwer und widerlich in der Luft.

Grinsend ragte die Kreatur über ihm auf. »Nicht alle Erdkreaturen sind so schwach wie Menschen, kleiner Dschinn. Außerdem gibt es im Meer nicht viel Magie, auf die ein Feuerblütiger zurückgreifen kann.«

Sie bewegte den Schwanz derart schnell, dass es kaum zu erkennen war. Dieser sah nicht länger schlangenartig aus, sondern erinnerte eher an nicht gebrannten Lehm. Als er gegen Alis Fußknöchel knallte, holte er ihn von den Beinen, während ihm eine klauenbewehrte Hand gleichzeitig das Zulfiqar entriss.

Ali versuchte, nach hinten auszuweichen, doch der Schwanz hatte sich um seine Beine geschlungen, und blubbernder Schlamm kräuselte sich schwer und heiß um seinen Körper. Er legte sich fest um Alis Arme, kroch ihm den Hals hinauf und machte ihn völlig bewegungsunfähig. Seine Finger wurden taub, dann spürte er gar nichts mehr darin, und dieses schreckliche Gefühl wanderte seine Unterarme hinauf.

Shardunazatu verwandelte ihn in Stein.

Er hörte Abla seinen Namen schreien. Während ihn der furchtbare Gestank würgen ließ und er verzweifelt versuchte, sich zu befreien, griff Ali erneut auf seine Magie zurück. Doch er hatte die Flamme gerade mal hervorgerufen, als sie schon wieder vom Schlamm erstickt wurde. Eine Woge teerartiger Galle traf ihn im

Gesicht, und er drohte zu ersticken, als sich die widerliche Substanz zwischen seine aufeinandergepressten Lippen drängte.

Abermals griff er auf sein Feuer zu, das jedoch nichts weiter bewirkte, außer dass sich der Schlamm auf seinen Gliedmaßen verfestigte.

Außerdem gibt es im Meer nicht viel Magie, auf die ein Feuerblütiger zurückgreifen kann.

Rein instinktiv setzte Ali wieder Magie ein. Diesmal versuchte er jedoch nicht, eine Flamme heraufzubeschwören oder eine erstickende Rauchwolke. Stattdessen griff er nach der fernen, kalten Präsenz, die lautlos in seinem Verstand herumtrieb, seitdem der Marid von ihm Besitz ergriffen hatte. Dieser Teil von Ali hatte frohlockt, als er ins Meer gesprungen war, und ließ all seine Sinne kribbeln, wann immer er an einer verborgenen Quelle vorbeiging.

Alles wurde ganz ruhig. Auf einmal spürte Ali einen heftigen Schauder am ganzen Körper und Eiswasser drang aus seiner Haut. Innerhalb von Sekunden hatte sich der Stein aufgelöst und grauer Matsch tropfte von seinen Gliedmaßen. Er schlug die Augen auf und starrte sein Gegenüber auf fast schon raubtierhafte Weise an.

Shardunazatu stand vor ihm, ein widerliches Wesen aus lebendigem Dreck und geschmolzenem Stein, das in Alis Meer nichts zu suchen hatte. Wenngleich das nicht alles war, was der Erddämon enthielt. In Shardunazatus Körper befand sich auch Feuchtigkeit: Eisenblut in seinen Venen, eine ölige Flüssigkeit an seinen Gelenken, dazu das leise Gurgeln von Magensäften und anderen Substanzen in Rückgrat und Gehirn. Die feuchten Muskeln, die dafür sorgten, dass er Ali nun verwirrt anstarrte.

Ali packte den Schwanz und zerrte mit seinem Willen an der Flüssigkeit. Silbriges Blut schoss aus der Haut des Dämons und an Alis Fingern vorbei. Shardunazatu kreischte laut und peitschte mit dem Schwanz, sodass Ali quer durch den Raum flog.

Er kam so hart auf, dass die Wand hinter ihm Risse bekam und ein Münzhaufen einstürzte. Aber Ali spürte den Aufprall kaum. Er sprang leichtfüßig und mit einer unnatürlichen Anmut auf und sah um sich herum immer noch alles in Grautönen. Magie, mächtiger als alles, was er je erlebt hatte, pulsierte durch seine Adern, und ein uralter Zorn überkam ihn. Wie konnte es diese irdene Abscheulichkeit wagen, ihn in seinen eigenen Gewässern herauszufordern? Sein Zulfiqar flog mit einer Welle in seine Hand und Ali stürmte vor.

Sogleich stieß Shardunazatu mit dem Dreizack zu. Doch Ali war jetzt stärker, das Meer außerhalb der Höhle dröhnte in seinem Kopf und in seinem Blut. Er erwischte den Dreizack zwischen der Gabelung seines Zulfiqars, drehte ihn ruckartig, riss dem Dämon die Waffe aus der Hand und ließ sie über den Boden gleiten. Dann duckte er sich, als Shardunazatu mit den Krallen zuschlug, mit denen er ihn beinahe zerfetzt hätte, und trieb ihm sein Zulfiqar quer über die riesigen schlammigen Augen. Die Kreatur griff sich kreischend ins Gesicht.

»Alizayd!«

Beim Klang seines Namens verschwand die Marid-Präsenz schlagartig aus seinem Verstand. Ali taumelte. Abla kam angerannt, packte sein Handgelenk und zerrte ihn mit sich.

Shardunazatu schrie nun laut, stieß ein erdbebenartiges Gebrüll aus. »Ein Trick!«, jammerte die Kreatur und befühlte ihre zerstörten Augen. »Marid-Lügner! Ich werde dich mit blutigen Wellen zurück zu Tiamat schicken!«

Ali bekam diese unsinnige Drohung nur am Rande mit, da er zu sehr damit beschäftigt war, dem auf dem Boden herumpeitschenden Schwanz der Kreatur auszuweichen. Abla und er hatten die perlmuttfarbene Tür fast erreicht. Doch während sie rannten, konnte er einfach nicht anders, als einen letzten bewundernden Blick durch die Kammer zu werfen. Welche Menschen diesen Ort auch immer entworfen haben mochten, sie hatten Unglaubliches vollbracht. Alles sah tatsächlich so aus, als sei es einem Märchen entsprungen, einer Sage, die in überfüllten Kaffeehäusern und in den Höfen der Frauen erzählt wurde. Eine längst verschwundene Welt. Ein Palast aus Gold, ein Tempel voller Edelsteine.

Eine Stadt aus Messing.

Die Türen wurden aufgerissen. Shardunazatus steinerne Armee war eingetroffen.

Wären dies nicht die versklavten und verwandelten Körper längst toter Krieger gewesen, die ihn umbringen wollten, hätte

Ali beim Anblick der Statuen gestaunt, die herbeieilten, um sie zu umzingeln, und sich dabei so geschmeidig wie lebendige Männer bewegten. Ihre gewaltigen Breitschwerter glänzten im Kerzenschein. Doch im Augenblick war Alis Neugier eher eingeschränkt.

»Lauf!«, schrie er.

Ein Krieger in der Kleidung eines Rumi-Soldaten stürzte sich auf ihn und Ali stieß ihm den Dreizack in die Brust. Die Statue erschauerte und fiel auseinander, um in Muschelfragmenten auf dem Boden zu landen. Aber während der Zeit, die Ali zum Zuschlagen brauchte, hatten ihn drei weitere Krieger umringt. Ali duckte sich und sorgte so dafür, dass zwei der Krieger gegeneinanderprallten. Dem dritten hieb er den Dreizack in die Kniekehlen, rollte sich sodann zur Seite und sprang wieder auf.

Shardunazatu jaulte noch immer und suchte blind nach dem Dschinn. Immer mehr Steinkrieger tauchten von draußen auf. Unverhofft setzten sich auch die erschlagenen Mädchen gleichzeitig auf und die Leichentücher rutschten von ihren entblößten Schädeln. Die Statuen, die Ali zerstört hatte, setzten sich bereits wieder zusammen, und Schlamm legte sich wie lebendiger Mörtel um die Bruchstücke.

Alis Bedauern verging. Sollte das Meer diesen Ort doch behalten. Er holte Abla ein und nahm ihre Hand, während sie in den Korridor eilten, wobei ihnen die Statuen dicht auf den Fersen blieben.

Doch die Doppeltür, die hinter ihm zugefallen war, hatte sich noch nicht wieder geöffnet. Ali versuchte sie aufzudrücken, aber weder seine Schulter noch sein Zulfiqar oder der Dreizack zeigten Wirkung. Er spürte das Gewicht des Meeres jenseits der Tür über dem verzauberten Weg, das sich Bahn brechen wollte.

Die Krieger befanden sich dicht hinter ihnen.

Ali machte einen Schritt zurück und drückte sich und Abla in eine kleine Nische in der Wand. Dann sah er ihr in die verängstigten Augen. »Wenn ich es dir sage, holst du tief Luft und hältst sie an, solange du kannst.« Er sicherte den Dreizack auf seinem Rücken, für den er eine seltsame Vorliebe entwickelt hatte, zog Abla an sich und umklammerte sie so fest, dass sie aufkeuchte.

Ali schloss die Augen, und die Last des Ozeans zerrte an seinen Schultern, wobei sich ein Teil seines Herzens nach der Umarmung des Wassers sehnte. Und dann huschte ein Wort, noch dazu in einer Sprache, die er nicht sprach, über seine Lippen.

»Komm.«

Der Meeresboden erbebte.

Wasser krachte durch die Türen und schleuderte sie beiseite, als bestünden sie aus Papier. Als sei der Ozean ein lebendiges Wesen, eine Kreatur, die sich über diesen menschlichen Flüchtling aus dem Trockenen lange genug geärgert hatte und nun bereit war, den fremden Emporkömmling zu zerschmettern und in sein Zuhause zurückzubringen.

Innerhalb von Sekunden stand Ali das Wasser bis zum Hals. »Halt die Luft an, Abla!« Ali holte ebenfalls tief Luft, als das Wasser über seinem Kopf zusammenschlug, doch er hatte schon vor langer Zeit gelernt, als er von einem Attentäter in einen ausgetrockneten Brunnen in der Wüste geworfen worden war, dass er sich über solche Dinge keine Sorgen machen musste.

Ali konnte nicht ertrinken.

Während er Abla weiterhin festhielt, wartete er, bis der Sog des Wassers nachgelassen hatte, um dann die Nische zu verlassen und mit aller Kraft loszuschwimmen.

Eine Minute später erreichten sie die Wasseroberfläche. Abla schlug in seinen Armen um sich, spuckte und rang nach Atem. Sie sah schrecklich aus: Shardunazatus widerlich stinkendes Blut klebte in ihren verworrenen Zöpfen, Schminke lief ihr übers Gesicht und sie hatte einen Ohrring verloren. Blutige Kratzer bedeckten ihre Arme und ihre feine Robe war weggeschwemmt worden.

»Geht es dir gut?«, fragte er atemlos.

Abla kreischte los. »Nein! Wir wären von einem Mob aus Statuen beinahe umgebracht worden!«

Ali schwamm zu seinem Boot und half ihr hinein. »Aber die Ruinen waren faszinierend, findest du nicht auch? Einen solchen Ort habe ich noch nie zuvor gesehen. Ich wusste nicht einmal, dass Kreaturen wie Shardunazatu überhaupt noch existieren. Stell dir nur vor, was er alles gesehen haben muss.«

Abla starrte ihn entsetzt an. »Du klingst beinahe, als würdest du gern zurückkehren und dich ausgiebig mit dieser widerlichen Kreatur unterhalten.«

Ali stieg in das Boot. Er empfand eine merkwürdige Freude, offenbar eine Nebenwirkung dieser Konfrontation mit dem Tod, und vermutete, dass es sich dabei nicht um eine gesunde Reaktion handelte.

Rasch tauchte er die Ruder ins Wasser. »Kann schon sein ... Es wäre interessant zu erfahren, was sonst noch alles unter der Wasseroberfläche haust.«

* * *

Ablas Familie feierte Ali und seine Gefährten aus Bir Nabat den ganzen Tag und die ganze Nacht lang mit einem Getöse aus verzaubertem Feuerwerk und wildem Trommeln. Ali vermutete daher, dass die ortsansässigen Menschen dieses Gebiet während der folgenden drei Generationen meiden würden.

Die Dschinn-Stadt Saba war eine der größten in Am Gezira und auf den Ruinen einer noch weitaus älteren Menschensiedlung errichtet worden. Als erste Anlaufstelle für Händler aus Ta Ntry war Saba überdies unfassbar wohlhabend, was man an den zur Schau gestellten prächtigen Gewändern und juwelenverzierten Schmuckstücken der Einwohner sowie den feinen Gerichten deutlich ermessen konnte.

Ali hatte sich vorbehaltlos den Bauch vollgeschlagen – ein solches Festmahl hatte er seit Jahren nicht erlebt. Daher legten auch seine Gefährten beim Essen keinerlei Zurückhaltung an den Tag, vor allem, da kein Moment zu vergehen schien, in dem ihnen nicht einer der Sabaener neue Köstlichkeiten aufdrängte.

Ali saß auf dicken Kissen. Eine ungemein kostbare Robe ruhte leicht auf seinen Schultern, eine von mehreren, die er als Ehrengast erhalten hatte. Diese aus Leinen und Seide war mit einem leuchtend blauen und orangefarbenen Diamantmuster verziert.

Er entdeckte Ablas Vater – den Gouverneur der Stadt –, der auf ihn zukam. Das Gesicht des Mannes war tränennass. Seitdem

Ali seine Tochter zurückgebracht hatte, hörte er überhaupt nicht mehr auf zu weinen. Ali wollte sich erheben, spürte jedoch die vielen Honigkuchen, den mit Bockshornklee gewürzten Eintopf, das geröstete Lamm und den gegrillten Fisch schwer in seinem Magen liegen.

Ablas Vater winkte ab. »Setzt Euch, mein Sohn, setzt Euch!«, rief der Gouverneur, dem schon wieder die Tränen kamen. »Ich sollte Euer Stuhl sein dafür, was Ihr mir zurückgebracht habt, oh Prinz von Daevabad!«

Lubayd, der auf dem Kissen neben Ali zusammengesackt war, stieß beim Schnarchen Rauch aus. Alis bester Freund in Am Gezira schien fest entschlossen, sich während ihres Aufenthalts im Süden zu Tode zu fressen. Auf Alis rechter Seite saß Aqisa, die grimmigste Kämpferin von ganz Bir Nabat, und wirkte weiterhin hellwach und aufmerksam. Sie hatte im Laufe der Reise so gut wie allen misstrauische Blicke zugeworfen und stets die Hand auf den Griff ihres Khanjars gelegt, wenn sie jemand zu lange ansah.

Der Gouverneur legte sich eine Hand aufs Herz und fiel vor Ali auf die Knie. »Da Ihr mir meinen Schatz zurückgebracht habt, Prinz Alizayd, möchte ich Euch dafür reich belohnen.«

Ali schwankte und ließ beinahe seinen Becher fallen. »Hm«, bekam er gerade so über die Lippen und musste sich zusammenreißen, um gerade sitzen zu bleiben. Er kniff die Augen zusammen, die ihm zufallen wollten. Der Gouverneur hatte sich verdreifacht … Selbstverständlich hatte er das nicht. Das war lächerlich. Stattdessen standen Abla in einem leuchtend rot-goldenen Kleid und ein Mann mit säuerlicher Miene, der eine in der Art der Kleriker gebundene Kufiya trug, neben ihm.

Der Gouverneur fuhr fort: »Meine Abla hat mir von Eurer Tapferkeit berichtet. Sie gestand mir auch ihre Liebe zu Euch, der ich meinen Segen gebe.« Er nahm Alis Hände. »Ich möchte, dass Ihr sie heiratet. Ich gebe Euch meine Tochter und meine Ländereien, Alizayd al Qahtani. Nehmt diesen Hafen, seinen Reichtum, sein Ansehen und seine Macht als kleine Entschädigung für Eure Mühen an.«

Ali blinzelte und wurde recht unsanft in die Gegenwart zurückgeholt. In den Augen des Gouverneurs standen Freudentränen, Abla bedachte ihn mit einem gierigen Lächeln, doch der Kleriker schien der ganzen Angelegenheit eher skeptisch gegenüberzustehen.

»W-wartet«, stammelte Ali. »Was genau meint Ihr damit?«

»Heiratet meine Tochter, Alizayd al Qahtani«, drängte der ältere Mann ihn und umklammerte noch immer seine Hände. »Saba ist ein viel besserer Ort für Euch. Ihr könnt Euch hier etwas aufbauen. Wir haben Festungen, die bis auf die Zeit von Bilqis zurückgehen, zudem ist dies ein ideal zu verteidigender Ort. Notfalls kann man innerhalb weniger Tage das Schilfmeer überqueren und Ta Ntry erreichen.«

Ali richtete sich auf und hatte das Gefühl, reingelegt zu werden. »Das kann ich nicht tun, Gouverneur. Euer Angebot ehrt mich sehr«, fügte er rasch hinzu, als er sah, wie sich auf Ablas Miene Bestürzung breitmachte, »aber ich kann es nicht annehmen.«

Der Gouverneur straffte sich und wirkte beleidigt. »Stimmt mit meiner Abla irgendetwas nicht? Oder mit meinem Zuhause?«

»Nein, natürlich nicht!« Alis Gedanken rasten. »Es ist nur so, dass …«

»… in Bir Nabat eine Frau auf ihn wartet.« Es war sein Freund Lubayd, der angesichts Alis Panik wach und ruhig blieb. Er tätschelte Ali den Rücken. »Der Scheich wollte nur warten, bis er sein erstes Vierteljahrhundert beendet hat, um die Gepflogenheiten zu wahren.«

»Oh … Aber das ist recht bald, nicht wahr?«, beharrte der Gouverneur. »Schickt nach ihr. Ein Mann in Eurer Position sollte ohnehin mehr als eine Frau haben.«

Abermals rettete ihn Lubayd. »Aye, aber Ihr wisst ja, wie Frauen sein können …« Er grinste und warf Aqisa einen Seitenblick zu, die genervt das Gesicht verzog. »Seine Braut ist sehr eifersüchtig und wird ihn nicht mit einer anderen teilen wollen.«

Der Gouverneur sah Ali in die Augen. »Stimmt das?«

Gott vergib mir. »Ja«, bestätigte Ali und verabscheute sich für die Lüge, wollte den Mann jedoch nicht noch mehr vor den Kopf stoßen. Er wandte sich an Abla. »Es tut mir sehr leid, werte Dame. Ich fühle mich sehr geehrt, dass Ihr mich darum bittet, bin jedoch fest davon überzeugt, dass Ihr jemanden finden werdet, der Eurer würdiger ist, als ich es bin.«

Aber der Gouverneur sah sehr niedergeschlagen aus. »Ich muss Euch doch *irgendetwas* schenken. Schließlich habt Ihr meine Tochter gerettet.«

Ali überlegte. »Jetzt, wo Ihr es erwähnt ... Dürfte ich einen Blick in Eure Gärten werfen?«

* * *

Ali trat über den schmalen Kanal und kniete sich dann auf den Boden, um die Handwerkskunst zu begutachten, in der man die Steine zusammengefügt hatte. Wasser strömte klar und kalt daran vorbei in Richtung der Aprikosengärten von Saba. Er richtete sich auf und notierte etwas auf der Schriftrolle, die er mit sich führte. Kurz atmete er tief die Nachtluft ein und genoss den Geruch von Erde und Vegetation. Seine Füße versanken im Schlamm, als er zu den Zuckermelonenfeldern ging, und der zerschlissene Saum seines Lendentuchs schleifte durch den Dreck.

»Was ist aus deiner feinen Robe geworden?«, erkundigte sich Lubayd und pflückte sich eine Aprikose von einem Baum.

»Ich habe sie weggepackt«, antwortete Ali geistesabwesend. »Wir bekommen mehr dafür, solange sie sauber ist.«

»Du willst sie verkaufen?«

»Ich benötige kein solches Kleidungsstück und Bir Nabat kann das Geld gut gebrauchen. Unsere Ernte sieht vielversprechend aus, wird aber nicht derart üppig ausfallen, dass wir dieses Jahr schon etwas davon verkaufen können«. Erneut kniete sich Ali hin und bewunderte die Zuckermelonen. Die Ranken waren dick und kräftig, die Früchte schwer. Wie schafften sie es, sie so wachsen zu lassen?

Lubayd stieß die Luft aus. »Wir kennen uns jetzt schon eine Weile, Ali, und sind doch Freunde, nicht wahr?«

»Selbstverständlich. Ich verdanke dir mein Leben.«

»Dann darf ich dich als dein Freund vielleicht etwas fragen?«

Ali nickte und presste die Handflächen auf die Erde. »Aber sicher.«

»Was zum Geier ist los mit dir?«

Ali blickte überrascht auf. »Wie bitte?«

Lubayd machte eine hilflose Geste mit den Händen. »Warum kriechst du im Dreck rum, wenn du dir von diesem liebreizenden Mädchen die feine Robe vom Leib reißen lassen könntest?«

Bei seinen Worten errötete Ali. Abla war wirklich sehr schön, und das Bild, das Lubayd hervorrief, machte dies nur umso deutlicher. »Sei nicht so respektlos«, tadelte er. »Außerdem ist sie nicht mein Typ.«

»Wieso? Weil sie keine Daeva ist?«

Ali starrte ihn zornig an. »Lass das.«

Lubayd verdrehte die Augen. »Ach, jeder andere darf so etwas sagen, aber ich nicht?«

»Du solltest es besser wissen.«

»Ja, ich weiß, dass du unerträglicher warst als sonst, als wir von der Hochzeit deines Bruders erfuhren, und auch, dass du ihr jede Woche Liebesbriefe schreibst.«

Das Interesse an meinem Land und daran, dein Arabisch zu verbessern … War das alles nur vorgetäuscht? Nahris Worte in den überfluteten Tunneln unter dem Palast gingen ihm durch den Kopf. Ali wusste noch ganz genau, wie steif ihre Stimme geklungen hatte. Doch trotz ihrer erzwungenen Unnahbarkeit war der Schmerz in ihren Augen nicht zu übersehen gewesen.

Nein, er hatte rein gar nichts vorgetäuscht. Ganz im Gegenteil war Ali erst viel zu spät aufgegangen, dass Nahri ein Licht in seinem Leben gewesen war – noch dazu eines, das er nicht verdient hatte. Die Erinnerung an sie suchte ihn noch immer heim.

»Das sind keine … keine Liebesbriefe«, stieß er stammelnd hervor. »Ich meine … Ich sehe hier Dinge, die ich für interessant halte und die Nahri ebenfalls interessieren würden. Die nützlich sind. Das ist eher akademischer Natur.«

»Aber sicher.« Es war offensichtlich, dass Lubayd ihm nicht glaubte. »Heirate diese Abla, mein Freund. Bitte! Du musst nach vorn blicken.«

Ali fühlte sich ertappt und suchte nach einem anderen Ausweg. »Hast du nicht gehört, was der Gouverneur noch gesagt hat,

Lubayd? Dass ich hier Unterstützung finden kann? Allein diese Ehe würde den Anschein erwecken, dass ich drauf und dran bin, in Am Gezira politische Allianzen zu bilden.«

Lubayd warf ihm einen vielsagenden Blick zu. »Vielleicht solltest du genau das tun. Es ist immer noch besser, als auf den nächsten Anschlag auf dich zu warten.«

Ali erhob sich. »Das kann ich meiner Familie nicht antun.« Er wischte sich die Hände an seinem Lendentuch ab. »Ich werde den Gouverneur fragen, ob er uns einige dieser Samen überlässt.«

»Ich glaube nicht, dass es dieser Samen war, für den er sich interessiert hat.«

»Pass auf, was du sagst, oder ich ersteche dich mit Shardunazatus Dreizack.«

Lubayd schnaubte. »So etwas würdest du niemals tun. Und du solltest das verfluchte Ding auch nicht mit nach Bir Nabat nehmen. Nur du wärst überhaupt so töricht, mit der geraubten Waffe eines Meeresdämons herumzulaufen.«

»Eines Erddämons«, korrigierte Ali ihn. Aber das Gespräch über den Kampf gegen Shardunazatu rief ihm noch etwas anderes ins Gedächtnis. »Hast du schon einmal etwas von Tiamat gehört, Lubayd?«

»Wie Bet il Tiamat? Ja, ob du es glaubst oder nicht, ich kenne den Namen des riesigen Ozeans in unserem Süden.«

Ali schüttelte den Kopf. »Nein, den Ozean meine ich nicht. Nur Tiamat. Shardunazatu hat sie als alte Feindin bezeichnet.« Er hielt inne und kramte in seinen Erinnerungen. »Ich könnte schwören, dass ich den Namen schon einmal gehört habe, als sei es eine Art urtümliche Gottheit der Menschen oder etwas in der Art … Doch der Erddämon hat von anderen Dingen berichtet. Er sprach von einem Krieg und jemandem, der die Marid in die Flucht getrieben hat …«

»Das hört sich für mich nicht nach einem Kampf an, in den du dich verwickeln lassen solltest.« Lubayd zuckte die Achseln. »Aber wer weiß? Möglicherweise ist er auch einfach verrückt geworden, nachdem er mehrere Jahrtausende mit einem Haufen Statuen in einer Unterwasserhöhle eingesperrt war.«

Eine Woge kühles Wasser umspülte Alis Füße und reichte ihm rasch bis an die Fußknöchel. Jemand musste einen der Steinhaufen weiter oben im Kanal umgelagert haben. Das Wasser glitzerte im Mondlicht und riss eine Handvoll toten Laubs mit leisem Rascheln mit sich, das Ali viel zu sehr an das Flüstern des Marid erinnerte, das ihn in seinen Albträumen heimsuchte.

Er trat auf den trockenen Weg zurück. »Du hast vermutlich recht. Lass uns lieber zum Fest zurückkehren und dann von hier verschwinden, bevor einer von uns noch verheiratet wird.«

DER KUNDSCHAFTER

Diese Szene war ursprünglich ein alternativer Prolog zu Das Königreich aus Kupfer *und enthält Spoiler für die ersten beiden Bücher.*

»Und, was hast du getan?«

Bei der Frage wurde Cao Pran wütend und sein Pferd tänzelte nervös auf dem verschneiten Weg. Er warf dem Geziri-Soldaten, der neben ihm ritt, einen Blick zu. »Wer sagt, dass ich irgendetwas getan habe?«

Jahal schnaubte. »Weil Soldaten nicht aus der Zitadelle geworfen und an die Nordgrenze von Daevastana geschickt werden, wenn sie nichts angestellt haben.« Seine grauen Augen funkelten amüsiert … und spiegelten wie immer die für ihn typische Selbstgefälligkeit wider. Da Jahal von Kopf bis Fuß in Felle gekleidet war, konnte man nur seine Augen sehen. Der gezackte Pelz an seinem Kragen war eisverkrustet und stammte von irgendeiner einstigen Bestie, einem Tier der Erde mit scharlachrotem Blut.

Bei diesem Anblick drehte sich Pran der Magen um. Zwar sah Jahal aus, als würde er nicht frieren, doch Pran brachte es nicht über sich, wie die Menschen in dieser Region Felle zu tragen. Es kam ihm falsch und unrein vor.

Dafür musste er nun allerdings frieren.

Jahal ließ noch immer nicht locker. »Ich bin dein Vorgesetzter, wie du ja weißt«, ermahnte er Pran jetzt schon zum gefühlt einhundertsten Mal. »Ich könnte dir befehlen, es mir zu verraten.« Er ließ die Drohung in der Luft hängen, und seine Augen funkelten, als sei das alles nur ein Spaß, als könne Pran sie ebenfalls lustig finden, diese ständigen Drohungen, dass sein Begleiter ihn ausweiden oder einfach in diesem wilden Land zurücklassen könne, ohne dafür bestraft zu werden. »Also sag es mir einfach. Hast du versucht, vom Vetter irgendeines Ministers Bestechungsgeld zu erhalten? Hast du mit der falschen Frau geschlafen? Oder mit dem falschen Mann?«

Verrat es ihm einfach. Das macht die Sache leichter. Pran stieß die Luft aus und sein Atem ließ ein Wölkchen in der kalten Luft entstehen. »Ich habe ein Problem, wenn es um Wein und Pünktlichkeit geht«, gestand er. »Daher habe ich ein paarmal zu oft meinen Wachdienst versäumt.«

»Du hast deinen Wachdienst versäumt?«, wiederholte Jahal ungläubig. »Das ist doch wohl kaum schlimm genug, dass du dir dafür am Rand der Welt den Hintern abfrieren musst.« Er gluckste. »Jammerschade, dass du ein Tukharistani bist. Wärst du ein Geziri, wärst du mit einer Verwarnung davongekommen.«

Denkst du, das wüsste ich nicht? Doch Pran verkniff sich die Bemerkung, da er sich Jahals Reaktion darauf nur zu gut vorstellen konnte. Sie reisten inzwischen seit über einem Monat zusammen. Es war eine elende Mission, die ungefähr jedes Jahrhundert einmal vergeben wurde und bei der man einen Teil der Welt überprüfen musste, über den im fernen Daevabad so gut wie nie jemand nachdachte. Der wahre Grund, aus dem sie hier draußen waren, bestand darin, dass sie so viel Tribut wie nur möglich von den wilden Daeva-Feueranbetern eintreiben sollten, die hier lebten.

Er zog seinen Mantel enger um sich und ließ betrübt den Blick über die verlassene Umgebung schweifen. Schnee wirbelte durch den dunklen Wald und fiel lautlos auf die Eisdecke, die den Boden des Tals längst überzogen hatte. Jenseits der nackten Bäume verlief ein Fluss unter einer dünnen Eisschicht und in der Ferne ragten die felsigen, schneebedeckten Gipfel in den Himmel. Es war eine Welt bar jeglicher Farben – hier gab es nur Schwarz, Grau und Weiß.

Und einen Hauch von Orange, als er zwei Flammen hervorrief, um sich die Hände zu wärmen. *Unser Volk ist nicht für so einen Ort bestimmt.* Pran fühlte das in jedem Tropfen seines feurigen Blutes, verspürte den instinktiven Drang, von hier zu verschwinden. Allerdings nicht in die Messingstadt der Nahid – nein, mit Daevabad war er fertig –, sondern an einen älteren Ort, in die sengenden Sande, die seine Ahnen vor Suleiman als ihre Heimat bezeichnet hatten.

Ein Wolf jaulte und holte Pran aus seinen Gedanken. Er erschauerte, als ein kalter Windstoß durch den Schal vor seinem Gesicht wehte. »Warum im Namen des Schöpfers beschließt irgendjemand freiwillig, hier zu leben?«

»Wer weiß? Die Daeva sind doch alle verrückt.« Jahal holte eine Lehmpfeife aus seiner Tasche und stopfte sie mit Haschisch.

Pran deutete mit dem Kopf auf die Pfeife. »Gehe ich recht in der Annahme, dass man dich deshalb hergeschickt hat?« Sein »Vorgesetzter« verbrachte die meisten Nächte in einem vom Haschisch hervorgerufenen Nebel.

»Deswegen?« Jahal beäugte die Pfeife. »Nein. Ich habe mit der falschen Frau geschlafen. Tatsächlich waren es sogar mehrere.« Die Pfeife qualmte in seiner Hand, kaum dass das Haschisch Feuer gefangen hatte. »Wahrscheinlich hat sich doch irgendwann eine von ihnen beschwert.«

Pran erstarrte. Die Art, wie Jahal die letzten Worte betonte, war irgendwie irritierend, und diese Andeutung gefiel ihm ganz und gar nicht. Er wollte jedoch auch nicht genauer nachhaken. Daher wechselte er das Thema. »Wie lange bist du schon hier draußen?«

»Einige Jahrzehnte.« Jahal paffte und Funken stoben auf den schneebedeckten Boden. »Allerdings war ich noch nie so weit im Norden. Ich bezweifle, dass hier in den letzten hundert Jahren überhaupt jemand gewesen ist. Der Palast muss dringend auf die Steuergelder angewiesen sein.«

»Vermutlich.« Pran hatte sich noch nie besonders für Politik interessiert. Er stammte aus einer Militärfamilie und war wie sein Vater und sein Großvater vor ihm für die Königsgarde bestimmt, hatte sich jedoch mit einem Leben aus Fußsoldat zufriedengegeben, wenn er nicht gerade das dringende Bedürfnis verspürte, nach einer harten Nacht erst einmal auszuschlafen. »Ich meine … Die Lage in Daevabad kann nicht besonders rosig sein. Kurz vor meiner Abreise wurden unsere Rationen gekürzt und davor hat man uns schon weniger Sold ausgezahlt.« Er befingerte den abgenutzten Saum seines Ärmels. »Ich kann mich nicht mal mehr daran erinnern, wann wir zuletzt neue Uniformen bekommen haben.«

»Wahrscheinlich bedienen sich die Feueranbeter an der Schatzkammer. Seitdem ihre Geißel in ein Aschehäufchen verwandelt wurde, sind sie besonders rebellisch. Das muss ein beeindruckender Kampf gewesen sein.« Jahal stieß einen Pfiff aus. »Kannst du dir das vorstellen? Die Geißel von Qui-zi gegen den Krokodilprinzen?«

Pran starrte seine Zügel an. »Es haben so gut wie keine Augenzeugen überlebt«, sagte er leise. »Einer meiner Freunde war auf diesem Boot und der Afshin hat ihm ein Schwert in die Kehle gerammt.«

»Das tut mir leid.« In den Worten schwang nur wenig Mitgefühl mit; sie waren eher eine Phrase, damit Jahal weiterreden konnte. »Du musst doch mit ihm trainiert haben, oder nicht? Mit Alizayd al Qahtani?«

Jetzt musste Pran tatsächlich lachen. »Nein. Königliche Zulfiqari und weingierige Tukharistani-Infanteristen trainieren in der Zitadelle so gut wie nie zusammen.« Er hielt inne und dachte an den charismatischen jungen Prinzen zurück. »Aber ich habe ihm ein paarmal beim Training zugesehen. Das haben wir alle getan, denn er konnte mit dieser Klinge umgehen wie kein Zweiter. Er ist jetzt in Am Gezira, nicht wahr? Und leitet dort eine Garnison?«

Jahals Stimme klang leicht angespannt. »Etwas in der Art.«

Pran verlagerte das Gewicht im Sattel, um seine verkrampften Muskeln zu lockern. »Müssten wir nicht inzwischen in Sugdam sein?« Sugdam war ihr nächster Halt, ein kleines Daeva-Dorf am anderen Talende.

»Bei unserem Glück haben die Feueranbeter gehört, dass wir kommen, und die Markierungssteine sabotiert.«

»Wir könnten anhalten«, schlug Pran vor, »hier unser Nachtlager aufschlagen.«

»Unser Zelt bietet bei diesem Wetter keinen besonders guten Schutz und es schneit immer heftiger. Lass uns lieber weiterreiten.« Jahal deutete nach vorn. »Das dort könnte doch Rauch sein.«

Pran sah nichts dergleichen, hoffte aber, dass sich Jahal nicht irrte. Er verbrachte die Nächte nur ungern bei den Daeva – in deren dämonenartigen schwarzen Augen die Abneigung gegen die fremden Soldaten stand, die Kost und Logis beanspruchten und am nächsten Morgen eine heftige Steuerzahlung verlangten –, aber im Augenblick war ihm ein erboster Feueranbeter weitaus lieber als der Schnee.

Schweigend ritten sie weiter. Dunkelheit breitete sich um sie herum aus. Erneut jaulte ein Wolf, und aus der Tiefe des dunklen Waldes glaubte Pran das Knacken von Totholz zu hören; vielleicht war ein alter Baum unter der Schneelast zusammengebrochen. Ein Schatten sauste vor ihnen zwischen den Bäumen hindurch und er zuckte zusammen. *Eine Eule*, entschied er mit rasendem Herzen.

Zu seinem Glück mussten sie nicht mehr lange reiten, bis er den von Jahal erwähnten Rauch ebenfalls erspähte und dann sogar etwas noch Vielversprechenderes: ein Steinhäuschen in einem verschneiten Tal.

Das Gebäude war klein, aber robust gebaut, und hinter den dicken Vorhängen vor den schmalen Fenstern flackerte Feuerschein. Ein Pelzzelt stand dahinter, aus dem der Geruch nach Getreide und Pferden in Prans Nase drang. Die Überreste eines Gartens – nichts als schwarze Wurzeln und leere Rankgitter mitten im Winter – zeichneten sich vor einer Steinmauer ab.

Pran glitt vom Pferd und fror sogleich noch mehr, kaum dass er die Wärme des Tieres nicht länger spürte. Er nahm eine seiner Taschen herunter und vergewisserte sich, dass sein Schwert nicht in der Scheide festgefroren war, bevor er sein Pferd zum Zelt führte. Jahal folgte ihm und zog sein Zulfiqar.

Pran runzelte die Stirn. »Rechnest du mit Ärger?«

»Bei den Daeva weiß man nie.«

Doch das Zelt war leer. Ein sanftes orangefarbenes Leuchten hing in der Luft, eine Reflexion des schneehellen Nachthimmels draußen. Auf der gegenüberliegenden Seite stand ein einfacher Holztrog mit genug Getreide für wenigstens ein halbes Dutzend Pferde. Eine Art Lagerregal aus einem Metall, das Pran nicht kannte, wuchs wie das Skelett eines Baumes aus dem Boden. An einem Ast hingen Zügel, alle anderen waren leer.

Prans Unruhe nahm weiter zu. »Die Reiter kommen bestimmt bald zurück«, erkannte er und betrachtete das Getreide. In einer anderen Ecke bemerkte er einen weiteren Trog. »Es könnten ganz schön viele sein.«

Jahal nahm seinem Pferd den Sattel ab und ließ ihn einfach auf den Boden fallen. »Tja, wenn sie auftauchen, werden sie feststellen, dass sie Gesellschaft haben.« Er deutete auf Prans Pferd. »Beeil dich. Im Haus wird es warm sein und ich bin am Verhungern.«

Nachdem Pran sein Pferd ebenfalls abgesattelt hatte, wateten sie durch knietiefen Schnee zurück zum Haus.

Jahal hämmerte an die dicke Tür aus Kiefernholz. »Königsgarde!«, brüllte er in gebrochenem Divasti. »Aufmachen!«

Sie warteten eine Weile, aber es kam keine Antwort. Fluchend schlug Jahal erneut gegen die Tür, diesmal mit dem Griff seines Zulfiqars.

»Ich werde kein angenehmer Gast sein, wenn ich gezwungen bin, diese Tür einzutreten!«

Einen Augenblick später ging die Tür auf. Pran verkrampfte sich, doch ihnen stand eine junge Frau gegenüber, die sich hastig einen ausgeblichenen geblümten Tschador in der Farbe von Asche übergeworfen hatte. Mit ihren schwarzen Augen – bei Gott, er würde sich nie an diese völlige Abwesenheit von Farbe gewöhnen – sah sie ihnen erst ins Gesicht, um dann erschrocken Jahals Zulfiqar zu bemerken.

Dennoch trat sie ihnen mutig in den Weg und versperrte ihnen mit dem Körper den Zutritt, während sie sich mit einer Hand den Tschador vor das Gesicht hielt. »Kann ich helfen?«

»Wir brauchen eine Unterkunft für die Nacht.«

Pran entging nicht, dass sie kurz zum schneeumwirbelten Wald spähte, bevor sie etwas erwiderte. Sie erwartete eindeutig jemanden. »Wir haben keinen Platz.«

»So viel zur berühmten Gastfreundschaft der Daeva.« Jahal hob sein Zulfiqar und ließ erste Flammen an der Kupferklinge aufzüngeln. »Ich rate dir, mich lieber durchzulassen.«

Die Frau wich sofort zurück. Pran wandte den Blick ab und schämte sich für Jahals Verhalten.

Kaum hatte er die Schwelle überschritten, sperrte er vor Staunen den Mund auf. Er hatte mit dem Haus eines wenig magiebegabten Händlers oder Feuerkultasketen – denn wer würde sonst in dieser eisigen Ödnis leben? – und kaum mehr als einem gemauerten Ofen und einigen schäbigen Teppichen gerechnet.

Hier fand er jedoch alles andere als das vor. Im Inneren war das Haus warm und gut beleuchtet; Dutzende von Öllampen aus Messing, Gold, Glas und behauenem Stein standen überall herum. Kerzen brannten in verzierten Leuchtern, und Zedernholz glomm in silbernen Feuerschalen. Ein riesiger Kamin, gekachelt in den Farben der untergehenden Sonne, dominierte die Westwand, während eine weitere Mauer voller Regale war, die nur so vor Büchern überquollen. Gegenüber stand eine große Werkbank mit komplizierten Glasgebilden und bizarren Kupferinstrumenten. Eine Holzleiter führte zu einem Hochbett, unter dem weitere Schlafsäcke – wenigstens ein Dutzend – ordentlich zusammengerollt bereitlagen. Ein Feueraltar schwelte in der Ostecke und erfüllte den Raum mit leichtem Weihraucharoma.

Alles in allem sah es hier eher aus wie im Reich einer verrückten Gelehrten und ihrer Dienstboten oder vielleicht einer Alchemistin, die während ihrer Experimente zu viele ungesunde Dämpfe eingeatmet hatte. Keine der beiden Optionen konnte Pran irgendwie beruhigen.

Jahal schien das alles nicht zu scheren. »Kein Platz?«, wiederholte er spöttisch. »Hier würden gut zwanzig Männer bequem unterkommen.« Ohne sich die Mühe zu machen, die schlammverschmierten Stiefel auszuziehen, schlenderte er im Haus umher und fuhr mit den Händen über die Instrumente. »Wann kommen die anderen zurück?«

Die junge Frau senkte den Blick und umfasste zittrig ihren Tschador. »Schon bald«, behauptete sie und deutete auf ein auf dem Boden ausgebreitetes Tuch. »Ich bereite gerade das Abendessen zu.«

Pran beäugte das bestickte Tuch, auf dem mehrere abgedeckte silberne Schüsseln bereitstanden, dazwischen kleinere Schalen mit gehacktem Gemüse und Joghurt, angerösteten Zwiebeln und geflecktem Rettich. Ein Festmahl.

Jahal schnitt eine Grimasse. »Ich habe solchen Hunger, dass ich auch Daeva-Gerichte runterkriege.« Er streifte sich die Stiefel ab, wobei er den Teppich mit Schlamm bespritzte. »Du kannst uns bedienen.«

»Das ist nicht für euch …«, wollte die Frau protestieren, aber Jahal legte eine Hand auf den Griff seines Zulfiqars.

Sie erbleichte und wich zurück, damit er weitergehen konnte.

Pran zog sich die Stiefel vorsichtiger aus, vermutete allerdings, dass er Jahals Unhöflichkeit damit auch nicht wettmachen konnte.

»Wein«, verlangte Jahal und setzte sich. »In einem Haus wie diesem wird es ja wohl Wein geben. Wärme ihn vorher an.«

Erst nachdem sich Pran seinen eisverkrusteten Mantel ausgezogen und diesen ans Feuer gehängt hatte, gesellte er sich zu dem anderen Kundschafter. »Hauptmann …«, setzte er zaghaft an. »Sie scheint große Angst zu haben. Vielleicht sollten wir …«

Jahal schnitt ihm mit einer Handbewegung das Wort ab. »Vergiss es. Ich lebe jetzt schon seit mehreren Jahrzehnten unter diesen Leuten. Man muss dafür sorgen, dass sie weiterhin Angst haben und wissen, wer hier das Sagen hat.« Er hob einen fein gearbeiteten Silberkelch hoch und hielt ihn ins Licht. »Ich meine, sieh dir das nur an. Man muss doch verrückt sein, wenn man sich so was leisten kann und trotzdem in dieser abgelegenen, verschneiten Hölle lebt.«

»Vielleicht sind es Illusionisten.«

Jahal klopfte mit den Fingerknöcheln gegen den Kelch. »Fühlt sich für mich echt an.« Dann ließ er den Kelch fallen und nahm den Deckel von einer der Silberschüsseln. Darunter kam ein dickflüssiger Eintopf zum Vorschein, der eine Art Blattgemüse und Linsen enthielt und nach Sahne und Gewürzen roch. »Sieht für einen Haufen Vegetarier gar nicht mal so übel aus.«

Da sein Magen knurrte, wickelte Pran ein warmes Stoffbündel aus, das neben ihm lag, und enthüllte ein frisch gebackenes Brot. Hungrig biss er hinein.

Die junge Frau kehrte zurück. Sie hatte sich den Tschador so vor das Gesicht geschlungen, dass sie mit beiden Händen ein großes Tablett tragen konnte, auf dem eine Teekanne und ein Samowar mit Wein standen. Nachdem sie es abgestellt hatte, machte sie einen Schritt zurück.

Jahal packte sie am Handgelenk. »Setz dich zu uns.«

Sie versuchte, sich zu befreien, doch Jahal war stärker und zog sie neben sich zu Boden. »Was ist? Hast du Angst, deinem Baba gefällt es nicht, dass du mit fremden Männern zusammen isst?« Während er sie mit einer Hand weiterhin festhielt, griff er mit der anderen nach ihrem Tschador und riss ihn herunter, um dann laut zu lachen, als sie danach greifen wollte. »Wieso lebt ein hübsches Ding wie du hier draußen in der Wildnis?«

Prans Magen zog sich noch mehr zusammen. »Hauptmann …«

»Ach, jetzt beruhige dich endlich. Wir amüsieren uns doch nur.« Jahal ließ die junge Frau los, nachdem er ihren Tschador ins Feuer geworfen hatte. Lachend beobachtete er, wie die Flammen den Stoff verschlangen. »Betrachte es als Akt der Anbetung.« Er deutete auf seinen Kelch. »Der Wein schenkt sich nicht von allein ein, Daeva.«

Die junge Frau war den Tränen nahe, gehorchte jedoch und füllte ihnen zitternd die Kelche. Pran wusste nicht, was er sagen sollte. Jahal hatte die Daeva, die sie aufsuchten, schon immer unglaublich herablassend behandelt, ihre Frauen angestarrt und ihren Glauben beleidigt, sich bislang jedoch nicht derart widerlich verhalten.

Weil wir bisher nie eine Daeva-Frau allein angetroffen haben, begriff er und erinnerte sich auf einmal wieder daran, warum Jahal angeblich aus der Zitadelle geflogen war. Beunruhigt griff er nach dem Wein, seinem vertrauten Gefährten. Er trank erst einen kleinen Schluck, dann einen größeren. Himmel, schmeckte das gut. Dattelwein … Etwas süßer als das, was er üblicherweise trank, aber warm, sodass er sich in seinem Bauch wie eine Art Nektar anfühlte.

Seltsam, so weit im Norden Dattelwein zu bekommen, stellte er fest, denn Wein gehörte zu den wenigen Dingen, mit denen er sich auskannte. Selbst in Daevabad war Dattelwein nicht besonders beliebt und wurde sogar als recht altmodisch angesehen. Allerdings glaubte er sich zu erinnern, von einem Daeva einmal gehört zu haben, sie würden ihn zu Ehren der Afshin trinken, für die Dattelwein ein zeremonielles Getränk gewesen war. An genaue Einzelheiten erinnerte sich Pran jedoch nicht. Der Soldat war kurz nach dem Tod der Geißel aus der Königsgarde geworfen worden, zusammen mit allen anderen Daeva, da die Feueranbeter dort nicht länger willkommen waren.

Jahal musste der Wein ebenso gut schmecken, da er seinen Kelch sogar noch vor Pran geleert hatte. Er hielt ihn der Frau hin, um sich nachschenken zu lassen, während draußen der Wind jaulte. »Ich bezweifle, dass deine Leute heute noch zurückkommen, meine Hübsche.«

Die junge Frau hob den Kopf. Obwohl sie noch immer zitterte, ließ sich der leichte Trotz in ihren Augen nicht leugnen. »Ihr solltet hoffen, dass sie es nicht tun.«

Jahal war sichtlich entrüstet. »Was hast du gesagt?«

Pran hob die Hände in dem Versuch, die Spannungen zwischen den beiden zu mildern. »Das Essen war wirklich köstlich«, sagte er rasch. »Vielen Dank. Aber wir haben eine lange Reise hinter uns und sind beide müde.« Bei diesen Worten zeigte er auf die in einer Ecke bereitliegenden Schlafsäcke. »Wie wäre es, wenn wir uns zwei davon ausborgen und uns schlafen legen, Hauptmann?«

»Du kannst dich ja schon mal hinlegen«, erwiderte Jahal. »Die Daeva und ich werden uns noch ein bisschen über Gastfreundschaft unterhalten.«

Pran kaute auf der Unterlippe. »Du hast doch gehört, dass ihre … ihre Leute bald zurückkommen, Hauptmann. Vielleicht wäre es klüger, wenn wir …«

»Es wäre klüger, wenn du dich um deine eigenen Angelegenheiten kümmerst und schlafen gehst. Es sei denn, du kennst auf einmal den Weg nach Sugdam.« Er bedachte Pran mit einem verächtlichen Blick. »Dies ist ein sehr unwirtliches Land, Pran, in dem du dich garantiert nicht verirren willst.«

Die Drohung erwischte ihn eiskalt. Die junge Frau starrte ihn flehentlich an, aber er zweifelte nicht daran, dass Jahal seine Worte in die Tat umsetzen würde.

Sie ist nur eine Feueranbeterin, sagte sich Pran. Beim Allmächtigen, angeblich waren die Daeva hier draußen so wild, dass sie mit ihren eigenen Vätern schliefen.

Er räusperte sich. »Verstehe.«

»Dann gute Nacht.«

Pran stand auf und wandte sich auf wackligen Beinen um. Er drehte den beiden absichtlich den Rücken zu, als er einen der Schlafsäcke herausholte. Diesen legte er so weit vom Festmahl entfernt auf den Boden, wie es nur möglich war – in einer dunklen Ecke unter dem Hochbett, inmitten von lauter gestapelten Vorräten. Dort legte er sich mit dem Gesicht zur Wand hin.

Er hörte ein Klappern, als würde ein Teller oder Kelch zur Seite geschoben, gefolgt von einem gedämpften Schrei.

»Ihr haltet euch für was Besseres«, zischte Jahal. »Ihr alle!«

Pran machte sich ganz klein und sah noch etwas Metallisches aufblitzen, bevor er sich die Ohren zuhielt. Er wollte nichts von alldem mitbekommen.

Doch im nächsten Moment sprang er schon wieder auf, als er das metallische Objekt besser erkennen konnte.

Es war ein gewaltiger silberner Bogen.

Er blinzelte mehrmals schnell, um sich zu vergewissern, dass er sich das nicht nur einbildete. Der riesige Bogen, der fast unter einer karierten Decke verborgen war, musste halb so groß sein wie Pran, und sein Griff sah ebenso beeindruckend wie unfassbar zart aus. Die silberne Oberfläche war mit feinen Messingfiligranarbeiten geschmückt. Der Bogen sah aus wie eine Waffe aus einem Märchen und nicht etwa wie eine, die von einem modernen Mann geführt wurde. Dies war ein kostbares und tödliches Artefakt.

Das versuchte er sich einzureden … bis er den Köcher mit Pfeilen daneben sah, an deren Enden frische Federn prangten.

Die Tür wurde aufgerissen.

Pran sprang auf und ihm schlug das Herz bis zum Hals. Er rechnete damit, einen riesigen Krieger vor sich zu sehen, den rachsüchtigen Bogenschützen, der seiner Meinung nach zu diesem furchterregenden Bogen passte, als er sich umdrehte und sein Schwert zog.

Sofort ließ er die Hand wieder sinken. In der Tür stand eine weitere Daeva-Frau, und, nun ja … sie sah nicht besonders beeindruckend aus. Sie war sogar noch kleiner als die junge Frau und auch älter, um wenigstens ein Jahrhundert, wenn er das Silber in ihren kurzen Locken richtig deutete. Gekleidet in den dicken Mantel und die Pluderhose, die die meisten Daeva-Männer trugen, hatte die Frau ein Jagdmesser im Gürtel stecken und einen Tschador aus Fell auf den Schultern.

Doch ihre Augen wirkten stechend und irgendwie noch schwärzer als die anderer Daeva, halb geschlossen und eulenartig. Sie ignorierte ihn und richtete ihren raubvogelartigen Blick auf Jahal, während sie die blutlosen Lippen zu einer schmalen Linie zusammenpresste.

Jahal schnaubte. Er hatte die junge Frau an den Zöpfen gepackt. »Ist dies das Tantchen, vor dem ich solche Angst haben sollte?«

Das Mädchen starrte die Frau ehrfurchtsvoll an. »Ja!«

Die Daeva-Frau schnippte mit den Fingern, und Pran hörte quer durch den Raum, wie Jahals Hand brach.

Der Geziri-Soldat schrie auf und ließ das Mädchen los. Pran beobachtete, wie er seine zertrümmerte Hand umklammerte, deren Finger in alle Richtungen abstanden.

Die ältere Frau hatte sich nicht weiter bewegt. Sie sah das Mädchen an. »Ist alles in Ordnung?«, erkundigte sie sich.

Das Mädchen nickte und zitterte noch immer am ganzen Leib. »Sie-sie sagten, sie wären von der Königsgarde.«

Die ältere Frau nickte und ging auf Jahal zu wie eine Leopardin auf einen verletzten Hasen: Ihre Bewegungen wirkten erschreckend anmutig und in ihrem Gesicht stand eine Mischung aus leichter Neugier und kalter Gier. »Ein Geziri-Mann, der sich nehmen will, was ihm nicht gehört«, sagte sie eisig. »Ganz wie sein König.«

Jahal hielt sich die verletzte Hand und hatte die Augen vor Schmerz weit aufgerissen. »Du verdammte Hexe!«, kreischte er. »Was hast du mit mir gemacht?«

Pran rührte sich nicht, sondern stand vor Schreck wie angewurzelt da. Das konnte die Frau doch nicht allen Ernstes mit Jahal getan haben. So etwas war unmöglich. Bestimmt hatte er nur zu viel Wein getrunken …

Noch immer keuchend griff Jahal nach seinem Zulfiqar, während die Frau immer näher kam, doch der Schmerz machte ihn langsam. Sie trat die Waffe mühelos weg und packte sein Handgelenk. Der Geruch nach ätzendem Rauch hing unverhofft in der Luft.

Das nächste Geräusch drang aus Jahals Mund und ließ sein vorheriges Kreischen wie ein Flüstern erscheinen.

Jetzt jaulte er, und dieser Klang wurde immer feuchter und erstickter, während ihm schwarzes Blut aus dem Mund rann, ebenso aus den Augen, aus den Ohren und aus der Nase. Er zuckte am ganzen Körper, verkrampfte sich derart heftig, dass seine Knochen brachen, und Asche breitete sich wie menschlicher Schweiß auf seiner Haut aus. Trotzdem sackte er nicht in sich zusammen, hörte nicht auf zu schreien, wurde von einer der zarten Hände der Frau aufrecht gehalten. Das Mädchen sah sich das Ganze mit rachsüchtiger Miene an.

»Ein recht interessantes Gefühl, nicht wahr?«, sinnierte die Daeva. »Wenn das Blut auf einmal in die umgekehrte Richtung strömt. Es sollte dich natürlich töten und dein Herz zum Stillstand bringen. Doch es gibt einen Trick, der es weiterschlagen lässt, allerdings hat es mich einige Zeit gekostet, ihn zu lernen.«

Pran staunte, und sein Verstand und seine Augen wollten nicht begreifen, was sich dort vor ihm abspielte. Trotz ihres Aussehens konnte diese Frau keine Dschinn sein. Angehörige seines Volkes besaßen keine derartigen Kräfte.

Allerdings … hatte es früher mal welche gegeben, die das durchaus taten.

»Was für eine Arroganz …«, murmelte die Frau. »Dass ihr ein Land ausnehmt, das euch nicht gehört, und eine Frau anseht und *berührt,* die euch nicht will.«

Sie sprach abgehackt und mit einem Akzent, der ihm fast vertraut vorkam. Nein, nicht nur fast, erkannte Pran. Das war das Daevabadi der Oberklasse.

Der Höchsten dieser Klasse.

Die Bücher in den Regalen, die seltsamen Glasgefäße und Metallinstrumente auf dem Tisch. Das *Skalpell.*

Eine Daeva, die einem Mann quer durch den Raum hinweg die Knochen brechen und sein Blut in die andere Richtung fließen lassen konnte. Während in Pran die erschreckende Erkenntnis heranreifte, fiel sein Blick abermals auf den furchtbaren Bogen, der einem Mythos entsprungen zu sein schien.

Panisch rannte er los. Er hätte Jahal helfen sollen, doch die schaurige Szene vor ihm bewirkte, dass sein Verstand die lächerlichsten Schlussfolgerungen zog und halb vergessene Geschichten aus dem einstigen Zuhause seiner Familie im zerstörten Qui-zi heraufbeschwor, was jegliche Überreste von Pflichtgefühl verpuffen ließ – ebenso wie jeden anderen vernünftigen Gedanken. Er ergriff die Flucht und rannte ohne Mantel und Stiefel durch die Tür hinaus.

Hals über Kopf stürmte er durch die verschneite Dunkelheit und konnte an nichts anderes mehr denken als daran, dass er Abstand zu Jahals Schreien gewinnen musste, die nach und nach in gurgelndes Röcheln übergingen. Neben Jahals Geräuschen waren das Zerbrechen von Zweigen unter Prans Füßen und sein gehetzter Atem die einzigen Geräusche, die er wahrnahm, da der fallende Schnee den Rest der Welt verstummen ließ. Die gefrorenen Bäume zeichneten sich wie schwarze Skelette vor dem grauen Himmel ab, wie tote Dinge, die auf einmal begrüßenswert waren, denn mit jedem, den er passierte, entfernte er sich weiter von dem Unmöglichen, das er eben mit angesehen hatte. Er wollte den ganzen Weg bis nach Sugdam rennen, bis nach Daevabad, wenn ihn das nur vor der Frau mit der kalten Stimme und der tödlichen Berührung retten würde. Mit rasendem Herzen kroch er eine verschneite Böschung hinauf.

Als er sich aufrappelte, war rein gar nichts zu hören. Und dann nahm er in der eisigen Luft ein Pfeifen wahr.

Etwas Spitzes bohrte sich in seinen Rücken und ließ ihn den Abhang hinuntertaumeln. Er landete verdreht auf der Seite und rang nach Atem. Schmerz durchzuckte ihn und sein Brustkorb schien zu zerspringen.

Ein blutiger Pfeil ragte aus seiner linken Brustseite.

Gott steh mir bei. Schwarze Punkte tanzten vor Prans Augen, als er nutzlos Luft holte. Der Pfeil musste einen Lungenflügel durchbohrt haben. Schäumendes heißes Blut drang aus der Wunde und ließ den Schnee unter ihm schmelzen. Ihm wurde ganz schwummrig, und er war sich nur beiläufig bewusst, dass das Tal immer heller wurde, weil sich flackerndes Feuerlicht zu nähern schien. Zweifellos ein Daeva-Mob, der ihm den Rest geben wollte.

Aber es war kein Mob, der mit in die Höhe gereckten Fackeln zwischen den schwarzen Bäumen auftauchte, sondern ein einziger Mann, der nicht einmal Feuer in der Hand hielt.

Er *war* Feuer.

Haut aus gepresstem Licht, so grell, dass es wehtat, ihn anzusehen. Hände und nackte Füße in der Farbe von Kohle. Goldene Augen und vom Feuer geschwärzte Reißzähne. Der Mann bewegte sich mit tödlicher Anmut und der rasenden Geschwindigkeit einer Schlange. Der riesige Bogen, den Pran im Haus gesehen hatte, befand sich halb gespannt in seinen klauenbewehrten Händen.

Pran hätte geschrien, wenn ihm das noch möglich gewesen wäre. Das war ein Ifrit. Der schlimmste Albtraum seines Volkes, ihr Erzfeind. Ein ersticktes Wimmern entrang sich seiner Kehle. Auf der Lichtung wurde es wieder dunkler, und Schatten waberten am Rand seines Sichtfelds, als sich sein Lebensblut in den Schnee ergoss. Er wusste, dass er im Sterben lag, denn das, was er sah, ergab keinen Sinn.

Es konnte keinen Sinn ergeben, war schlichtweg nicht möglich. Denn als der Ifrit näher kam und erneut den Bogen hob, erspähte Pran eine schwarze Tätowierung auf der goldenen Schläfe, die dort nichts zu suchen hatte. Einen Pfeil über einem stilisierten Flügel.

Das Mal der Afshin.

Pran blieb keine Zeit mehr, um darüber nachzudenken. Silber glomm auf und der nächste Pfeil bohrte sich in seine Kehle. Er war sich bewusst, dass er nach hinten stürzte, dass er Blut im Mund hatte, dass die eisigen Schneeflocken noch immer auf ihn herabfielen und die hageren Bäume um ihn herum aufragten. Der Tod stellte sich rasch ein.

Sogar so rasch, dass Pran starb, bevor er die Konsequenzen dessen, worauf Jahal und er hier draußen in der Wildnis von Daevastana gestoßen waren, auch nur verarbeiten konnte. Was es für seine Eltern bedeutete, die er in Daevabad zurückgelassen hatte und die soeben aufstanden, um sich in ihrem Heim im Schatten des Qui-zi-Denkmals eine erste Tasse Tee zu kochen. Für die Soldaten, an deren Seite er in der Zitadelle trainiert hatte und die nur noch widerwillig nach Waffen griffen, die längst hätten ersetzt werden sollen. Für ein ohnehin schon geplagtes Königreich und eine magische Stadt im Niedergang.

Und für eine gewisse junge Frau aus Kairo.

NAHRI

Diese Nahri-Szenen stammen aus einer alten – und völlig anderen! – Version von Das Königreich aus Kupfer. *Ich habe sie so oft überarbeitet, dass sie mir vorkommen wie etwas, das sich vor diesem Buch ereignet haben könnte und das näher auf Nahris Ehe mit Muntadhir und ihre Rolle als Banu Nahida eingeht. Sie enthalten Spoiler für das erste Buch.*

»Bleibt stehen, Banu Nahida!«

Nahri blieb nicht stehen. Stattdessen lief sie weiter den Korridor entlang zu ihrer Krankenstube. Ihr Herz raste, und sie vergeudete keine Zeit damit, über die Schulter zu sehen und herauszufinden, wie viele Wachen aus der Schatzkammer hinter ihr her waren, doch anhand der donnernden Schritte mussten es wenigstens ein halbes Dutzend sein.

Du Närrin, schalt sie sich im Rennen. *Du hättest deine Fähigkeiten niemals derart einrosten lassen dürfen.*

Zwei plaudernde Schreiber kamen mit vielen Schriftrollen in den Armen aus Richtung der Bibliothek auf sie zu. Nahri hätte den ersten beinahe gerammt und stellte dem zweiten dann absichtlich ein Bein, sodass er mitsamt seiner Schriftrollen zu Boden stürzte. Die Dokumente sprangen und rollten durch den Gang. Sie konnte nur hoffen, dass das einige ihrer Verfolger etwas aufhielt.

»Verdammt, Nahri, bleib stehen!« Diesmal war es ihr Gatte. Er schien atemlos zu sein, was Nahri nicht überraschte: Emir Muntadhir neigte nicht dazu, sich körperlich anzustrengen – jedenfalls nicht auf diese Weise. Dass er sich ihretwegen aus seinem Kreis betrunkener Dichter gelöst hatte, um unabsichtlich Teil ihres Plans zu werden, grenzte daher schon an ein Wunder.

Es hörte sich an, als würden die Wachen näher kommen. Nahri sah bereits die halb geöffneten Türen ihrer Krankenstube vor sich und lief noch schneller.

»Nisreen!«, schrie sie. »Helft mir!«

Nisreen musste ganz in der Nähe gewesen sein, da sie innerhalb von Sekunden an der Tür stand, ein äußerst scharfes Skalpell in der Hand und mit alarmiertem Blick, sobald sie die rennenden Wachen bemerkte.

»Banu Nahida!«, stieß sie keuchend hervor. »Was im Namen des Schöpfers …?«

Nahri packte den Rand der Tür und schob Nisreen zur Seite, während sie über die Schwelle rannte. »Vergebt mir«, stieß sie hervor und knallte der verdutzten Frau die Tür vor der Nase zu. Sofort wirbelte sie herum und presste die Handflächen auf das verzierte Metall der geschlossenen Tür. Als sie sie nach unten bewegte, zischte sie vor Schmerz auf, weil die Stifte ihr die Haut aufrissen und ihr Blut über die dekorativen Paneele floss.

»Beschütze mich«, verlangte sie zuversichtlich auf Divasti – sie hatte die Verzauberung im Voraus bereits geübt.

Doch trotz des Übens … geschah nichts.

Nahri geriet in Panik und hielt die Tür fest, obwohl sich Nisreen von der anderen Seite dagegenstemmte. Sie trat fest dagegen und fluchte laut auf Arabisch. »Verdammt noch mal, ich sagte: ›Beschütze mich!‹«

Das Blut rauchte – ihr Blut, das Blut und die Magie des Volkes, das diesen Palast vor so vielen Jahrhunderten errichtet hatte. Nahri wich zurück, als sich das Metall knirschend verband und die Türen fest verschloss, gerade als etwas sehr Schweres dagegenprallte.

Sie hörte mehrere gedämpfte Stimmen, die sich auf der anderen Seite der Tür stritten, darunter auch Muntadhir, der ausgesprochen gereizt klang. Derart wütend hatte sie ihn noch nie gehört, und wenn man bedachte, wie oft sie sich in den drei Jahren ihrer Ehe schon gestritten hatten, dann wollte das schon etwas heißen.

Mehrere Fäuste hämmerten auf der anderen Seite gegen die Tür.

»Banu Nahri!«, hörte sie Nisreen schreien. Nach dem alarmierten Klang ihrer Stimme zu urteilen, hatte sie offenbar erfahren, was Nahri *möglicherweise* gestohlen hatte. »Bitte lasst mich rein. Wir können doch darüber reden!«

»Tut mir leid!«, trällerte Nahri. »Die Tür ... Ihr wisst ja, wie unvorhersehbar die Magie des Palastes manchmal ist!«

Hinter ihr fiel ein Tablett zu Boden. Als sich Nahri umdrehte, sah sie sich den erstaunten Blicken ihrer Patienten und Gehilfen ausgesetzt. In der Krankenstube war an diesem Nachmittag nicht besonders viel los – was allerdings nur bedeutete, dass sich die Leute nicht bis in den Garten drängten. Die einhundert Betten waren alle belegt – so wie in letzter Zeit eigentlich immer –, und einige wenige ihrer Patienten hatten Besuch.

Nahri sah sie alle ernst an und deutete danach mit dem Kopf auf die Tür. »Jeder, der sich der Tür auch nur nähert, bekommt Pestgeschwüre an äußerst unangenehmen Stellen, verstanden?«

Keiner sagte einen Ton, aber einige wurden blass und zogen sich zurück, was ihr verriet, dass ihre Worte angekommen waren. Nahri eilte durch die Krankenstube zu ihrem privaten Arbeitsbereich und zog den Vorhang hinter sich zu, während sie weiterhin geflissentlich das Hämmern an der Tür und Muntadhirs – ungewöhnlich detailreiche – Flüche ignorierte. Erst dann holte sie die Scherbe aus weißem Ton hervor, die sie in der Schatzkammer in ihr Mieder gesteckt hatte. Diese war kaum so groß wie ihr Daumen und schimmerte zwar hübsch im Licht, machte ansonsten jedoch nicht viel her.

Sie hörte einige nervöse Bewegungen und auf einmal tauchte eine kleine Daeva mit silbrigem Haar hinter einem Stapel Texten auf.

»Ist sie das?«, fragte sie hoffnungsvoll.

Nahri starrte die Scherbe an. »Wenn man den Geschichten Glauben schenken mag.« Denn nur in diesem Fall handelte es sich bei diesem winzigen weißen Stein um einen der wenigen noch existierenden Überreste aus Iram – der legendären Stadt der Säulen. Nahri hatte widersprüchliche Geschichten über Iram gehört. Zu Hause in Kairo sprach man von einer Stadt, die vor Tausenden von Jahren aufgrund ihrer Verruchtheit zerstört worden war. Einige Dschinn nahmen daran Anstoß und fanden, dass die Menschen dort ohnehin nichts zu suchen gehabt hatten. Woher sollten ihre Ahnen denn wissen, wie zerstörerisch himmlische Feuerwinde waren?

Aber Nahri interessierte sich nicht wegen all dieser Geschichten für das Iram-Fragment. Vielmehr handelte es sich dabei angeblich um das einzige Heilmittel gegen einen der kniffligsten Flüche ihrer Welt: den Verlust der eigenen Magie. Und mit angeblich meinte Nahri, dass sie nur in einem einzigen Nahid-Text über diese Wirkung gelesen hatte und diese Referenz zudem darauf hinwies, wie schwierig und unvorhersehbar sich dieser Zauber in die Tat umsetzen ließ. Dabei musste sie das Iram-Fragment außerdem zerstören – den seltenen Stein, der so kostbar war, dass die wenigen noch existierenden Scherben in der Schatzkammer aufbewahrt wurden –, um überhaupt eine Aussicht auf Erfolg zu haben. Um sich allein in der Schatzkammer aufhalten zu können, hatte sie Muntadhir in einen Streit um ihre Mitgift verwickeln müssen, und diesen Trick würde sie kein zweites Mal einsetzen können.

Die Daeva – Delaram – trat näher und rang die Hände. »Seid Ihr Euch da auch ganz sicher, Banu Nahida? Ich möchte Euch nicht noch mehr Scherereien einbrocken. Dieses Risiko bin ich nicht wert.«

»Ihr seid meine Patientin und daher jedes Risiko wert«, beharrte Nahri, ging zu ihrem Schreibtisch und zog die Nahid-Notizen zwischen zwei arabischen Büchern hervor – sie achtete darauf, dass auf ihrem Schreibtisch stets die größtmögliche Unordnung herrschte, damit niemand herumschnüffelte. Danach fuhr sie mit den Fingern über das uralte Papier und verfolgte die Tintenkleckse und die geschwungene Schrift, die einer ihrer Vorfahren vor so langer Zeit darauf hinterlassen hatte. Sie hatte diese Notizen derart häufig gelesen, dass sie sie auswendig konnte, doch das Gefühl, etwas in den Händen zu halten, das ihre legendären Verwandten gelesen, benutzt und berührt hatten, übte eine beruhigende Wirkung auf sie aus.

Außerdem war Delaram die Sache wert. Delaram, die ihre Magie verloren hatte, nachdem sie von einem grausamen Ehemann verflucht worden war. Nicht von ungefähr war ihr Zustand auch der Grund dafür, dass Nahri das Heilmittel überhaupt entdeckt hatte. Ohne ihre Magie hatte Delaram die letzten Jahrzehnte ihres Lebens mit dem Abstauben, Fegen und Umräumen der Bibliothek im Großen Tempel verbracht, nachdem übereifrige Studenten wie zerstörerische akademische Wirbelstürme hindurchgefegt waren. Bei ihrer Arbeit – und darin, die Zügel über dieses Reich des Wissens in die Hand zu nehmen – war sie dermaßen gründlich, dass sie über ein Dutzend neue Nahid-Texte unter den Bodendielen und in diversen Ritzen entdeckt hatte.

So etwas machte sie jedoch noch lange nicht zu einer Adligen oder einer Dschinn. Daeva-Putzfrauen waren die »Zerstörung eines derart wertvollen Gegenstands« nicht wert. Daher hatte man Nahri abgewiesen, als sie nach dem Iram-Fragment verlangt hatte, selbst als sie flehte, weil der Fluch drohte, Delarams Leben zu verkürzen.

Mir blieb wirklich keine andere Wahl, als es zu stehlen. Nahri warf das Fragment in die Luft, fing es mit der anderen Hand wieder auf und machte sich an die Arbeit.

Während ihrer Abwesenheit war der Inhalt der Feuerschale zu glimmender Asche reduziert worden. »Naar!«, befahl sie, und die Flammen reagierten, loderten auf und knackten, als sie ihre Finger zu umspielen suchten. Die Hitze waberte ihr ins Gesicht, ohne wehzutun. Nahri kniete sich hin und zog einen Korb unter der nächsten Liege hervor, in dem sie alles Vorbereitete aufbewahrte.

»Erde aus Eurem Heimatland«, murmelte sie, nahm eine Handvoll Erde, die sie auf den Hügeln von Daevabad gesammelt hatte, und warf sie ins Feuer. »Im Namen des Schöpfers gereinigtes Wasser.« Sie goss den Inhalt einer Phiole mit Wasser hinein, das sie zuvor ihrem Feueraltar entnommen hatte. Dampf stieg zischend auf, als es die Flammen traf, doch die wenigen Tropfen reichten nicht aus, um sie zu löschen.

»Wage es ja nicht, diese Scherbe zu zerstören, Nahri! Mach die verdammte Tür auf!«

Ach, spring doch in den See, Muntadhir. Sie konnte sich nur zu gut vorstellen, wie peinlich es ihm war, von seiner eigenen Frau ausgesperrt zu werden, was ihr so viel Vergnügen bereitete, dass sie beinahe die Konzentration verlor.

Doch darüber konnte sie sich später noch freuen – jetzt galt es, sich anderen Dingen zu widmen. Sie hielt die Iram-Scherbe in einer Hand und fasste mit der anderen nach einem Skalpell, um sich die Handfläche aufzuritzen. Augenblicklich quoll Blut heraus und tropfte auf den kleinen weißen Stein. Nahid-Blut: tödlich für die Ifrit, in der Lage, alle möglichen Arten von Magie rückgängig zu machen, und außerdem eine der mächtigsten Substanzen der Welt.

Das Iram-Fragment explodierte.

Nahri schrie vor Schmerz auf und fluchte direkt im Anschluss, doch ihre Hand verheilte bereits. Sie warf die brennenden Überreste der Scherbe ins Feuer und drückte sich die verletzte Hand an die Brust.

»Seid Ihr verletzt?«, erkundigte sich Delaram.

»Es geht mir gut«, antwortete Nahri mit zusammengebissenen Zähnen. Möglicherweise hatte Nisreen doch recht damit, dass sie sich nicht mit Magie beschäftigen sollte, die sie nicht verstand, gab Nahri ziemlich widerwillig zu. Mit ihrer unverletzten Hand schob sie Delaram näher ans Feuerbecken. »Atmet den Rauch ein, und zwar so viel Ihr könnt.«

Etwas knallte so hart gegen die Tür, dass die gesamte Krankenstube bebte. Putz rieselte von der Decke.

»BANU NAHIDA!«, brüllte Ghassan, und der Zorn des Königs reichte aus, um ihr vor Angst einen Schauder über den Rücken zu jagen. Einige ihrer Patienten stießen erschrockene Schreie aus. »Hört sofort mit dem auf, was Ihr da tut!«

Ohne auf ihre Antwort zu warten, traf das, was auch immer sie als Ramme benutzten, erneut die Tür. Das Metall, das sie verschloss, fing stöhnend an aufzubrechen.

Doch noch hielt es, und das bedeutete, dass ihnen noch eine Chance blieb.

»Atmet weiter den Rauch ein, Delaram. Immer schön tief einatmen …«

Delaram warf ihr einen nervösen Blick zu, nahm aber weiterhin den beißenden Rauch in sich auf, bis sie völlig überwältigt anfing zu husten.

»Delaram!«

Delaram fiel auf die Knie und Nahri hockte sich neben sie.

»Es geht mir gut«, keuchte die Frau, deren Gesicht von Rauch umspielt war. Feine weiße Fragmente funkelten in der Luft. Sie massierte sich die Kehle. »Ich kann nur …« Sie stockte und hob die Hand. Flammen umzüngelten die Finger ihrer Patientin. »Ist das … Bin das ich?«, flüsterte Delaram.

»Ja, das seid Ihr.« Nahri lächelte – und dann gaben die Türen endgültig nach.

Aber die Krankenstube war so überfüllt, und Ghassan war derart einschüchternd, dass ihre Patienten hastig die Flucht ergriffen, um ihm und seinen Soldaten aus dem Weg zu gehen, was sie jedoch nur noch mehr aufhielt und für weitere Unruhe sorgte, als wenn sie einfach an Ort und Stelle geblieben wären.

Was bedeutete, dass zu dem Zeitpunkt, als er den Vorhang mit einem höchst unziemlichen Fluch zur Seite zog, Delaram längst verschwunden war und Nahri an ihrem Schreibtisch saß und mit dem professionellen Eifer einer Heilerin ihre Patientenaufzeichnungen durchging.

»Wo ist sie?«, verlangte Ghassan zu erfahren. »Ich schwöre bei Gott, Mädchen, wenn diese Scherbe beschädigt wurde …«

Sie sah den König mit der besten Unschuldsmiene an, die sie zustande brachte. »Was für eine Scherbe?«

* * *

Nahri fiel vor dem uralten Altar auf die Knie, legte die Fingerspitzen aneinander und schloss die Augen. Sie senkte den Kopf und nahm vorsichtig ein langes, duftendes Zedernholzstäbchen von dem Silbertablett mit geweihten Gaben neben sich. Im Anschluss stellte sie sich auf die Zehenspitzen und hielt das Stäbchen in die Flammen, die munter unter der Kuppel des Altars brannten, bis Rauch aufstieg. Sobald es brannte, machte sie sich daran, die gläsernen Öllampen zu entzünden, die im riesigen Silberbrunnen darunter schwammen.

Nachdem sie die letzte entzündet hatte, hielt sie inne und bewunderte einen Moment lang die Schönheit des Feueraltars. Dieser war ein entscheidender Bestandteil des Daeva-Glaubens, und das beeindruckende Aussehen der Altäre hatte sich im Laufe der Jahrhunderte nicht verändert. Ein Becken – im Allgemeinen aus Silber – mit gereinigtem Wasser, aus dessen Mitte eine feuerschalenartige Struktur hervorragte, in der Zedernholz brannte, wobei dieses Feuer erst beim Tod der gläubigen Person gelöscht wurde. Das Feuerbecken musste sorgsam jeden Tag in der Morgendämmerung von der Asche befreit werden, was die Wiederkehr der Sonne symbolisierte. Die brennenden Glasöllampen im Becken darunter sorgten dafür, dass das Wasser immerzu simmerte.

Nahri schwieg noch einige Augenblicke. Zwar betete sie nicht besonders oft, doch sie war sich ihrer tragenden Rolle innerhalb des Daeva-Glaubens bewusst und hatte gelernt, diese entsprechend auszufüllen. Als sie sich umdrehte, war der untere Teil ihres Gesichts mit weißer Nahid-Seide verhüllt, doch ihre Augen blieben frei, sodass sie die unter ihr versammelte Menge betrachten konnte. Sie hob die rechte Hand mit der Handfläche nach vorn zum Segen.

Viertausend Männer, Frauen und Kinder – Gläubige, die sich dicht an dicht im Raum drängten – pressten die Hände aneinander und senkten respektvoll die Köpfe.

Obwohl sie nun schon seit einigen Jahren die Zeremonien im Großen Tempel leitete, verspürte Nahri bei diesem Anblick noch immer Ehrfurcht. Schon der Tempel an sich raubte ihr immer wieder den Atem. Die gewaltige Zikkurat war vor beinahe dreitausend Jahren errichtet worden und konnte es mit den großen Pyramiden vor Kairo aufnehmen. Die Hauptgebetshalle ähnelte vom Aufbau dem Thronsaal im Palast, war jedoch weitaus asketischer eingerichtet. Zwei Reihen von Säulen, geschmückt mit Sandsteinscheiben in einer Vielzahl von Farben, stützten die ferne Decke, und Schreine säumten die Wände und waren den am meisten verehrten Personen aus der langen Geschichte ihres Stammes gewidmet.

Nahri entfernte sich vom Altar. Auf der Plattform darunter

trennte sie vom Rest der Gläubigen eine Reihe in scharlachrote Roben gekleideter Priester. Sie hatten sie und ihre Familie schon in mindestens einem halben Dutzend Gebeten gepriesen und den Schöpfer angerufen, auf dass er ihre Arbeit segne. Glücklicherweise war Nahri bislang nie gebeten worden, das Gebet zu sprechen; sie hätte nicht die geringste Ahnung gehabt, was sie sagen sollte. Darüber hinaus wurde entsprechend der Tradition von den Nahid auch gar nicht erwartet, dass sie sich im Großen Tempel an die Gläubigen wandten oder sich auch nur dazu herabließen, sie zur Kenntnis zu nehmen. Vielmehr sollten sie erhaben und kühl über allem schweben und aus der Ferne verehrt werden.

Allerdings hatte Nahri mit Verehrung aus der Ferne noch nie viel anfangen können. Sie trat auf die untere Plattform und hielt auf die Menge zu.

Die Priester ließen sie durch. Ein junger Akolyth, dessen rasierter Schädel mit Asche bedeckt war, kam mit einem Holzstuhl in den Händen aus dem Schatten gehuscht, während einige andere versuchten, die Menge in einer Art Schlange aufzustellen. Niemand widersetzte sich, da die Gläubigen nur zu gern bereit waren, sich anzustellen, wenn sie dann mit ihr reden konnten.

Sie ließ den Blick über die Anwesenden schweifen. Mit Ausnahme weniger Tukharistani waren nur Daeva zugegen – Nahri hatte erstaunt erfahren, dass es in den Handelsstädten von Tukharistan zahlreiche Familien gab, die trotz des Dschinn-Kriegs insgeheim ihren Glauben behalten hatten. Abgesehen davon standen die unterschiedlichsten Personen vor ihr. Asketen in zerschlissenen Roben warteten neben mit Edelsteinen geschmückten Adligen, und Pilger aus dem Norden drängelten mit großen Augen neben abgekämpften Daevabadi-Einheimischen. Weiter vorn entdeckte Nahri ein kleines Mädchen, das nervös neben seinem Vater herumzappelte. Die Kleine trug ein gelbes Filzkleid, und ihr schwarzes Haar war zu vier Zöpfen geflochten, in denen süßes Basilikum steckte.

Nahri sah ihr in die Augen, zwinkerte ihr zu und winkte sie zu sich.

Da das kleine Mädchen bei Weitem nicht alt genug war, um sich ums Protokoll zu scheren, schenkte es Nahri ein Grinsen voller Zahnlücken, ließ die Hand seines Vaters los und rannte auf Nahri zu, um die kleinen Arme fest um Nahris Knie zu schlingen.

Nahri bemerkte, dass einige der Priester zusammenzuckten. Zur Zeit der Herrschaft ihrer Vorfahren hätte man jedem, der es wagte, einen Nahid außerhalb einer Heilung zu berühren, die Gliedmaßen abgetrennt, doch dies war eine von vielen Traditionen, der Nahri ein Ende bereiten wollte.

»Banu Nahida!« Das kleine Mädchen strahlte, als es einen Schritt zurückwich und Nahri staunend ansah.

Ihr Vater eilte herbei und verneigte sich respektvoll. Dann stieß er seine Tochter an der Schulter an. »Mögen die Feuer …«

»Oh!« Das Mädchen legte die Hände aneinander. »Mögen die Feuer hell für Euch brennen!«

»Und für dich, mein Kind«, erwiderte Nahri lächelnd, segnete die beiden und rieb etwas Asche auf die Stirn des Mädchens. Da ihr der Akzent nicht vertraut vorkam, vermutete Nahri, dass sie Pilger vor sich hatte. Sehr viele aus ihrem Stamm lebten in abgelegenen Gebieten Daevastanas und kamen zum Beten in den Großen Tempel. »Woher kommt Ihr?«

»Aus Panchekanth, werte Dame«, antwortete der Vater des Mädchens. Als er Nahris Verwirrung bemerkte, fügte er hinzu: »Das ist eine zerstörte Menschenstadt am Rand von Daevastana. Ich hatte auch nicht damit gerechnet, dass Ihr sie kennt.«

Nahri legte sich eine Hand aufs Herz. »Ich fühle mich sehr geehrt, dass Ihr diese Reise auf Euch genommen habt. Möge der Schöpfer Eure Hingabe segnen.«

Er verbeugte sich tief und war den Tränen nahe. »Vielen Dank, werte Dame.« Das kleine Mädchen umarmte Nahri ein weiteres Mal und winkte ihr zu, als sich die beiden einen Weg zurück durch die Menge bahnten.

Nahri lächelte hinter ihrem Schleier. Für solche Momente lebte sie, diese Begegnungen, die ihr die Zuversicht gaben, sich vor die Daeva zu stellen, und den Mut, Ghassans ominöse Vorwürfe, sie würde hier »Hof halten«, zu ignorieren. Sie sagte sich, dass es reiner Pragmatismus war. Was war denn schon dabei, wenn diese Augenblicke ein warmes Gefühl in ihrem Herzen hinterließen?

Nahri würde sich das bisschen Freude, das sie in Daevabad ergattern konnte, gewiss nicht nehmen lassen.

Schließlich waren das kleine Mädchen und sein Vater verschwunden, wurden von der Menge verschluckt, und Nahri bat den nächsten Gläubigen zu sich. Etwa die Hälfte der Personen, die sie aufsuchten, litten unter verschiedenen Krankheiten. Die einfachen heilte sie sofort und die schwerer Erkrankten schickte sie in die Krankenstube. Zwar versuchte sie, so viele Bittsteller zu empfangen, wie sie nur konnte, aber als die Sonne hinter den Marmorparavents über dem gepflegten Hof aufging, stellte sie fest, dass sie sich zunehmend nach ihrer Krankenstube sehnte. Wenn sie sich nicht dort aufhielt, passierten viel zu oft grässliche Katastrophen.

Sie segnete die Pilger vor sich und erhob sich dann, wobei sie den Priestern ein Zeichen gab. Die Menge war viel zu groß geworden, als dass sie alle persönlich segnen konnte. Nahri wusste, dass viele der Anwesenden morgen zurückkehren würden. Einige kamen jeden Tag. Sie hielt stets Ausschau nach bekannten Gesichtern und erfreute sich jedes Mal über ihre sichtliche Wonne, wenn diese Personen endlich vor ihr standen.

Kartir tauchte neben ihr auf. Obwohl der Hohepriester fast sein drittes Jahrhundert vollendet hatte, erwies er sich immer wieder als erstaunlich agil – insbesondere wenn er drauf und dran war, einen Vortrag zu halten. Angesichts seiner verschränkten Arme und der mürrischen Miene ging Nahri davon aus, dass sie das nun ebenfalls über sich ergehen lassen musste.

»Sucht Ihr etwa aktiv nach neuen Wegen, um die Qahtanis zu provozieren, Banu Nahida?«

»Wie meint Ihr das, Hohepriester?«

Ghassan konnte jemandem, der ihn verärgert hatte, mit einem Blick förmlich die Haut abziehen, doch als Kartir sie jetzt derart durchdringend anstarrte, schrak sie tatsächlich kurz zurück.

Dann schenkte sie ihm ein verschwörerisches Lächeln. »Ich wurde doch von niemandem bei irgendetwas erwischt.«

Kartir bedachte sie mit einem weiteren ernsten Blick, während sie nebeneinander die Stufen hinuntergingen. »Wir wissen beide, dass dies keinerlei Bedeutung hat. Je mächtiger und beliebter Ihr hier werdet, desto größer ist die Gefahr, in der Ihr schwebt.« Der Priester senkte die Stimme. »Ich weiß, dass Ihr eine gute Banu Nahida sein wollt, aber mir wäre es lieber, Ihr seid am Leben und behandelt nichts als Prellungen, anstatt dass man Euch hinrichtet, weil Ihr zu weit gegangen seid.«

»Ich sehe mich vor, Kartir«, versuchte sie ihn zu beruhigen. Und, beim Schöpfer, das tat Nahri auch, denn sie wollte lieber nicht vom König umgebracht werden. »Aber ich habe Ghassan gegeben, was er haben wollte«, fügte sie hinzu, wobei sie die Verbitterung in ihrer Stimme nicht verbergen konnte. »Daher lasse ich nicht zu, dass er mich auch noch daran hindert, meine Patienten zu versorgen.«

Ausgerechnet in diesem Moment gingen sie an Daras Schrein vorbei. Der Vorhang war zurückgezogen und die Messingstatue darin stolz anzusehen. Sie zeigte einen Daeva-Krieger zu Pferde, der aufrecht in den Steigbügeln stand und mit einem Pfeil auf seine Verfolger zielte. Dicke Wachskerzen und Öllampen tauchten die vielen Dutzend Opfergaben, die um den Fuß der Statue lagen, in ein Spiel aus Licht und Schatten. Im Tempel waren keine Klingen gestattet, daher brachte man hier kleine Keramiken dar, die eine Vielzahl zeremonieller Waffen – größtenteils Pfeile – darstellten.

Zwar gehörte Daras Schrein zu den beliebtesten, doch in diesem Moment hielten sich hier keine Gläubigen auf. Nahri verharrte, bevor sie es sich anders überlegen konnte, und betrachtete den riesigen Silberbogen, der hinter der Statue hing. Sie fragte sich, ob es sich um eine Replik handelte oder ob er diesen Bogen in seinem sterblichen Leben tatsächlich geführt hatte. Ob seine Finger den Griff umklammert und die Bogensehne zurückgezogen hatten.

Ja, vielleicht hat er damit in Qui-zi Shafit wie dich erschossen. Nahri schloss die Augen. Es war inzwischen fast vier Jahre her, und Nahri hatte noch immer nicht mit dem Mann abgeschlossen, der wie ein Sandsturm in ihr Leben geplatzt und sie ebenso brutal aus diesem herausgerissen hatte. Mit dem Mann, von dem sie ziemlich sicher war, dass er sie geliebt hatte, den sie eines Tages eventuell ebenfalls geliebt hätte und der ihr Vertrauen dann auf eine Art und Weise missbraucht hatte, von der sich Nahri vermutlich nie wieder völlig erholen würde.

Kartir räusperte sich. »Ich kann dafür sorgen, dass Ihr ungestört seid, falls Ihr beten möchtet.«

»Nein.« Nahri hatte versucht, hier zu beten, aber es dauerte meist nicht lange, bis sie entweder weinte und der Statue Vorwürfe machte oder – in einem erniedrigenden Augenblick der Schwäche am Morgen vor ihrer Hochzeit – Dara ein letztes Mal anflehte, zurückzukehren und sie zu retten. Sie hatte auf dem harten Weg lernen müssen, dass sie nur überleben konnte, wenn sie ihre Gefühle in sich einsperrte und nach vorn blickte, sei es nun in Kairo oder in Daevabad. Daher wandte sie sich vom Schrein ab. »Ich sollte in den Palast zurückkehren.«

* * *

Nahri trieb im Nil und das kalte Wasser war eine Wohltat ob der heißen Sonne. Der Fluss war ruhig, zu ruhig, worauf sie jedoch nicht weiter achtete. Da der Wind durch das Schilf säuselte und Insekten zwischen den Bäumen umhersummten, war es viel zu friedlich, um sich wegen so etwas wie reglosen Wassers Gedanken zu machen.

Aber dieser Geruch ... Er war lästig und erinnerte an geätztes Metall und verbranntes Haar. Sie rümpfte die Nase, doch der Gestank wurde immer schlimmer, je mehr sich das Wasser erwärmte. Angewidert richtete sie sich endlich auf und wollte an Land waten.

Ihre Füße berührten jedoch nicht den schlammigen Grund – Nahri musste weiter vom Ufer weggetrieben sein als gedacht. Sie ruderte mit den Armen und ging kurz unter, wobei sie Wasser schluckte. Angewidert spuckte sie es wieder aus. Denn das war kein Wasser.

Es war Blut.

»Gulbahar!«

Sie drehte sich zu der Stimme um – und sah, wie sich eine große, reptilienartige Gestalt ins Wasser bewegte.

Ein Krokodil.

»Mama!« Nahri versuchte zu entkommen, schlug und trat verzweifelt um sich, während die Kreatur weiter auf sie zuschwamm. Das blutrote Wasser kräuselte sich über den Schuppen und ließ

auf einen gewaltigen Körper schließen. Sie konnte sich nicht mehr bewegen und das Flussufer schien in immer weitere Ferne zu rücken. »MAMA!«

Zähne legten sich um Nahris Fußknöchel, und bevor sie auch nur einen Schrei ausstoßen konnte, wurde sie auch schon unter Wasser gezogen.

* * *

»Nahri? Nahri, wach auf!«

Nahri wurde schlagartig wach. Sie keuchte und kalter Schweiß bedeckte ihre Haut.

Muntadhir beugte sich über sie. »Geht es dir gut?«, erkundigte er sich und legte eine Hand auf ihre Schulter. »Du hast im Schlaf geweint und in deiner Menschensprache geschrien.«

Hab ich das? Nahri blinzelte und konnte sich kaum noch an Einzelheiten aus ihrem Albtraum erinnern. Scharfe Zähne und ein Fluss voller Blut. Entsetzen. Ungezügelt, tief sitzend und anders als alles, was sie jemals zuvor gespürt hatte.

Und ein Name. Da war ein Name gewesen, nicht wahr?

Mit einem Mal wurde ihr bewusst, dass Muntadhir sie anstarrte. »Es geht mir gut«, behauptete sie. Nahri schüttelte seine Hand ab und schlug die Decke zurück, um aus dem Bett aufzustehen. Sie durchquerte den Raum, wobei sich der Marmorboden unter ihren nackten Füßen schrecklich kalt anfühlte, und schenkte sich ein Glas Wasser aus einem Krug ein, der auf einem kleinen Tisch bereitstand. Eine Brise spielte mit den Leinenvorhängen und trug den Duft von Erde und Jasmin herein. Hinter der Balkontür lag der Garten stockdunkel da. Es musste noch tief in der Nacht sein.

Als Muntadhir erneut das Wort ergriff, klang seine Stimme ganz sanft. »So etwas passiert mir auch. Ich habe ebenfalls Albträume, meine ich. Von dieser Nacht auf dem Boot. Ich denke oft, wenn ich mich doch nur schneller bewegt hätte …«

»Warum bist du hier?« Die Frage kam ihr grober über die Lippen als geplant, doch Nahri hatte nicht vor, mit ihm über jene Nacht zu sprechen.

Bei ihrem Tonfall zuckte Muntadhir sichtlich zusammen und zog dann eine Augenbraue hoch. »Das ist jetzt schon ein wenig beleidigend.«

Nahri räusperte sich und spürte, wie ihr das Blut in die Wangen schoss. »Ich wollte eigentlich wissen, warum du immer noch hier bist.«

»Ich bin eingeschlafen.« Muntadhir zuckte mit den Achseln. Er legte sich zurück auf das zerwühlte Bett und wirkte wie der Inbegriff königlicher Trägheit, als er die Arme hinter dem Kopf verschränkte. »Mir war nicht bewusst, dass ich das Bett meiner Gattin wie eine scheue Konkubine fluchtartig zu verlassen habe.«

»Das ist doch ein Bild, das dir bekannt vorkommen sollte.«

Er bedachte sie mit einem ruhigen Blick und zeigte auf ihr zerzaustes Haar und ihr verrutschtes Nachthemd. »Ich spreche Divasti, Nahri. Vorhin hattest du ganz eindeutig nichts gegen meine Anwesenheit einzuwenden.«

Zwar konnte sie nichts dagegen tun, dass sie rote Wangen bekam, dennoch gab Nahri nicht nach. »Ach, soll ich dich jetzt etwa dafür loben? Du hast mit halb Daevabad geschlafen. Da sollte man doch auch davon ausgehen können, dass du dir dabei einiges angeeignet hast.«

»Nur du schaffst es, das wie eine Beleidigung klingen zu lassen.« Doch Muntadhir stand endlich aus ihrem Bett auf und suchte seine Kleidungsstücke zusammen. »In einer Hinsicht hast du allerdings recht – es ist vielleicht wirklich besser, nicht neben dir einzuschlafen. Die Notizen deiner Mutter müssen doch voller Vorschläge sein, was man mit Qahtani-Blut alles anstellen kann.«

»Dann komm eben nicht mehr her«, fauchte sie. »Es gibt sicher genug andere Betten, in denen du unterkommen kannst.«

Er wirkte wie vor den Kopf gestoßen. »Bei Gott, Nahri, das war ein Witz. Warum musst du immer derart kratzbürstig sein?« Gemächlich band er sich das Lendentuch um. »Wenn ich mich recht erinnere, warst du außerdem anwesend, als mein Vater anmerkte, wenn ich bestimmte Körperteile nicht einsetze, um ihm einen Enkel zu bescheren, könnte ich mich gleich von ihnen verabschieden.« Er erschauderte. »Daher werde ich dich wohl weiterhin aufsuchen.«

Nahri erwiderte nichts. Sie musste noch immer an den Albtraum denken, der wie eine Erinnerung war, die sie nur noch in den richtigen Zusammenhang bringen musste. Darin war ein Name vorgekommen. Eine Stimme. Ein unerklärliches riesiges Loch schien in ihrem Inneren zu klaffen.

Muntadhir griff nach seiner Robe und zögerte. »Dabei fällt mir ein ... Ich wollte auch noch etwas anderes von dir.« Er hob die schwarze Tasche auf, die er mitgebracht und die Nahri ignoriert hatte, weil sie davon ausging, dass sich darin Wein befand, oder was auch immer er sonst für die Abendunterhaltung benötigte, die er nach dem Besuch bei ihr plante. »Ich habe dir etwas mitgebracht.« Er deutete auf die erloschene Glut in ihrem Kamin; die Nächte in Daevabad waren für Nahri warm genug, und das sanfte Flackern ihres Feueraltars reichte ihr zum Schlafen völlig aus. »Darf ich?«

Sie zuckte mit den Achseln. »Ich werfe dich nicht raus, wenn ich ein Geschenk bekomme.«

Muntadhir kniete sich vor den Kamin und zündete das Feuer mit einem Fingerschnippen wieder an. »Wenn du ein Höfling wärst, könntest du wegen solcher Worte der Bestechung verdächtigt werden.«

»Was für ein Glück, dass meine Position hier erblich bedingt ist.«

Er ließ sich in einem der Polstersessel vor dem Feuer nieder. Nahri nahm ihm gegenüber Platz und legte die Füße auf eine gut gepolsterte Ottomane. Dann holte er etwas aus der Tasche, das wie ein großes Buch aussah.

Sie runzelte die Stirn. »Ich wusste nicht, dass du lesen kannst.«

»Ich bin mir durchaus bewusst, dass ich mit deinem königlichen Brieffreund nicht mithalten kann.«

Augenblicklich erstarrte Nahri. »Ich weiß nicht, was du meinst.«

Muntadhir musterte sie gelassen. »Ich bin der Emir von Daevabad. Hast du wirklich geglaubt, ich würde nicht erfahren, dass ein anderer Mann meiner Gattin schreibt?«

Alles an seiner Erwiderung ärgerte Nahri maßlos. »Was für eine wunderbare Art, mich daran zu erinnern, dass du Spione in meinem Quartier hast. Aber sie sollten doch talentiert genug sein, um dich darüber zu informieren, dass diese Briefe unmittelbar in meinem Feueraltar landen.«

»Nicht unmittelbar«, widersprach Muntadhir.

Nahri senkte den Blick. Ali und seine dummen Briefe. Er hatte angefangen, ihr zu schreiben, nachdem man ihn zu seiner Garnison in Am Gezira versetzt hatte. Die Briefe trafen nicht häufig ein, und da er gewiss davon ausging, dass sie abgefangen wurden, sah er davon ab, diese Nacht auf dem Boot zu erwähnen. Stattdessen handelte es sich bei seinen Botschaften eher um fast schon unpersönliche Nachrichten, die sie, genau wie ihre widerwillig entstandene Freundschaft, durch ihre Naivität und ihren Witz fesselten. Er schickte Skizzen von uralten Ruinen, Beschreibungen von Heilpflanzen, alles, was er aus dem benachbarten Ägypten erfuhr, und schrieb über die in der Nähe lebenden Menschen.

Im Grunde genommen enthielten sie nur Alltägliches und endeten stets auf dieselbe Weise. Er schrieb in einer ungefähren Transkription des ägyptischen Dialekts, den sie ihm beigebracht hatte: »Es tut mir leid. Ich bete, dass Gott Euch ein wenig Glück schenkt.«

Selbst wenn sie keine Angst gehabt hätte, dabei erwischt zu werden, hätte Nahri ihm nicht geantwortet. Sie vertraute ihrem Herzen in Bezug auf Ali – der in jeder Hinsicht ihr Feind war – noch immer nicht. Wäre da nicht diese Zuneigung gewesen, hätte sie in jener schrecklichen Nacht bemerkt, mit welch ruhiger Entschlossenheit er auf die Soldaten gewartet hatte, anstatt ihn anzuflehen, zusammen mit Dara und ihr zu fliehen.

Nahri verschränkte die Arme vor der Brust. »Du hast ein Geschenk erwähnt, kein Verhör. Könnten wir jetzt vielleicht zu diesem Teil übergehen?«

Muntadhir verdrehte die Augen, reichte ihr aber das in ein Tuch eingewickelte Buch. Vorsichtig packte Nahri es aus. Das stilisierte Bild eines geflügelten Löwen – der Shedu, der das Emblem ihrer Familie darstellte – prangte auf dem Einband. Auf der nächsten Seite befand sich eine Gartenszene in höchster Detailvielfalt, auf der darauf die Skizze eines schneidigen Soldaten zu Pferde.

»Es gehörte deinem Onkel«, erklärte Muntadhir. »Er hat nebenbei gemalt und gezeichnet. Im Palast stand Daeva-Kunst nicht in hohem Ansehen, aber ich fand schon immer, dass Rustam sehr viel Talent hatte.«

Das kann man wohl sagen. Nahri gehörte zu jenen mit wenig Kunstverstand, aber selbst sie konnte das Funkeln erkennen, das ihr Onkel in seinen Bildern geschaffen hatte: das Glänzen der Ornamente am bunten Kostüm einer Tänzerin, die erschöpfte Haltung eines alten Gelehrten inmitten von simmernden Glasphiolen. »Woher hast du die?«

»Von verschiedenen Sammlern.«

Nahri schlug eine Seite auf, die den Garten der Krankenstube und eine Shafit-Dienerin mit recht keckem Grinsen zeigte, die Molokhia-Pflanzen pflückte, wie Nahri erstaunt feststellte. Sie fuhr die Pinselstriche nach. Etwas derart Persönliches und Kostbares des Onkels, den sie nie kennengelernt hatte, war Nahri bislang nie vergönnt gewesen. Abgesehen von dem Pavillon draußen gab es noch einen kleinen Hain, in dem Rustam Orangen und seltene Kräuter angepflanzt hatte, und sie war versucht, jetzt sofort mit dem Buch dorthin zu gehen. Sich damit eine Weile an einen Ort zu setzen, an dem er so viel Zeit verbracht hatte. Irgendeine Verbindung zu ihrer verschwundenen Familie zu spüren.

Stattdessen schlug sie das Buch zu, damit ihr Gatte diese Schwäche gar nicht erst bemerkte. Muntadhir war kein mitfühlender Mann. Das bedeutete nicht, dass er unfreundlich war. Vielmehr vermutete sie, dass ein ganzes Leben im Palast, bei dem er als Erbe des mächtigen Qahtani-Throns verhätschelt und umgarnt worden war, einen nun einmal nicht zu einem Mann machte, der an andere dachte. Daher konnte sie sich auch nicht vorstellen, dass ihm die Idee für dieses Geschenk selbst gekommen war oder dass er sich gar die Zeit genommen hatte, diverse in der ganzen Stadt verteilte Kunstwerke zu beschaffen.

Allerdings fiel ihr durchaus jemand anders ein, der so etwas getan hätte … jemand, der Muntadhir nur zu gern das Lob einheimsen ließ. »Ich werde mich auf jeden Fall bei Jamshid bedanken, wenn ich ihn das nächste Mal sehe.«

Muntadhir seufzte. Er starrte auf den kleinen Tisch zwischen ihnen, und seine Finger zuckten, als wünsche er sich, einen tröstlichen Becher Wein umklammern zu können. »Du musst es nicht immer so schwer machen, Nahri.«

»Was denn?«

»Das hier.« Er deutete auf sie beide. »Das mit uns. Diese Sache in der Schatzkammer. Du hast mich zutiefst beschämt. Und wieso? Ich hätte dir vielleicht sogar bereitwillig geholfen.«

»Ach, bitte. Als ob du die Befehle deines Vaters nicht ebenso schnell befolgen würdest wie alle anderen auch. Du hast jedenfalls nicht davor zurückgeschreckt, mir die Wachen auf den Hals zu hetzen.«

Muntadhir zuckte zusammen und holte tief Luft. »Ich will damit ja nur sagen, dass unsere Ehe nicht so schlimm sein muss, wie du sie offenbar gestalten willst. Wir können ihr beide nicht entrinnen und das weißt du ganz genau.«

»Dann soll das hier also ein Friedensangebot sein?«

»Wäre das denn so unvernünftig?« Als Nahri ihn skeptisch musterte, fuhr Muntadhir fort. »Ich erwarte ja keine große Liebesgeschichte, aber wir könnten zumindest versuchen, einander nicht zu hassen. Wir könnten uns Mühe geben … und den eigentlichen Grund angehen, aus dem wir verheiratet wurden.«

Sie zuckte leicht zusammen, denn die Bedeutung seiner Worte war offensichtlich. Dann zeigte sie auf das zerwühlte Bett. »Das haben wir doch vorhin getan.«

»Angehörige unseres Volkes empfangen nicht so leicht wie Menschen«, erklärte Muntadhir leise. »Einmal alle paar Monate reicht nicht aus, um den Erben zu zeugen, auf den alle warten.«

Den Erben, auf den alle warten. Selbst Nahri, die sich selbst für pragmatisch hielt und wusste, dass dies im Grunde genommen eine Transaktion war, wurde diese unverhohlene Erinnerung an ihren Wert zu viel. »Ich bin die Banu Nahida von Daevabad und nicht nur irgendeine Zuchtstute«, fauchte sie. »Ob du es nun glaubst oder nicht, so muss ich mich hin und wieder auch um andere Pflichten kümmern.«

»Das weiß ich doch, Nahri. Und mir geht es ja offen gesagt nicht viel anders.« Muntadhir fuhr sich mit einer Hand durchs Haar. »Kann ich frei sprechen?«

»Ich wüsste nicht, wie es noch direkter sein könnte.«

Damit entlockte sie ihm ein schiefes Grinsen. »Da hast du auch wieder recht. Nun gut … Jedes Mal, wenn wir den eigentlichen Grund, aus dem wir verheiratet wurden … erfüllen, habe ich das Gefühl, dass du dich mir mehr entziehst. Und das verstehe ich nicht. Nach unserer Hochzeit haben wir uns oft unterhalten. Wir haben es wenigstens *versucht.* Jetzt bekomme ich kaum noch ein Wort aus dir heraus, das nicht verletzend ist.«

Sein Kommentar schmerzte sie, ebenso wie die Tatsache, dass er recht hatte. Kurz nach ihrer Hochzeit hatte Muntadhir ihr entschlossen den Hof gemacht. Zwar hatten sie da noch nicht miteinander geschlafen, doch er hatte darauf bestanden, dass sie die meisten Nächte zusammen verbrachten und sich unterhielten, selbst wenn er ihr nur bei einem Becher Wein vom Klatsch bei Hofe berichtete. Seltsamerweise hatte Nahri damals angefangen, sich auf dieses leicht bizarre Ende ihres Tages zu freuen. Ihre gemeinsamen Nächte bewirkten, dass sie die Krankenstube verlassen konnte, und sein Gerede war oftmals hilfreich und füllte die Lücken, die ihr politisches Wissen aufwies. Muntadhir war ein sehr guter Geschichtenerzähler, und Nahri hatte häufig über die lächerlichen Skandale lachen müssen, die er über Poeten erzählte, die ihre Konkurrenten verhexten, oder adlige Händler, die reingelegt wurden und vermeintliche Unsichtbarkeitsmäntel kauften, nur um dann doch im Bett mit Dschinn erwischt zu werden, mit denen sie nicht verheiratet waren, weil die Mäntel selbstverständlich nicht unsichtbar machten.

Dieses Umgarnen hatte ein offensichtliches Ziel und Muntadhir hatte seine Absichten niemals verschleiert. Er ging langsam vor, massierte ihr nach einer langen Operation die Hände, später auch ihren Nacken oder ihre Waden. Derweil waren das Geflüster und die nicht so gut verschleierten Kommentare unerträglich geworden; der König tauschte die Bediensteten in ihrer beider Gemächer gegen Personen aus, die ihm anscheinend jedes intime Detail – oder vielmehr den Mangel daran – weiterleiteten. Daher hatte sie nach etwa einem Jahr nach dem Genuss eines großen Bechers Wein der Mischung aus Neugier, Überdruss und Druck stattgegeben. Nahri hatte das Licht gedämpft, die Augen geschlossen und Muntadhir unverhohlen mitgeteilt, dass sie es endlich hinter sich bringen sollten.

Er war der Aufforderung nachgekommen … und sie hatte es genossen. Es wäre sinnlos gewesen, etwas anderes zu behaupten, denn dies war, wie sie zugeben musste, eines seiner wenigen Talente. Doch nachdem sie ihre Ehe endlich vollzogen hatten, war die aufkeimende Zuneigung zu ihm irgendwie vergiftet worden, wenngleich sie sich das selbst nicht richtig erklären konnte. Zwischen ihnen war eine Intimität entstanden, über deren Tiefe sich Nahri erst im Nachhinein klar geworden war und die sie mit ihm eigentlich gar nicht haben wollte.

»Siehst du?«, meinte er und holte Nahri aus ihren Gedanken. »Du tust es schon wieder. Du ziehst dich in deinen Kopf zurück, anstatt mit mir zu reden.«

Nahri runzelte die Stirn. Sie konnte es nicht leiden, wenn man sie derart leicht durchschaute.

Muntadhir griff nach ihrer Hand. »Was ich über meinen Vater und meine Weigerung, mit dir ins Bett zu gehen, sagte, war nur Spaß. Wenn du eine Pause brauchst …«

»Wir können keine Pause einlegen«, murmelte Nahri. »Die Leute würden reden.«

Zudem würde Ghassan es herausfinden. Der König war ein entschlossener Mann, und es gab kaum etwas, das er sich mehr wünschte als einen Enkel mit Nahid-Blut. Wahrscheinlich führte einer seiner Diener Buch und hielt fest, wann und wie lange sich Muntadhir in ihrem Schlafzimmer aufhielt, und ein Dienstmädchen überprüfte ihre Laken. Ein derartiges Eindringen in ihre Privatsphäre war etwas, worüber Nahri nicht länger nachdenken durfte, denn sonst würde der Wunsch in ihr aufkeimen, den Palast niederzubrennen. Zu wissen, dass etwas derart Persönliches an den Mann weitergetragen wurde, den sie auf der ganzen Welt am meisten hasste, den Mann, der ihr Leben ebenso wie das aller, die ihr am Herzen lagen, in den Händen hielt …

Das war der Grund, aus dem sich Nahri Muntadhir nicht öffnen konnte.

Denn alles, was sie sich sagte – dass sie dieser Ehe zugestimmt hatte und den Qahtanis so viel Geld abknöpfte, wie sie nur konnte, dass es das Schicksal jeder Frau mit edlem Blut war, für den politischen Profit verheiratet zu werden, dass ihr Gatte wenigstens anständig und attraktiv war und sich für ihre Bedürfnisse interessierte –, verblasste vor der einen Wahrheit, die sich nicht leugnen ließ: Weder sie noch Muntadhir hatten diese Ehe gewollt. Nahri war für die Qahtanis nur eine Beute; sie hatte sich und ihren Körper für diese Ehe aufgegeben, um ihr Leben zu retten und Ghassan daran zu hindern, ihrem Volk weiter zuzusetzen. Würde sie sich jetzt widersetzen, käme sie das teuer zu stehen.

»Was willst du dann tun?«, verlangte Muntadhir zu erfahren, dem man die Frustration anhören konnte. »Rede mit mir. Was würde dir das Leben erleichtern?«

Nichts kann mir dieses Leben erleichtern. Nahri entzog ihm ihre Hand und fuhr mit den Fingern über den Shedu, den ihr Onkel gemalt hatte. Hatte sich Rustam in die Kunst geflüchtet, um sich das Leben als Ghassans Gefangener zu erleichtern?

Kunst, die Ghassans Sohn nun Rustams einziger überlebender Verwandter schenkte, in der Hoffnung, häufiger ihr Bett aufsuchen zu dürfen.

»Welche Häufigkeit würde dich denn zufriedenstellen?«, fragte Nahri schließlich.

»Wie meinst du das?«

Sie sah Muntadhir in die Augen und sprach mit tonloser Stimme weiter. »Du sagtest, du wärst nicht zufrieden mit der Häufigkeit, in der ich dir den Versuch gestatte, einen Erben zu zeugen. Daher möchte ich von dir wissen, wie viele Nächte im Monat dir vorschweben.«

»Um Gottes willen, Nahri, so habe ich das doch nicht …«

»Nicht?« Abermals tippte sie mit den Fingern auf das Bild. »Nicht so schüchtern, Emir. Du hast doch schon dafür bezahlt.«

Muntadhir zuckte zurück. Aber bevor in Nahri Reue aufsteigen konnte – denn ihre Worte waren wirklich gemein gewesen –, zeichnete sich Zorn auf seinem Gesicht ab. Das war gut. Nahri war Zorn lieber als Verletzlichkeit.

Er starrte sie erbost an. »Du bist nicht die Einzige, die das hier nicht will. Wir haben beide die Chance vertan, mit jemand anderem glücklich zu werden.«

»Unsere Lage ist nicht einmal ansatzweise vergleichbar«, fuhr Nahri ihn an und konnte die gespielte Distanz bei dieser unfassbaren Unterstellung nicht aufrechterhalten. Sie hatte keine Ahnung, wen er meinte, und es war ihr auch egal. Schließlich war es nicht Muntadhir, von dem erwartet wurde, das Kind seines Feindes auszutragen. »Und für mich ist dieses Gespräch jetzt beendet.«

Er presste die Lippen fest aufeinander, bis sie ganz blutleer aussahen, protestierte jedoch nicht. Stattdessen zog er sich schweigend an und griff nach seiner Tasche.

»Du kannst das Buch wiederhaben, wenn du willst«, sagte Nahri steif, wenngleich sie es nur zu gern behalten wollte. »Mir ist bewusst, dass du dir damit nicht das Gewünschte erkaufen konntest.«

Muntadhir warf ihr einen müden Blick zu. »Das Buch gehört dir. Ich habe es dir doch in der Nacht gesagt, in der ich unsere Hochzeitsmasken verbrannt habe, Nahri: So ein Mann bin ich nicht.« Er seufzte. »Manchmal bilde ich mir glatt ein, dass wir beide tatsächlich gut gemeinsam herrschen könnten. Selbst wenn wir einander nie lieben lernen. Aber du brauchst ganz offensichtlich eine Pause von mir.«

»Wir können keine ...«

»Ich kümmere mich um das Gerede. Denn einige Dinge hier kann ich durchaus regeln, selbst wenn du dir so etwas nicht vorzustellen vermagst, und ich verspreche dir, dass ich dich damit nicht in Gefahr bringe. Lass mich einfach wissen, wenn du bereit bist, mich wieder zu empfangen.«

Bei dieser unerwarteten Freundlichkeit und aufgrund der Tragweite seiner Worte hatte Nahri plötzlich Tränen in den Augen. Die Last des ganzen Tages setzte ihr auf einmal zu. Eines Tages, der damit angefangen hatte, dass sie glaubte, die Qahtanis zur Abwechslung einmal ausgetrickst zu haben. Eines Tages, an dem sie stolz im Tempel vor ihrem Volk gestanden hatte.

Eines Tages, der mit der brutalen Erinnerung daran endete, wie machtlos sie in Wirklichkeit war.

»Danke, Emir Muntadhir«, sagte sie verlegen, aber so höflich, wie sie nur konnte. Es wäre schließlich unklug, ihren widerwilligen, aber mächtigen Verbündeten zu vergällen. »Gute Nacht.«

»Gute Nacht, Banu Nahida.«

ALI

Diese Szene spielt zur Zeit von Das Königreich aus Kupfer *und einige Tage, nachdem Nahri, Ali und Zaynab den Daeva-Tempel besuchen. Sie enthält Spoiler für die ersten beiden Bücher.*

Ali blickte zwischen der Skizze in seinem Schoß und dem Garten der Krankenstube hin und her und tippte sich mit dem Stift gegen das Kinn.

»Vielleicht noch einen weiteren Schattenbaum.« Er sagte das eher zu sich selbst, da sich außer ihm niemand in den Ruinen des halb eingestürzten Gartenpavillons aufhielt. Hier war nie jemand. Die einst mit feinen Schnitzereien verzierten Holzstreben des Pavillons waren dermaßen von Termitenlöchern durchzogen, dass die meisten längst in sich zusammengesackt waren und das Dach nur noch von einem Feigenbaum mit ausufernder Krone aufrecht gehalten wurde. Dazu kam, dass verworrene blühende Ranken das Innere verbargen und die geflügelten Schlangen gern zwischen den Blättern nisteten, sodass dies ein hervorragender Ort war, um unbelästigt Papierkram zu erledigen – vorausgesetzt, man stand nicht zu schnell auf. Die geflügelten Schlangen kamen nur des Nachts hervor, allerdings konnten sie es ganz und gar nicht leiden, wenn sie tagsüber aus ihrem Schlummer gerissen wurden.

Im Allgemeinen war der Pavillon ein guter Ort, wenn man seine Ruhe haben wollte.

»Dieser arrogante, herablassende Esel …« Eine in Lila gekleidete Gestalt stürmte durch die Ranken, zerrte einen Ast beiseite und ließ ihn in Richtung der komplizierten Verträge los, die Ali ordentlich auf den Überresten einer alten Steinbank gestapelt hatte.

Ihm blieb nur ein Sekundenbruchteil, um zu entscheiden, ob er seine Papiere retten oder sich vor dem unverhofften Eindringling schützen sollte – eine Entscheidung, die er nach mehreren Jahren, in denen er von Attentätern gejagt worden war, rein instinktiv treffen konnte. Daher stürzte er sich auf seine Papiere und rutschte auf den Schienbeinen über den steinigen Boden, um zu verhindern, dass die Schriftrollen in die regennassen Büsche segelten.

»Alizayd, beim Allmächtigen!« Es war Nahri. »Wollt Ihr, dass ich einen Herzinfarkt bekomme, wenn Ihr so aus den Büschen auftaucht?«

Ali stand auf und hielt den Kopf gesenkt, um nicht ans Blätterdach des Pavillons zu stoßen. »Sagt die Frau, die hier reingestürmt kommt, als sei ihr eine magische Bestie auf den Fersen.« Er runzelte die Stirn und musterte Nahris erhitzte Wangen und den verrutschten Schal. »Augenblick mal … Ist Euch eine magische Bestie auf den Fersen?«

Nahris Miene verfinsterte sich. »Schlimmer noch: Kaveh.«

Ali erschauderte. »Ist er noch da?«

»Nein. Ich vermute, es sollte ein Überraschungsbesuch sein. Wahrscheinlich hat er darauf gehofft, mich bei irgendeiner skandalösen Tat zu erwischen. Wie ich die Shafit beispielsweise als Gleichgestellte behandle oder ein freundliches Wort mit ihnen wechsle. Habt Ihr etwas dagegen, wenn ich mich setze?« Sie zeigte seufzend auf die Bank. »Ich möchte nur kurz durchatmen und niemanden sehen.«

Rasch sammelte Ali seine Sachen zusammen. »Selbstverständlich. Es ist schließlich Euer Krankenhaus.«

Nahri winkte ab. »Ihr könnt bleiben. Ihr zählt nicht.«

Ali war sich nicht sicher, ob er das als Kompliment oder Beleidigung auffassen sollte. »Seid Ihr sicher?«

»Ja. Aber … Beim Schöpfer, wie energisch habt Ihr Euch denn auf den Boden geworfen? Ihr blutet ja überall!«

Ali blickte an seinen Beinen herab und stellte fest, dass seine Kleidung blutige Flecken aufwies. Ach, deshalb brannten seine Schienbeine so. »Das ist nicht weiter schlimm, nur ein Kratzer.«

Doch Nahri war längst wieder aufgestanden. Sie nahm ihm die Papiere aus den Händen und drückte ihn auf die gegenüberliegende Bank. »Nur ein Kratzer ... Bewahrt mich vor dem Stolz idiotischer Männer. Krempelt die Hosenbeine hoch.«

Verlegen kam Ali der Aufforderung nach. Dabei bemerkte er allerdings, dass er zwischen den Knöcheln und den Knien keine Haut mehr hatte und dass sich seine Sandalen mit Blut füllten. »Oh.«

»Ja, oh.« Nahri verdrehte die Augen und legte ihm die Hände mit der geübten Bewegung von jemandem, der so etwas jeden Tag machte, an die Waden. Bei ihrer Berührung zuckte Ali zusammen.

Sie blickte auf. »Hat das wehgetan? Es fühlt sich nicht an, als sei etwas gebrochen.«

»Nein«, stieß Ali mühsam hervor. Der Regen prasselte ebenso schnell auf das Dach des Pavillons, wie sein Herz raste. Ihre Hände waren so unfassbar weich. »Alles in Ordnung.«

»Schön.« Nahri schloss die Augen, und kühle Wellen wogten durch Ali, als hätte er die Beine in einen eiskalten Teich getaucht. Er erschauerte und beobachtete fasziniert, wie die Wunden aufhörten zu bluten und sich schlossen. Innerhalb von Sekunden waren seine Schienbeine wieder von heiler Haut bedeckt, als sei nie etwas passiert.

»Gott sei gepriesen«, hauchte er. »Diesen Anblick werdet Ihr bestimmt nie leid.«

»Die ererbte Pflicht hat hin und wieder auch ihre Vorteile. Fühlt Ihr Euch besser?«

»Ja«, gab er zu. »Vielen Dank.«

»Eine weitere Schuld, die Ihr bei mir habt.« Nahri löste die Hände von ihm. »Ich hoffe, die Papiere waren es wert.«

Ali trat seine Sandalen aus dem Pavillon und hoffte, dass der Regen das Blut weggespült haben würde, wenn er sie wieder anziehen musste. »All diese Verträge kein weiteres Mal lesen und kommentieren zu müssen, ist die Sache durchaus wert. Wusstet Ihr, dass manch einer sogar gegen Konkurrenten gerichtete Flüche in derartige Bauverträge hineinschmuggelt?«

»Nein. Nein, das wusste ich nicht.«

»Ich vorher auch nicht. Aus diesem Grund wird nun alles zweimal gelesen.«

»Hört sich langweilig an.«

Ali zuckte mit den Achseln. »Hin und wieder macht mir ein wenig Langeweile nichts aus. Sie ist ein guter Ausgleich zu den Begegnungen mit dem Tod.«

Nahri schnaubte und lehnte sich gegen den Stamm des Feigenbaums. Kurz erhellte ein Lächeln ihre Züge, bevor sie abermals die Augen schloss. »Das kann ich mir vorstellen.«

Danach schwieg sie und schien damit zufrieden zu sein, sich auszuruhen. Trotz ihrer Zusicherung, dass er im Pavillon bleiben durfte, zögerte Ali. Vermutlich war es besser, wenn er ging. Vor fünf Jahren hätte er darauf bestanden, dies zu tun. Heute wäre es sogar noch ratsamer, denn Ali konnte sich nur zu gut vorstellen, wie man sich das Maul zerreißen würde, wenn Emir Muntadhirs jüngerer Bruder in einem abgelegenen Garten allein mit dessen Frau gesehen wurde. Für solchen Klatsch lebte Daevabad.

Und manche starben auch deswegen.

Doch Nahri hatte ihn gebeten, zu bleiben. Zudem war dies die herzlichste – oder zumindest ungiftigste – Unterhaltung, die sie seit jener schrecklichen Nacht auf dem See geführt hatten. Dieser Augenblick fühlte sich ebenso flüchtig wie kostbar an, und er merkte, wie sehr er sich danach gesehnt hatte.

Daher blieb Ali. Er kehrte auf seinen Platz auf der gegenüberliegenden Bank zurück und griff nach seiner Zeichnung, die glücklicherweise nicht nass geworden war, als er sie hatte fallen lassen. Sodann widmete er sich erneut seiner Arbeit und versuchte sich auszumalen, welche Pflanzen und Bäume am besten an diesen Ort passen würden. Der Regen nahm zu, die Wassertropfen, die auf die Blätter prasselten, klangen wie Musik, und die Luft war schwer und feucht und roch nach nasser Erde und Blumen. Alles war ungemein und fast schon hypnotisierend friedlich. Seltsamerweise empfand er es als sehr angenehm, Nahri bei sich zu haben, und das Schweigen zwischen ihnen wirkte behaglich.

So behaglich, dass er nicht sagen konnte, wie viel Zeit verstrichen war, als Nahri abermals das Wort ergriff. »Was zeichnet Ihr da?«

Ali sah nicht von seiner Skizze auf. »Ich plane nur, was im Garten gepflanzt werden soll.«

»Hat man Euch in der Zitadelle etwa auch das Gärtnern beigebracht?«

»Was ich in der Zitadelle über Pflanzen gelernt habe, beschränkte sich eher darauf, dass man Dornenbüsche meiden sollte, wenn man aus einem Fenster springen muss. Gärtnern und Ackerbau ... Darüber habe ich erst in Bir Nabat etwas gelernt.«

Nahri runzelte die Stirn. »Ich dachte, man hätte Euch in eine Garnison geschickt.«

Ach ja, die alte Lüge seines Vaters. »Das stimmt nicht so ganz«, erwiderte Ali, wollte jetzt jedoch nicht näher auf unschöne Familiengeheimnisse eingehen. »Bir Nabat wurde auf den Ruinen einer Oasenstadt der Menschen errichtet, und ich habe versucht, die Bewässerungssysteme wieder aufzubauen. Eins kann ich Euch versichern ... Ich habe in den letzten Jahren mehr über Pflanzen und Felderträge nachgedacht als über Techniken aus der Zitadelle.«

»Alizayd al Qahtani, der Bauer.« Nahri lächelte ihn an. »Es fällt mir sehr schwer, mir das vorzustellen.«

»Eher Alizayd al Qahtani, der Kanalgräber. Das glamouröse Leben, von dem jeder Prinz träumt.«

Sie musterte ihn noch immer. »Aber es hat Euch dort gefallen.«

Ali spürte, wie sein Lächeln verblasste. »Ja.«

»Würdet Ihr gern wieder zurückkehren?«

Ich weiß es nicht. Ali wandte den Blick ab. Ihre dunklen Augen schienen bis in sein Innerstes zu sehen. Nahri mochte ihn für einen guten Lügner halten, aber Ali wusste, dass er keiner war, insbesondere nicht in ihrer Gegenwart.

Die Frage ließ ihn nicht mehr los. Offen gesagt wusste Ali es wirklich nicht. Die Vorstellung, eine Wahl zu haben, war ihm fremd. Personen wie Ali durften nicht selbst über derartige Dinge entscheiden.

»Was immer das Beste für meine Familie ist«, antwortete er schließlich.

Einen Augenblick lang herrschte Schweigen, nur das Plätschern des Regens war zu hören. Ali bildete sich ein, Nahris Blick auf sich zu spüren, wenngleich sie seine ausweichende Antwort weder ansprach noch mit einer sarkastischen Bemerkung reagierte.

»Dies kann in der Tat ein gefährlicher Ort sein, um sich etwas zu wünschen«, murmelte sie.

»So ist es«, stimmte er ihr zu.

Nahri stand auf. »Lasst mich mal sehen.« Sie riss ihm die Zeichnung aus den Händen und stieß ihn mit dem Ellbogen an, damit er ihr Platz machte und sie sich neben ihn auf die Bank setzen konnte.

»Ich bin kein besonders guter Künstler«, warnte er sie.

»Nein, das seid Ihr nicht. Aber ich finde mich schon zurecht.« Sie neigte das Blatt ein wenig. »Heilkräuter?«, las sie die Anmerkung auf Arabisch laut vor.

»Mir ist bewusst, dass die Gärten vor allem der Entspannung dienen sollen – der Eurer Patienten jedenfalls.« Ali zeigte auf die Tränen-Zypressen auf der Zeichnung. »Daher werden wir jede Menge Schattenbäume und Blumen pflanzen, Schaukeln und Liegestühle aufbauen … und einen neuen Brunnen bauen. Wenn noch genug Platz ist, könnten wir aber auch einige Pflanzen züchten, die Ihr ohnehin braucht. Hier wäre ein guter Platz für ein Kräuterbeet.«

»Die praktisch veranlagten Geziri.« Nahri beugte sich über das zwischen ihnen ausgelegte Pergament. Sie war Ali nun so nahe, dass er die Feuchtigkeit auf ihrem Gesicht erkennen konnte. Einige Locken waren unter ihrem Schal herausgerutscht und klebten an ihrer klammen Haut. Er atmete tief ein und erhaschte den Geruch der Zedernholzasche, mit der ihre Stirn gezeichnet war, und der in ihr Haar geflochtenen Jasminblüten.

Bei diesem Geräusch blickte sie auf. Sie sahen einander in die Augen, und auf einmal wirkte es fast, als würde sie erröten, dabei hätte er nie gedacht, dass die stets selbstsichere Banu Nahida überhaupt peinlich berührt sein konnte.

Rasch räusperte sie sich. »Ist das ein Orangenbaum?«

»Ein Orangen… Äh, ja«, stammelte Ali, noch immer irritiert ob ihrer Nähe. »Ich hatte mir überlegt, dass wir einen Schössling aus dem Hain Eures Onkels am Palast hier einpflanzen. Oder auch einen anderen Baum«, ruderte er zurück. Wenn Nahri ihn derart intensiv ansah, fiel ihm das Denken schwer. »Zitrone oder Linde – was immer Ihr wollt.«

»Nein … Ein Orangenbaum wäre perfekt.« Nahri zögerte. »Das habt Ihr sehr gut durchdacht.«

Ali rieb sich den Nacken und kam sich töricht vor. »Ich hatte den Eindruck, dass Ihr sie sehr mögt.«

»Selbstverständlich tue ich das. Er wirft mit seinen Wurzeln Eindringlinge zu Boden.« Sie schenkte ihm ein herzlicheres Lächeln, und diesmal tanzte in ihren Augen ein schelmischer Funke, der ein nervöses Flattern in seiner Brust auslöste. »Ich hätte nicht gedacht, dass Ihr ähnlich gute Erinnerungen daran habt.«

Die Anspielung auf ihr unglückseliges Wiedersehen entging ihm nicht. »Ich hätte mich nicht ohne Einladung dort aufhalten dürfen«, gestand Ali so diplomatisch, wie er nur konnte.

»Tja, offenbar seid Ihr lernfähig.« Nahri reichte ihm die Zeichnung. »Vielleicht kann ich Kaveh überlisten, meinen Orangenhain zu betreten, damit er vom Boden verschluckt wird.«

»War sein Besuch denn so schlimm?«

Nahri verzog das Gesicht. »Ich kann die Art nicht leiden, wie er mit mir spricht … Wie es so viele von ihnen tun. Als sei ich dieses halbwilde Kind, das sie formen und beschützen müssen. Männer wie Kaveh würden mich lieber als schweigende Ikone sehen, die sie anbeten, statt als Anführerin, von der sie tatsächlich herausgefordert werden. Das macht mich so unfassbar wütend.«

»Ich glaube, es geht nicht nur darum, dass sie Euch beschützen wollen.« Ali erinnerte sich an ihren Besuch im Tempel und das Entsetzen der Priester und Kavehs, als Nahri ihren Plan verkündet hatte. »Wenn Ihr mich fragt, haben sie Angst. Ihr macht weitaus mehr, als sie nur herauszufordern.«

»Wie meint Ihr das?«

»Ihr beschämt sie.«

»Inwiefern beschäme ich sie denn? Ich achte doch ständig darauf, möglichst diplomatisch zu sein!«

»Ihr und Eure berühmte Diplomatie. Ja, Ihr wart ganz *diplomatisch* im Tempel und habt ganz *diplomatisch* den über Jahrhunderte praktizierten ignoranten Glauben über die Shafit widerlegt. Was die Leute sich nun mal so einreden, damit sie auf andere herabblicken und sich weiterhin als rechtschaffen ansehen können. So etwas bekommt man nur ungern zu hören.« Ali musste an die Knochen der abgeschlachteten Nahid-Heiler denken, die sie in der Apotheke gefunden hatten. Er und sein Volk hatten selbst eine Geschichte, mit der sie sich befassen mussten.

Seine Worte hingen eine Weile schwer in der Luft. Bis Nahri so emotionslos und sarkastisch, wie er sie nie zuvor gehört hatte, meinte: »Ihr habt in Am Gezira wohl beim Wandern durch die Wüste Stimmen gehört und zur Religion gefunden, was?«

»Ich versuche nur zu helfen. Das wisst Ihr doch, oder?«

»Ja, das weiß ich.« Sie seufzte, und trotz dieses kurzen peinlichen Moments zuvor rückte sie wieder näher, bis ihre Knie gegen seine Brust stießen. Sie schüttelte das Ende ihres Tschadors aus, sodass Wassertropfen auf den moosbewachsenen Boden fielen. »Ist dieser Regen eigentlich Euer Werk?«

Die unerwartete Frage ließ Angst in ihm aufkeimen. »Natürlich nicht.«

»Jammerschade.« Nahri warf ihm einen Blick zu und in ihren dunklen Augen lag weder Vorwurf noch Spaß. Sie sah einfach nur sehr, sehr müde aus. »Ich hatte gehofft, der Regen würde noch ein paar Tage andauern.«

In diesem Augenblick wünschte sich Ali nichts sehnlicher, als wortgewandter zu sein. Er hätte zu gern etwas erwidert und die Traurigkeit aus ihrem Gesicht verschwinden lassen. »Wenn es noch lange weiterregnet, wird das Dach einstürzen«, versuchte er es mit einem Witz. »Dann säßen wir beide hier fest.«

Sie schenkte ihm ein leises Lächeln und stieß ihn an der Schulter an. »Ihr seid gar nicht so übel. Selbst dann nicht, wenn Ihr wie ein überdrehter Freitagsprediger redet.«

»Darf ich dann damit weitermachen?« Als Nahri nickte, fuhr

Ali fort. »Ihr solltet stolz auf Euch sein. Dieses Krankenhaus, dass Ihr Subha hergeholt und Euch den Priestern gestellt habt … Das war sehr mutig. Ihr leistet hier Großes. Lasst nicht zu, dass andere Euch kleinmachen, nur weil sie nicht mit Euch mithalten können.«

Nahri starrte ihn an. Er konnte die Gefühle nicht deuten, die sich in ihren Augen widerspiegelten, aber als sie ausatmete, schien es, als sei ihr ein Stein vom Herzen gefallen. »Danke. Es ist schön zu hören, dass mich wenigstens eine Person nicht für eine naive Närrin hält, weil ich die Shafit und die Daeva zusammenbringen will.«

»Wir überdrehten Freitagsprediger sind für unsere Weisheit bekannt. Hin und wieder jedenfalls.«

Eine Weile saßen sie einfach schweigend da. Nahri hatte es sich auf der Bank bequem gemacht und berührte mit der Schulter leicht die seine, und als sie in das von Ranken durchwucherte Blätterdach blickte, sah Ali ebenfalls nach oben.

»Glaubt Ihr, er wird Früchte tragen?«

Ali wusste nicht, ob das eine Metapher war oder der Versuch, das Thema zu wechseln. »Ich bin mir nicht sicher.«

»Ich dachte, Ihr kennt Euch jetzt mit Pflanzen aus.«

»Ich grabe Kanäle. Das ist etwas anderes.«

»Ach, natürlich. Vergebt mir den schweren Fehler, Euren Herzenswunsch falsch erkannt zu haben.«

»Und was ist mit Eurem?«, fragte Ali. »Ich habe Euch meine Vorliebe für ein Leben gestanden, das sich um Fruchtfolge anstatt königliche Pflichten dreht. Was würdet Ihr tun, wenn Ihr nicht die Banu Nahida wärt? Und sagt jetzt nicht, Ihr würdet als Ärztin oder Apothekerin arbeiten. Das wäre geschummelt.«

»Ich mag schummeln.« Nahri zuckte mit den Achseln. »Keine Ahnung … Ich habe nie wirklich darüber nachgedacht.«

»Ihr habt nie von einem anderen Leben geträumt?«

»Ich glaube nicht an Träume. Dadurch wird man nur enttäuscht.«

»Das ist das Deprimierendste, was ich je gehört habe, und ich kenne einen Scheich, der ein ganzes Jahr damit verbracht hat, sämtliche Bestrafungen im Jenseits aufzulisten. Na los«, ermutigte er sie. »Außerdem ist das keine Träumerei, sondern eine Fantasie, von der Ihr genau wisst, dass sie nie wahr werden wird. Eine Ablenkung. Weinpoetin«, neckte Ali sie und nannte das Abwegigste, was ihm zu Nahri einfallen wollte: »Simurgh-Ausbilderin. Die geduldigste Schreiberin meines Vaters.«

Nahri schlug ihm auf dem Arm. »Da lasse ich mich eher vergiften. Hm. Wenn ich keine Ärztin sein kann, wäre ich vermutlich … Buchhändlerin.«

»Buchhändlerin?«

»Ja«, bestätigte sie energischer. »Ein eigenes Geschäft zu haben, wäre schön. Ich rede gern mit den Leuten, ich mag Bücher, und vor allem überzeuge ich Kunden gern, sich von einem Teil ihres Geldes zu trennen. Könnt Ihr Euch vorstellen, all diese Bücher zu haben? Alles lesen zu können, was man möchte, und sich jeden Tag neue Informationen anzueignen?«

Ali grinste. »Ich weiß noch genau, wie begierig Ihr wart, jedes Buch aus der Bibliothek zu lesen.«

»Wer wurde denn von einem Regal gefegt und gegen eine Wand geknallt, weil er zu neugierig war?«

Er errötete, als er sich an ihren Ausflug in die Katakomben der Bibliothek erinnerte. »Das hat wirklich wehgetan«, gab er zu. »Ich habe versucht, so zu tun, als sei alles in Ordnung, dabei habe ich die ganze Zeit Sterne gesehen.«

Nahri musste lachen. Es war ein aufrichtiges, herzliches Lachen, nicht dieses spöttische Kichern, das er so oft von ihr hörte. Ali konnte sich nicht erinnern, wann er sie zum letzten Mal so hatte lachen hören. Am liebsten hätte er es festgehalten, sich eingeprägt, wie ihr Gesicht dabei strahlte, um es so lange wie möglich zu bewahren – sowohl in der Realität als auch in seiner Erinnerung.

Doch sie wurde schon wieder ernst. »Ich habe diese Nachmittage sehr genossen«, gab sie zu, und ein Hauch von Verletzlichkeit stahl sich in ihre Stimme. »Als ich nach Daevabad kam, empfand ich alles als so überwältigend. Die Erwartungen, die man an mich hatte, die Politik, die ich nicht verstand – all das erdrückte mich. Es war schön, dem jeden Tag für ein paar Stunden entkommen zu können. Arabisch zu sprechen und Antworten auf meine Fragen zu erhalten, ohne mich dumm zu fühlen.« Sie starrte ihre Hände an. »Es war schön, sich so zu fühlen, als hätte ich einen Freund.«

Jede lustige Bemerkung, die Ali auf der Zunge lag, war auf einen Schlag vergessen. »Können wir denn nicht wieder Freunde sein? Oder keine Freunde!«, korrigierte er sich, als Nahris Miene noch betrübter wurde. »Nur zwei Personen, die sich hin und wieder in einem äußerst baufälligen Pavillon treffen, um von dem Leben zu träumen, das sie viel lieber führen würden.«

Sie schüttelte längst den Kopf. »Ich halte das für keine gute Idee, Ali.«

Ali. Das war das erste Mal seit seiner Rückkehr nach Daevabad, dass Nahri ihn so nannte.

»Wegen dieser Nacht auf dem Boot?«, wollte er wissen. »Es tut mir leid. Ich wollte nicht ...«

Nahri nahm seine Hand. Sie verschränkte die Finger mit seinen und Ali verstummte augenblicklich. Er sah ihr ins Gesicht, doch sie blickte weiter in ihren Schoß, als würde sie seinem Blick ausweichen. Trotzdem entging ihm die Traurigkeit nicht, die kurz aufblitzte, wie ein Echo der Einsamkeit, die Nahri wie ein Schatten einzuhüllen schien.

»Es ist nicht wegen dieser Nacht auf dem Boot«, antwortete sie schließlich. »Sondern weil sich das hier ... es fühlt sich zu einfach an. Als könne es ein Fehler sein. Aber ich darf keine Fehler machen. Nie wieder.«

Ali machte den Mund auf und klappte ihn wieder zu. »Ich ... ich verstehe nicht, was Ihr meint.«

Abermals seufzte sie. »Es ist so, wie Ihr vorhin gesagt habt: Ihr werdet tun, was das Beste für Eure Familie ist. Ich tue das Beste für die Daeva. Sollte es je dazu kommen, dass einer von uns sich entscheiden muss ...« Nun sah Nahri ihm in die Augen und die Trauer in ihren erschütterte Ali bis ins Mark. »Dann wäre es vermutlich leichter, wenn wir keine Freunde sind.«

Sie ließ seine Hand los. Ali sagte nichts, als sie aufstand und sich den Tschador wieder sorgsam umwickelte, ihre professionelle

Maske wieder aufsetzte. Wie gern hätte er ihr widersprochen, doch wie üblich hatte Nahri den Nagel auf den Kopf getroffen.

»Kann ich Euch denn gar nicht helfen?«, erkundigte sich Ali bedrückt. »Es bricht mir das Herz, Euch so traurig zu sehen.«

»Schmuggelt Ihr mich aus der Stadt, wenn Euer Vater Euch aus der Stadt lässt?« Es hörte sich an, als würde sie das nur aus Spaß sagen, doch das in ihrer Stimme mitschwingende Leid ließ sich nicht überhören. »In Bir Nabat wird eine gute Buchhändlerin doch bestimmt gebraucht.«

Ali rang sich ein Lächeln ab, obwohl ihn die Verzweiflung zu übermannen drohte. »Ich werde die Augen nach Reisekoffern in Banu-Nahida-Größe offen halten.«

»Das wäre sehr lieb von Euch.« Nahri wandte sich zum Gehen und schlüpfte zwischen den verworrenen Ranken hindurch. »Doch ... Es gibt da etwas, das Ihr tun könntet. Falls es keine Umstände bereitet. Da Ihr den Garten ja ohnehin plant.«

»Was denn?«, fragte er. Sie hatte sich nicht ganz umgedreht, daher konnte er ihr Profil nur verschwommen hinter dem Tschador erkennen.

Ihre Stimme klang zögerlich und verlegen. »In den Hügeln wachsen diese kleinen Blumen mit lilafarbenen Blüten. Ich habe sie nie aus der Nähe gesehen, da Euer Vater nicht zulässt, dass ich die Stadt verlasse. Aber Ihr wisst, welche ich meine?«

Ali stellte erstaunt fest, dass er das tat. »Ich glaube, sie werden Iris genannt.«

»Könnten wir hier einige davon einpflanzen?«, bat Nahri. »Das sind die ersten Blumen, die im Frühling blühen, und ihr Anblick hat mir schon immer Hoffnung geschenkt.«

»Dann werde ich sie überall pflanzen«, versprach Ali. Als er merkte, dass ihm die Worte wie ein Eid über die Lippen gekommen waren, fügte er rasch hinzu: »Oder es zumindest versuchen.«

Der Ansatz eines Lächelns umspielte ihre Lippen. »Danke.«

Ali sah Nahri hinterher, als sie zwischen den Ranken verschwand. Er schwieg, obwohl ihm ein halbes Dutzend halb formulierter Sätze auf der Zunge lagen, Empfindungen und Gefühle, die er nicht ergründen konnte.

Daher rief er stattdessen stillschweigend die Marid-Magie an, deren Besitz er standhaft leugnete, und hielt den Regen an, bevor er sie durchnässte.

ZAYNAB

Diese Szene spielt direkt im Anschluss an die Ereignisse aus Das Königreich aus Kupfer *und enthält Spoiler für die ersten beiden Bücher.*

»So?«, fragte Ali und beugte sich vor, damit sie seinen Turban in Augenschein nehmen konnte.

»Nein, nicht so. Lass mich mal …« Rasch wickelte Zaynab den Turban wieder auf, dessen Stoff federleicht in ihren Händen lag. »Die Falten müssen glatter sein. Und du brauchst Schmuck.« Sie drehte sich um und wählte summend einige Stücke aus dem auf ihrem Bett aufgetürmten Haufen aus.

Ali verzog das Gesicht, als sie ihm eine Perlenkette umlegte. »Wenn ich es nicht besser wüsste, käme ich glatt auf die Idee, dass dir das Spaß macht.«

»Es macht mir auch Spaß. Es ist, als dürfte ich wieder mit Puppen spielen, und du schuldest mir dafür sogar noch einen Gefallen.« Zaynab hob die Schale mit dem Weihrauch hoch und schwenkte sie über Alis Kopf, damit der Geruch in seine Kleidung eindringen konnte.

»Hatte ich erwähnt, dass ich es eilig habe?«

»Mitglieder des Königshauses müssen sich nicht um Pünktlichkeit scheren.« Sie steckte ihm einen Ring auf den Daumen. »Ein rosafarbener Diamant für Ta Ntry. Wärst du weise, kleiner

Bruder, würdest du dafür sorgen, dass jeden Tag wenigstens ein Element an dir Ntaran ist. Auf diese Weise rufst du den Leuten in Erinnerung, dass du zu zwei mächtigen Familien gehörst.«

»Es gab in meinem ganzen Leben noch keinen Tag, an dem mich nicht jemand daran erinnert hat, dass ich ein Ayaanle bin. Meist nicht besonders höflich.« Ali trat einen Schritt zurück und richtete sich auf. »Wie sehe ich aus?«

Zaynab blinzelte. Es mochte zwar ihre Idee gewesen sein, dass sie sich Muntadhirs zeremonielle Kleidung ausborgten, um Nahris Treffen mit den Priestern im Tempel noch irgendwie zu retten, aber der Anblick ihres Bruders in königlicher Gewandung raubte ihr dennoch den Atem. In dem groß gewachsenen, imposanten Mann, der jetzt vor ihr stand, war kaum noch etwas von dem plappernden kleinen Jungen zu erkennen, der ihr immer im Haremsgarten hinterhergelaufen war. Mit der Hilfe ihrer Dienstmädchen hatte sie die ebenholzfarbene Robe ein wenig verzaubert, damit sie Alis Fußknöchel schwarz wie die Nacht rauchig umspielte. In den Qahtani-Farben, in denen sich Lila und Gold mischten, sah er richtig schneidig aus. Er trug weiterhin sein Zulfiqar und seinen Khanjar, und die tödlichen Klingen mit den abgenutzten Griffen bildeten einen deutlichen Kontrast zu seiner feinen Kleidung.

»Du siehst aus wie ein König«, sagte Zaynab leise, und ihr wurde das Herz schwer, so wie immer, wenn sie zwischen ihren beiden Brüdern hin- und hergerissen war. Es war aber auch wirklich schwer. Sie liebte Muntadhir und wünschte ihm nur das Beste, aber nachdem sie ihr Leben lang ebenso von den Geziri- wie von den Ayaanle-Adligen als »die Andere« behandelt worden war, konnte Zaynab nicht leugnen, dass wilder Stolz in ihr aufloderte, als sie einen als König gekleideten Ayaanle vor sich hatte. »Pass bloß auf, dass Amma dich nie so sieht«, warnte sie ihn. »Das würde sie auf zu viele gefährliche Gedanken bringen.«

Ali erschauderte. »Darüber darfst du nicht einmal Witze machen. Sie hört einfach alles.« Er fuhr sich mit einer Hand über den Bart. »Glaubst du, es wird funktionieren?«

»Fällt dir etwas Besseres ein?«

»Ich könnte Dhiru versprechen, dass ich wieder in den See springe, wenn er den Tempel aufsucht.«

Zaynab gab ihm einen Klaps auf die Schulter. »Jetzt fang bloß nicht du *mit solchen Witzen an.« Sie deutete auf die vielen Schriftrollen, die er mitgebracht hatte. Ali schien in letzter Zeit ständig Unmengen an Papierkram bei sich zu haben. »Brauchst du irgendetwas davon?«*

Ali ging schnell den Stapel durch. »Vielleicht einige der Pläne … Allerdings kennen die Priester das meiste schon. Wir müssen sie eher vom Shafit-Teil überzeugen.« Er steckte sich eine Schriftrolle unter den Arm. »Bei Gott, ich hoffe, dass es funktioniert. Ich kann sie doch nicht schon wieder enttäuschen.«

Ich kann sie *nicht schon wieder enttäuschen. Es ging ihm nicht ums Krankenaus. Sondern um Nahri. Zaynab fragte sich, ob Ali es überhaupt bemerkte. Ob ihr ahnungsloser Bruder wusste, welchen gefährlichen Weg er da einzuschlagen gedachte.*

Sie nahm seinen anderen Arm. »Wir werden es bald herausfinden«, versprach sie. »Und jetzt komm. Wir müssen uns noch Muntadhirs Pferd ausborgen.«

* * *

Der Schmerz holte Zaynab in die Gegenwart zurück und die Erinnerungen an Ali verblassten. Sie zuckte zusammen und stieß keuchend hervor: »Seid Ihr bald fertig?«

»Nein«, antwortete die Shafit-Ärztin – Subha, fiel Zaynab wieder ein. »Haltet still.«

»Wisst Ihr, wie lange …«

»Ihr solltet lieber den Mund halten.« Zaynab war schockiert, dass sie derart rüde unterbrochen wurde, doch die Ärztin blickte nicht einmal von ihrer Arbeit auf. »Eure Kehle ist verletzt und braucht Ruhe. Wenn Ihr das nächste Mal vorhabt, nachts die halbe Stadt zusammenzuschreien, solltet Ihr vorher etwas warmes Olivenöl trinken.«

Zaynab hielt »die halbe Stadt zusammenschreien« für eine banale Art zu beschreiben, wie sie die Geziri von Daevabad davor gewarnt hatte, dass ihre Relikte sie umbringen würden. Doch sie war zu erschöpft und zu traurig, um zu widersprechen. Stattdessen verzog sie nur das Gesicht und versuchte ganz still sitzen zu bleiben, als Subha ihr Handgelenk schiente. Ihr ganzer Körper schmerzte. Bislang hatte sich Zaynab als erfahrene Reiterin angesehen; Muntadhir hatte sie in den Sattel gesetzt, kaum dass sie laufen konnte. Aber in der letzten Nacht hatte sie auf die unangenehmste Art erfahren müssen, dass es einen gewaltigen Unterschied machte, ob man gemächlich über die Privatwege in den Palastgärten ritt oder im wilden Galopp durch Daevabad jagte, fliehenden Dschinn und stöhnenden Ghulen auswich und alle Geziri in Hörweite warnte.

Aber die Lektion war die Sache wert gewesen. Als der tödliche Kupferdunst das Geziri-Viertel einhüllte und sich wie ein gieriger, bösartiger Nebel ausbreitete, war ihr Volk bereit gewesen, hatte die Relikte entfernt und vergraben. Zaynab mochte dabei ihre Stimme verloren haben, und sie würde in den nächsten Tagen garantiert auf kein Pferd steigen, aber sie und Aqisa hatten Tausenden das Leben gerettet. Sie waren Heldinnen.

Allerdings fühlte sich Zaynab nicht wie eine Heldin. Schließlich wurden die kleinen Brüder von Helden nicht getötet, indem man sie in eine Stadt zurückschleifte, der sie endlich entronnen waren. Abermals sah Zaynab Ali in der königlichen Kleidung vor sich. Er hatte sich in Am Gezira ein Leben aufgebaut. Er war dort glücklich gewesen.

Jetzt war er vermutlich tot. Denn Zaynab und Aqisa hatten nur den ersten Teil ihrer Mission erfüllen können. Ja, sie hatten das Geziri-Viertel vor der nahenden Gefahr warnen sollen. Danach hätten sie jedoch die Zitadelle erreichen sollen, um Ali und die Offiziere, die sich seiner Rebellion angeschlossen hatten, davor zu warnen, dass ein weitaus schlimmerer Coup längst im Gange war und dass die Armee – die gefürchtete Königsgarde von Daevabad mit ihren vielen Tausend gut bewaffneten und gut ausgebildeten Kriegern – gebraucht wurde, um alle zu retten.

Aber als sie dort eingetroffen waren, hatte es keine Zitadelle mehr gegeben.

Stattdessen hatte sich Zaynab und Aqisa ein Anblick wie aus der Hölle geboten: Zaydi al Qahtanis mächtige Festung – der erste Ort, den ihre Familie in Daevabad errichtet hatte und wahrscheinlich Alis letzter Anblick – existierte nicht mehr. Der gewaltige Turm war aus der Verankerung gerissen, zertrümmert und in den See gestürzt. Auch dem Rest war es nicht viel besser ergangen. Von den Gebäuden waren nichts als Trümmer übrig, und der Hof glich einer Schlammgrube voller mit Wasser und Blut gefüllter Gräben, als habe eine gewaltige Bestie ihre Klauen über den Boden gezogen.

Und erst die Leichen. Mehr Leichen, als Zaynab zählen konnte. Zerschmettert, ertrunken und in Stücke gerissen – die blutigen Uniformfetzen waren das Einzige, woran man erkannte, dass sie einst lebendige Männer gewesen waren. Sie lagen halb begraben unter Geröll oder auf dem nassen Sand, trieben im See oder waren unter dem umgestürzten Turm begraben. Zahllose waren bei lebendigem Leib gefressen worden, was man an den Überresten der Ghule, die noch zerfetzte Gliedmaßen bei sich hatten, erkennen konnte.

Zaynab war wie von Sinnen zur Grube galoppiert und hatte Alis Namen geschrien. Doch wie als Reaktion auf ihre Trauer hatte ein Erdbeben die Insel erschüttert. Ihr scheuendes Pferd warf sie ab, und Zaynab kam ungünstig auf dem Boden auf und brach sich das Handgelenk. Umgeben von wankenden Gebäuden, panischen Einwohnern und herabstürzenden Trümmern hatte sie panisch Schutz gesucht. Zuvor hatte sie jedoch noch mitbekommen, wie der Himmel aufriss und der Schleier verschwand, der ihr Königreich von der Menschenwelt trennte. Dabei nahm er die beschworenen Feuer der Dschinn mit, die nach Überlebenden suchten. Die verzauberten fliegenden Teppiche, mit denen sie den Verletzten zu Hilfe eilten. Und als es in Daevabad keinerlei Magie mehr gab, setzten die Schreie erst richtig ein.

Bis dahin hatte Aqisa Zaynab gefunden, auf die Beine gezerrt und auf ihr Pferd geworfen, um mit ihr zum Krankenhaus zu reiten. »Ich binde Euch an eine Säule, wenn Ihr versucht, von hier zu verschwinden«, hatte die Kriegerin Zaynab gewarnt, bevor sie sie in Subhas Obhut zurückließ. »Ich werde nach Eurem Bruder suchen. Ihr müsst das nicht sehen.«

Zaynab war vom Schmerz und Schock viel zu benommen gewesen, um zu widersprechen, und erst nachdem Aqisa verschwunden war, ging Zaynab die eigentliche Bedeutung ihrer Worte auf.

Aqisa rechnete nicht damit, Ali noch lebend zu finden.

Das war inzwischen Stunden her. Der Himmelsfleck, den Zaynab durch das Fenster sehen konnte, schimmerte nun im Blassblau des frühen Morgens, das Scharlachrot des Sonnenaufgangs war verblasst. Aber wenn es schon so spät war …

Ich habe den Adhan zum Fadschr gar nicht gehört. Bei dieser Erkenntnis drehte sich Zaynab der Magen um, denn sie konnte sich nicht daran erinnern, dass es so etwas schon einmal gegeben hatte. Nicht dass sie sich in der Lage gefühlt hätte, jetzt zu beten. Würde sie jetzt versuchen, Gott anzurufen, finge sie nur an zu schluchzen und könnte nicht mehr damit aufhören.

Amma, ich brauche dich. Ich brauche Abba. Ich brauche meine Brüder.

Doch in ihrem Kopf bekam sie keine Antwort. Daher holte Zaynab tief Luft und wappnete sich. »Gibt es schon Neuigkeiten aus dem Palast?«

Die Ärztin schüttelte den Kopf. »Alles, was ich gehört habe, ist völlig verrückt. Die Leute behaupten, es wäre ein neuer Suleiman gekommen, der uns die Magie genommen hat und den Zorn des Schöpfers über uns bringt.«

»Glaubt Ihr das?«

»Nein.« Subha warf ihr einen finsteren Blick zu. »Ich glaube, dass die Götter diesen Ort schon vor langer Zeit verlassen haben.«

Eine Bewegung an der Tür erregte ihre Aufmerksamkeit und schon kam Aqisa herein. Jedoch stellte sich die Erleichterung, die Zaynab gern beim Anblick ihrer Begleiterin verspürt hätte, nicht ein. Aqisa war blutbedeckt und ihr Gesicht aschfahl.

»Aqisa!« Zaynab wollte schon aufspringen, als der Schmerz durch ihren Arm zuckte und sie daran erinnerte, dass Subha noch nicht fertig war. »Helft ihr! Sie ist verletzt.«

»Nein, das ist nicht mein Blut«, stieß Aqisa heiser hervor. Sie mochte nicht verletzt sein, war jedoch in einem schlimmen Zustand und taumelte in den Raum, anstatt sich wie sonst mit tödlicher Anmut zu bewegen. Sie lehnte sich an eine Wand und wirkte erschüttert und mitgenommener, als Zaynab es ihrer stolzen, direkten und immer furchtlosen Freundin jemals zugetraut hätte.

Ihr wurde das Herz schwer. »Ihr habt ihn gefunden.«

Aqisa schüttelte ermattet den Kopf. »Nicht Ali. Ich habe Lubayd gefunden. Er wurde von einem Ifrit getötet.« Tränen glitzerten in ihren Augen. »Durch eine Axt in den Rücken. Dieser dämliche Narr. Er hätte nicht durch einen Ifrit ums Leben kommen sollen.«

Lubayd. Alis laut lachender Bär von einem Freund und ein weiterer Mann, der ohne Zaynabs Einmischung nie nach Daevabad gekommen wäre. »Es tut mir so leid, Aqisa. So schrecklich leid.«

Aqisa winkte ab. »Dafür könnt Ihr nichts, Zaynab. Daran ist keiner von uns schuld.«

Subha hatte Zaynabs Handgelenk geschient, und der Geruch von Kalk und Gips hing in der Luft.

»Lubayd war ein gütiger Mann«, sagte Subha leise. »Ich musste ihn zwar mehrfach rauswerfen, weil er im Krankenhaus geraucht hat, aber er hat die Kinder der Angestellten immer ungemein herzlich behandelt.«

»Ich werde die Kreatur umbringen, die das getan hat. Das schwöre ich bei Gott.« Aqisa wischte sich über die Augen und holte zittrig Luft. »Zaynab, Euer Bruder ... Ich habe mit allen Überlebenden gesprochen, die ich finden konnte. Alle haben dasselbe gesagt. Der Ifrit, der Lubayd ermordet hat ... Er hat Alizayd mitgenommen.«

»Was-was meint Ihr damit?«, verlangte Zaynab zu erfahren. »Wohin wurde er gebracht?«

»Das weiß ich nicht. Sie sagten, sie wären einfach verschwunden. Da war ein Lichtblitz und danach waren sie beide weg.«

Weg. Das Wort hallte durch ihren Schädel. Zaynab öffnete den Mund, doch ihr fehlten die Worte. Ihr wäre es lieber gewesen, man hätte Alis Leiche gefunden, in welchem Zustand auch immer. Dann hätte sie ihn verbrennen und auf die Art ihres Volkes trauern können. Er wäre zumindest als Märtyrer gestorben und im Paradies wieder aufgewacht.

Nun würde er nach dem Aufwachen einem menschlichen Herrn dienen müssen. Über Jahrhunderte unter der Knute der Menschen leiden, die er so bewundert hatte.

»Das ist alles meine Schuld«, stieß sie erstickt hervor. »Das ist alles meine Schuld. Ich hätte ihn niemals …«

»Zaynab.« Auf einmal stand Aqisa neben ihr und umklammerte ihre Schultern. »Hört mir jetzt gut zu. Nichts von alldem ist Eure Schuld. Ihr konntet nicht wissen, dass die Stadt angegriffen wird. Außerdem ist Alizayd vielleicht noch am Leben. Wir wissen nicht, was der Ifrit von ihm wollte.«

Zaynab hatte Tränen in den Augen. »Die wollen doch immer nur das eine.«

»Das wisst Ihr nicht«, beharrte Aqisa. »Möglicherweise arbeitet der Ifrit mit den Daeva zusammen, die hinter all dem stecken. Warum sollte er denn sonst hier sein?«

Subha keuchte auf. »Daeva sind für all das verantwortlich?«

»Dieser rückgratlose Großwesir hat den König ermordet und das Gift freigesetzt, das meinem Volk den Garaus machen sollte«, spie Aqisa förmlich hervor. »Ich werde ihn ebenfalls umbringen.«

Aqisas Mordlust holte Zaynab kurz aus der betäubenden Wolke aus Trauer, die sie zu verschlingen drohte. Aber ihr blieb keine Zeit zum Trauern.

»Ich kann mir nicht vorstellen, dass alle Daeva dahinterstecken«, entgegnete sie. »Schließlich war Nahri diejenige, die uns gewarnt hat. Sie ist mit Muntadhir im Palast geblieben, damit wir das Geziri-Viertel warnen und Ali und die Königsgarde zur Verstärkung holen können.«

Subha lief unruhig auf und ab. »Das ist nicht gut. Ich habe hier Dutzende von Daeva-Patienten, Opfer des Angriffs auf die Navasatem-Parade. Wenn bekannt wird, dass die Daeva für das verantwortlich sind, was in der Zitadelle passiert ist …« Sie sah Zaynab an. »Habt Ihr außerhalb des Palastes Verbündete, die uns helfen können? Irgendwelche Verwandten?«

»Mein Vater und Großvater waren Einzelkinder. Ich habe einige entfernte Vettern und Onkel, die in Daevabad dienen, aber …« Zaynab schluckte den Kloß herunter, der ihr die Kehle zuzuschnüren drohte. »Sie waren vermutlich alle im Palast oder in der Zitadelle.«

»Und was ist mit Euren Verwandten mütterlicherseits?«, wollte die Ärztin wissen. »Die Königin hat das halbe Krankenhaus finanziert. Sie muss doch Beziehungen haben, Angehörige …«

»Die meisten sind mit ihr nach Ta Ntry zurückgegangen.« Als sie diese Worte laut aussprach, fühlte sich Zaynab auf einmal schrecklich allein. Ihr Vater war tot, ihre Mutter eine halbe Welt entfernt. Muntadhir und Nahri hielten sich auf der anderen Seite der Stadt auf, und Ali …

Sie holte tief Luft, weil ihr der Schmerz den Brustkorb zuschnürte. Nein, Zaynab würde jetzt nicht an Ali denken.

»Ihr habt also keine Verbündeten«, stellte Subha fest. »Eine Prinzessin ohne Macht ist nur eine weitere Person, die ein Bett im Krankenhaus belegt. Wie sollen wir das, was noch übrig ist, schützen, wenn die Königsgarde herkommt und sich an meinen Daeva-Patienten rächen will?«

»Aber sie *ist* die Prinzessin.« Aqisas Augen blitzten. »Die Königsgarde wird auf sie hören. Zaynab ist ebenso Zaydi al Qahtanis Nachfahrin wie ihre Brüder. Unser Volk ist loyal. Es wird sich hinter ihr versammeln.«

»Euer Volk ist konservativ«, widersprach Subha. »Es ist wahrscheinlicher, dass sie zu ihrem eigenen Schutz in irgendeinem Herrenhaus eingesperrt wird, während sich die Männer um die Überreste des Regimes ihres Vaters streiten und die Stadt auseinanderbricht.« Als Aqisa ein Zischen ausstieß, schnaubte Subha. »Starrt mich nicht so wütend an. Ich habe schon viel zu oft miterlebt, wie meine Leute im Stich gelassen wurden, als dass ich mir von einer finsteren Banditin Angst einjagen lasse.«

»Ich werde Euch zeigen, was eine finstere …«

»Das reicht!« Zaynab wandte sich an Aqisa. »Mit wem habt Ihr da draußen gesprochen?«

Aqisa warf der Ärztin noch einen letzten zornigen Blick zu, bevor sie antwortete. »Größtenteils mit Soldaten. Ein paar Dutzend haben überlebt, allerdings kein einziger hochrangiger Offizier.

Ich habe auch einige Adlige gefunden, die drauf und dran zu sein schienen, sich einzunässen, den obersten Gärtner und den Minister für Privilegiertenzuwendungen.«

»Privilegiertenzuwendungen?«, wiederholte Subha. »Hat das etwas mit Waffen zu tun?«

»Nein, mit Roben«, erklärte Zaynab schwach. »Roben für Ehrengäste.«

»Ah.« Die Ärztin massierte sich die Nasenwurzel. »Wir werden alle sterben.«

»Wir werden nicht sterben.« Zaynab stützte sich auf Aqisa und stand dann mit wackligen Beinen auf. Sie fühlte sich, als seien ihre Beine aus Gummi, wenn sie nicht gerade schmerzten, und in der Luft hing ein widerlicher Geruch. Zaynab rümpfte die Nase, bevor ihr aufging, dass sie der Grund für diesen Gestank war. Ihr Kleid war voller Dreck, Schlamm und Blut, und Gott allein wusste, was sonst noch auf diesem dunklen Umhang prangte, den sie sich hastig übergeworfen hatte.

Glücklicherweise war ihr Turban noch intakt, und sie konnte ein Stück davon herunterziehen, das groß genug war, um ihr Gesicht zu verschleiern. »Ich werde mit diesen Leuten reden.«

Aqisa starrte sie mit großen Augen an. »Ihr seht aus wie ein Ghul.«

»Ein königlicher?«

Die Kriegerin legte den Kopf schief. »Vielleicht ein bisschen?«

»Ihr seid mir wirklich ein großer Trost. Aber dann wird es eben so gehen müssen.« Zaynab drückte den geschienten Arm an sich und folgte Aqisa aus dem kleinen Zimmer auf den Hauptkorridor des Krankenhauses.

Laute Stimmen drangen vom Hof herüber, und der Geziri-Tonfall war zwar vertraut, ärgerlicherweise jedoch unverständlich. Trotz diverser diskreter Tutoren hatte Zaynab die Sprache ihres Vaters nie wirklich erlernt, was sie bis heute grämte.

Nun konnte sie nur hoffen, dass sich dieser Zustand nicht als Schwäche herausstellte, die sie darin hinderte, so viel Macht wie nur möglich zu ergreifen.

»Idioten!«, bellte Aqisa auf Dschinnistani, als sie den Hof

voller streitender Dschinn betraten. Zaynab segnete sie innerlich dafür, dass sie die Sprache wechselte. »Hört auf, zu jammern und mit den Zähnen zu knirschen. Eure Prinzessin ist hier, um zu euch zu sprechen.«

Zaynab hatte bisher nicht gewusst, dass Männer derart schnell verstummen konnten. Sie trat hinter Aqisa hervor. Etwa ein Dutzend Geziri, die eine zusammengewürfelte Mischung aus blutigen Uniformen und zerrissenen Kleidungsstücken trugen, starrten sie an. Kein einziges Gesicht kam ihr bekannt vor, und Zaynab unterdrückte den Instinkt, wieder zurückzuweichen.

»Euer … Eure Hoheit«, stammelte ein Mann mit gebrochener Nase. Er hatte die Augen in seinem geschwollenen und verfärbten Gesicht weit aufgerissen, senkte dann abrupt den Blick und ging so schnell auf ein Knie, dass der Aufprall schmerzhaft gewesen sein musste. Dabei gab er dem Mann neben sich einen Klaps, und schon knieten sie alle und keiner wagte es, sie anzusehen.

Was zur Folge hatte, dass sich Zaynab noch mehr fehl am Platz fühlte. Wahrscheinlich kannte sie einige ihrer Frauen; Gattinnen und Töchter, über die sie selbstsicher im Harem herrschte. Das war die Art von Macht, mit der sich Zaynab auskannte: die Befehlsketten innerhalb der Welt der Frauen, mit der man einen Thron zu erobern vermochte. Geld, Ehe und Handelsallianzen, ein geflüstertes Gerücht … All diese Werkzeuge beherrschte Zaynab meisterhaft und führte sie mit dem liebreizenden Lächeln, das die Höflinge sich nur zu gern verdienen wollten. Zaynab mochte diese Macht. Sie hatte sie eingesetzt, um Ali das Leben zu retten und ihn nach Hause zu holen, sie hatte versucht, den aufkommenden Krieg zwischen ihren Brüdern zu verhindern. Meist verabscheute sie allerdings die körperlichen Einschränkungen ihrer Rolle – wobei sie wusste, dass diese eher auf der Sorge ihres Vaters um sie als auf Anstand beruhten. Sie sehnte sich danach, mehr von der Stadt und der Welt zu sehen. Aber diese Rolle war ihr wenigstens vertraut.

Ganz im Gegensatz zu all dem hier. Es stand Zaynab nicht zu, sich an Soldaten zu wenden. Das hätte Muntadhir tun sollen oder Ali.

So hätte es sein sollen, aber so ist es nun mal nicht – außer dir kann das niemand tun. Und mit jedem Augenblick, den du vergeudest, bringst du sie noch mehr in Gefahr.

Zaynab straffte die Schultern und versuchte, sich an alles zu erinnern, was sie je bei ihrer Mutter beobachtet hatte. Hatset hatte immerzu Umgang mit Männern und machte sich nicht die Mühe, auch nur so zu tun, als würde sie sich an den königlichen Brauch, adlige Frauen abzuschirmen, halten wollen. »Du vergisst, dass ich in Ta Ntry selbst über einen Hof regiert habe, liebste Tochter«, hatte sie mehr als einmal gesagt. »Die besonderen Bräuche dieses Daeva-Felsens interessieren mich daher kein bisschen.«

Oh, Amma, jetzt könnte ich dich gut an meiner Seite gebrauchen. Sie nahm ihren ganzen Mut zusammen und ließ einen Befehlston in ihre Stimme einfließen. »Ich würde gern erfahren, was hier vor sich geht. Angefangen damit, was wir über den Angriff auf den Palast wissen.«

Ein älterer Mann in einem zerknitterten Verwaltermantel trat vor. »Nicht viel, Prinzessin, muss ich leider zugeben. Ihr und die edle Aqisa scheinen die einzigen Dschinn zu sein, denen die Flucht gelungen ist. Prinz Alizayd hat früher an diesem Abend das Shafit- und das Geziri-Viertel abgeriegelt. Daher würden wir wissen, wenn jemand versucht hätte hineinzugelangen.«

Zaynab lief es eiskalt den Rücken herunter. »Abgeriegelt? Was meint Ihr damit?«

Einige der Männer tauschten Blicke. »Er hat die Tore zum Midan geschlossen«, erklärte der Verwalter leise und in einem Tonfall, bei dem sich Zaynab wie eine Närrin vorkam. »Er hat die Mauern verstärken und Wachposten aufstellen lassen. Das bedeutet, dass unsere Viertel – also das der Geziri und das der Shafit – recht gut geschützt und vom Rest der Stadt abgetrennt sind. Dadurch befinden sich eine dicke Mauer und Soldaten zwischen uns und denjenigen, die den Palast angegriffen haben, aber …«

»Aber es heißt auch, dass alle auf der anderen Seite festsitzen«, beendete Zaynab den Satz für ihn.

»Das ist alles die Schuld der Feueranbeter«, zischte ein Soldat. »Am Strand wurden Daeva-Kämpfer gesehen. Wir sollten alle, die sich hier aufhalten, schnellstmöglich ausschalten, bevor sie sich gegen uns wenden.«

»Sollte irgendjemand Hand an die Daeva im Krankenhaus anlegen, wird er sie verlieren«, fauchte Zaynab. Etwas von ihrem Vater musste in ihrem Tonfall mitgeschwungen haben, da die Hälfte der Männer sogleich zurückwich. »Banu Nahri kam höchstpersönlich zu mir, damit ich den Rest von Euch vor dem Gift warnen konnte. Ich werde mir auf keinen Fall Beleidigungen gegenüber ihrem Stamm anhören.« Erneut ließ sie den Blick über die Männer vor sich schweifen und erinnerte sich daran, dass Aqisa gesagt hatte, nur wenige Soldaten hätten den Angriff auf die Zitadelle überlebt. »Wir brauchen Hilfe. Wajed hat Daevabad vor dem Angriff verlassen, doch er kann noch nicht weit sein. Sind Kundschafter unter Euch? Wir mögen nicht länger über Magie verfügen, sollten aber noch immer in der Lage sein, Nachrichten per Boot oder Pferd auszuschicken.«

Sofort breitete sich Unruhe in der Gruppe aus. Einige Männer verlagerten das Gewicht von einem Bein auf das andere, aber keiner ergriff das Wort.

Na großartig, nun war sie offenbar dermaßen zu Ghassan geworden, dass es ihnen vor Angst die Sprache verschlagen hatte. »Was ist?«, hakte sie nach und versuchte, nicht mehr ganz so einschüchternd zu klingen. »Wo liegt das Problem?«

»Es … es gibt keine Boote mehr, Prinzessin«, erwiderte einer der Soldaten. »Letzte Nacht haben zwei Ifrit die Docks in Brand gesetzt. Sie haben nichts verschont, selbst das kleinste Boot vernichtet und mehrere Männer getötet, die das Feuer löschen wollten. Wir haben keine Möglichkeit mehr, die Insel zu verlassen.«

Aqisa stieß einen Fluch aus. »Können wir denn kein Floß bauen?«

Der Soldat schüttelte den Kopf. »Nur zu. Baut ein Floß. Wir werden Wetten abschließen, ob Euch ein Ifrit oder der Marid aus dem See den Garaus macht.«

Zaynab legte Aqisa eine Hand auf den Unterarm, bevor diese unangebracht reagieren konnte. Sie spürte die Blicke der Männer wie eine Last. Die vor ihr Versammelten waren verängstigt und verunsichert, und sie war eine Qahtani. Daher sollte sie auch das Sagen haben.

Doch Zaynab wusste beim besten Willen nicht, was man in einer solchen Situation tun musste.

»Hat man schon etwas von meinen Brüdern gehört?« Sie stellte diese Frage nur äußerst ungern. Zaynab konnte sich gut vorstellen, wie schwach sie dadurch klang, aber sie musste es einfach wissen. Der Drang, ihre Familie zu sehen, Muntadhir und Ali in die Arme zu nehmen und gemeinsam herauszufinden, wie es weitergehen sollte, war nahezu übermächtig.

Die Miene des Verwalters sprach Bände. »Nein, Eure Hoheit.«

»Prinzessin Zaynab?«

Zaynab drehte sich um. Ein riesiger Shafit stand im Bogengang, mit einer blutbefleckten Schürze voller medizinischer Instrumente um die Taille und sehr nervöser Miene.

»V-vergebt mir«, stammelte er. »Meine Frau – Dr. Sen sagte, ich soll Euch holen.«

Aqisa war näher an Zaynab herangetreten und hatte ihr Schwert schon halb aus der Scheide gezogen. »Warum?«, verlangte sie misstrauisch zu erfahren.

»Wir haben einen Überlebenden aus dem Palast gefunden.«

* * *

Das Kind war klein, und da es die Knie eng an die Brust gezogen hatte und sich unter einer Decke vor und zurück wiegte, wirkte der Junge sogar noch kleiner. Zaynab konnte so gut wie nichts ausmachen – weder sein Alter noch seine Kleidung oder seine Herkunft –, da er von Kopf bis Fuß mit Blut und Asche bedeckt war, sodass in seinem dreckigen Gesicht nur seine schwarzen Augen auffielen, mit denen er sich gehetzt umsah.

Die Dunkelheit in diesen Augen ließ sie stutzen. »Ein Daeva?«, raunte sie Subha zu, während ihr Ehemann Parimal an die Seite des Jungen zurückkehrte und sich daranmachte, ihm sanft das Gesicht zu säubern.

Die Ärztin schüttelte den Kopf. »Ein Shafit, aber er verdankt sein Leben einem Daeva. Anscheinend treiben sie alle Dschinn und Shafit zusammen, die den Angriff auf den Palast überlebt haben, und pferchen sie in die Bibliothek. Ein Daeva-Gelehrter hat ihn rausgeschleust, indem er behauptete, er sei der Onkel des Jungen. Unsere Soldaten haben ihn auf dem Midan gefunden, wo er versucht hat, über die Mauer zu klettern.«

»Wieso wurde er hierhergebracht?« Sie befanden sich in einem gut ausgestatteten Zimmer in der obersten Etage des Krankenhauses, bei dem es sich Parimals Worten zufolge um Nahris Arbeitszimmer handelte. Dank eines Brunnens voller Lotusblumen und einem eleganten Platz am Fenster mit bestickten Kissen und einem verzierten Holzparavent wirkte der Raum sehr einladend, jedoch nicht so, als könne man hier gut ein traumatisiertes Kind behandeln.

»Wegen dem, was er noch gesagt hat.« Subha sah Zaynab in die Augen und zum ersten Mal wirkte die Ärztin besorgt. Das war durchaus alarmierend, wenn man bedachte, wie Subha gewirkt hatte, als sie über Ghule und magische Seuchen sprachen. »Wen er angeblich im Palast gesehen hat.«

»Wen hat er denn gesehen?«

Subha zögerte. »Er ist sehr jung und außerdem völlig durcheinander. Warten wir erst einmal ab, ob er Euch denselben Namen nennt, bevor wir uns weitere Gedanken machen.«

Das war keine sehr beruhigende Antwort. Zaynab wappnete sich und ging auf den kleinen Jungen zu.

»Friede sei mit dir«, sagte sie freundlich und nahm neben ihm Platz, um ihren Schleier zur Seite zu ziehen. »Ich bin Zaynab. Wie ist dein Name?«

Er sah sie blinzelnd und mit vom Weinen rot geränderten Augen an. »Botros«, flüsterte er und umklammerte einen leeren Kupferbecher.

»Möchtest du noch ein bisschen Wasser trinken, Botros?«, erkundigte sie sich, nahm ihm den Becher ab und reichte ihn Aqisa. »Geht es dir gut? Tut dir irgendetwas weh?«

Er erschauerte. »Ich hab mir an den Fingern wehgetan, als ich über die Mauer klettern wollte, aber die Ärztin hat sie verbunden.«

Der kleine Junge hob die Hände. Zaynab erschrak, als sie das Blut sah, das an seinen Fingerspitzen durch den Verband sickerte. Er musste erbittert versucht haben, über die Mauer zu gelangen. Was hatte ihm solche Angst eingejagt? Oder wer?

Sie räusperte sich. »Kannst du mir sagen, was du im Palast gesehen hast, Botros?«

»Monster«, antwortete er zaghaft. »Riesige Monster aus Rauch und Feuer.«

Riesige Monster aus Rauch und Feuer? Zaynab sah Aqisa, die soeben mit dem Becher Wasser zurückkehrte, über Botros' Schulter hinweg in die Augen. Die Kriegerin zuckte bloß mit den Achseln. Zaynab konnte es ihr nicht verdenken. Nach den letzten Stunden schienen ihr selbst riesige Monster aus Rauch und Feuer durchaus möglich zu sein.

Sie gab Botros den Becher. »Kannst du mir mehr über die Angreifer erzählen? Hast du irgendwelche Soldaten gesehen?«

Er trank vorsichtig einen Schluck. »Ja. Daeva.«

Abermals Daeva. Es ließ sich also nicht leugnen. Kaveh hatte den König getötet und das Gift freigesetzt, und Daeva-Soldaten waren zusammen mit den Ifrit am Strand gewesen. Sie hatten es mit der Art von Glaubenskrieg zu tun, die ihr Vater am meisten gefürchtet hatte. Die Katastrophe, vor der er immer gewarnt hatte, war die größte Gefahr für den Frieden in Daevabad: eine, die zu einem Blutvergießen führte, das nicht einmal die Königsgarde eindämmen konnte, und zu so vielen Todesopfern wie einst, als der Nahid-Rat im Krieg gestürzt wurde.

Eine Katastrophe, die nun Zaynab verhindern musste.

Subha berührte den Jungen an der Schulter. »Würdest du ihr bitte sagen, was du in der Bibliothek gesehen hast?«

Sofort kamen Botros wieder die Tränen. »Ich will nicht darüber reden.«

»Das weiß ich, mein Kleiner, aber es ist sehr wichtig.« Die Ärztin zupfte seine Decke zurecht. »Versuch es einfach. Du bist hier in Sicherheit, das verspreche ich dir.«

Obwohl er wieder zu zittern anfing, redete er weiter. »Nach dem Erdbeben sagten die Soldaten, dass wir in die Bibliothek gehen müssen. Alle haben geschrien. Sie haben jeden umgebracht, der sich gewehrt hat oder weglaufen wollte. Und dann … und dann … Als sie uns in die Bibliothek brachten …« Er zitterte so heftig, dass etwas Wasser aus dem Becher schwappte. »Da habe ich ihn gesehen.«

Zaynab umfing seine Hände mit ihren. »Wen?«

Er sah sie mit großen, verängstigten Augen an. »Die Geißel.«

Sie ließ die Hände sinken und schrak entsetzt zurück. »Du musst dich irren. Der Afshin ist tot. Prinz Alizayd hat ihn vor Jahren getötet.«

Der Junge wurde unter seiner Decke immer kleiner. »Es tut mir leid, edle Dame. Ich wollte Euch nicht aufregen.«

Scham überkam sie. Bei Gott, wenn Zaynab nicht einmal ein einzelnes Kind trösten konnte, wie sollte sie dann ein ganzes Stadtviertel beruhigen und den Frieden bewahren? »Nein, entschuldige bitte. Ich wollte dir keine Angst machen. Aber wenn das, was du sagst, stimmt …«

»Botros hat mir erzählt, die anderen Daeva hätten ihn mit Afshin angesprochen«, schaltete sich Subha mit leisem Entsetzen in der Stimme ein. »Er sagte, der Mann hätte leuchtend grüne Augen und einen tätowierten Pfeil im Gesicht.«

»Er hat viel geschrien«, fügte der kleine Junge hinzu und erschauerte abermals. »Zwar in Divasti, aber er hörte sich sehr wütend an. Er hat sich mit dem Emir gestritten und …«

»Mit dem *Emir?*« Zaynab keuchte auf. »Emir Muntadhir?«

Botros nickte. »Sie haben ihn gerade gefesselt, als wir in die Bibliothek kamen. Er schrie die Geißel an, und die Geißel … Er-er beschwor eine fliegende Bestie.« Er senkte den Blick. »Es tut mir leid. Ich hatte solche Angst. Als ich weinen musste, hat mich einer der Daeva-Gelehrten mitgenommen.«

Der Afshin ist hier. Der Afshin hat Dhiru. Ihr grinsender großer Bruder tauchte vor Zaynabs innerem Auge auf. Muntadhir, der um sein Leben flehte. Muntadhir, der von der berüchtigten Geißel des Afshins bei lebendigem Leib gehäutet wurde …

»Das kann nicht sein«, wisperte sie. »Das ist schlichtweg unmöglich. Hast du die Banu Nahida gesehen?«, verlangte sie energischer zu erfahren. Muntadhir war schließlich mit seiner Frau zusammen gewesen. Wo in aller Welt steckte Nahri, ihre angebliche Daeva-Verbündete?

Botros schüttelte den Kopf.

»Zaynab.« Aqisa stand am Fenster. Ihre Stimme klang angespannt. »Kommt her.«

Zaynab war ganz flau im Magen, als sie aufstand und zu Aqisa trat.

»Seht Euch den Palast an.«

Sie spähte durch einen diamantförmigen Ausschnitt im Fensterschirm. Zuerst fiel es ihr schwer, sich zurechtzufinden. Sie hatte ihr ganzes Leben lang auf der anderen Seite dieser Sichtlinie verbracht und von den hohen Palastmauern auf die Stadt hinabgeblickt.

Dennoch dauerte es nicht lange, bis sie ihn fand. Den Palast. Ihr Zuhause. Die uralte Daeva-Zikkurat, die stolz auf einem Hügel thronte, umgeben von Mauern mit Shedu-Statuen und eingerahmt von zwei zarten Minaretten und einer goldenen Kuppel.

Staunend betrachtete sie die Bauten. »Bewegen sich die Mauern?«

»Sie werden höher«, raunte Aqisa ihr zu. »Zuerst war ich mir nicht sicher, weil es nur sehr langsam geschieht, aber sie werden eindeutig höher.«

»Das-das ist nicht möglich«, stammelte Zaynab. »Die Magie ist fort.«

Dann plötzlich, als seien sie von unzähligen unsichtbaren Händen herabgerissen worden, fiel jedes Qahtani-Banner am Palast zu Boden.

Der Anblick glich einem Regen aus ebenholzfarbenem Stoff. Schmale Standarten, die an Kupfermasten gehangen hatten, und breitere Banner, die Mauern zierten. Die Flagge ihrer Familie war schon immer sehr schlicht gewesen, ohne Wappen, Worte oder persönliche Kennzeichen. Schließlich war Zaydi al Qahtani ein Gewöhnlicher gewesen und hatte für eine gerechtere, auf Gleichheit beruhende Welt gekämpft.

Die neuen Banner, die sich inmitten von Lichtblitzen und feinen Fäden aus goldenem Rauch entfalteten, waren alles andere als schlicht. Sie sahen wunderschön aus und sollten ins Auge fallen.

Hellblaue Seide und ein messingfarbener geflügelter Löwe, der eine aufgehende Sonne anfauchte.

Die Flagge der Nahid.

Aqisa musste das Banner ebenfalls erkannt haben. »Ich bringe sie um«, fluchte sie. »Ich werde ihr Lubayds Khanjar ins verlogene Herz stoßen, es herausschneiden und es ihrem Afshin auf einem Teller servieren.«

Es bestand keinerlei Zweifel daran, wen sie meinte. Doch als Zaynab die Nahid-Banner schockiert anstarrte, kam ihr irgendetwas seltsam vor. »Ich bin mir nicht sicher, dass Nahri dahintersteckt.«

Aqisa wirbelte zu ihr herum. »Was in Gottes Namen stimmt nicht mit Eurer Familie, wenn es um dieses Mädchen geht? Selbstverständlich steckt sie dahinter! Das ist ihre Flagge, die über dem Palast weht! Ihr Afshin hat die Leute in Eurem Zuhause ermordet!«

Alles, was Zaynab über ihre widerspenstige Daeva-Schwägerin wusste, ging ihr durch den Kopf. Nahri war eine Überlebende und brillant darin. Sie hatte Ghassan überlistet und erbittert für ihr Volk gekämpft, und das mit einem grimmigen Pragmatismus, den Zaynab insgeheim stets bewundert hatte. Sie war gerissen und fähig.

Wie eine Mörderin war sie Zaynab jedoch nie erschienen. »Ich glaube nicht, dass Nahri das war«, erklärte sie, diesmal sogar noch etwas vehementer. »Sie hat das ganz bestimmt nicht geplant.«

Aqisa sah aus, als würde sie überlegen, ob sie stattdessen Zaynab den Khanjar ins Herz stoßen sollte. »Wer dann?«

»Das weiß ich nicht.« Zaynab richtete den Blick wieder auf die Nahid-Banner, die am blassen Himmel über dem Palast wehten. Der Rest von Daevabad erstreckte sich zwischen ihnen, die verriegelten Häuser und Geschäfte und Schulen und Tempel der vielen Zehntausend, die diese neblige magische Insel mit ihrer gewalttätigen Geschichte als ihre Heimat ansahen. Wie viele von ihnen hatten die Qahtani-Flaggen fallen sehen? Würde dieser Anblick ihre Herzen mit Furcht erfüllen, waren sie verunsichert, wer jetzt über sie herrschte?

Wahrscheinlich ist ihnen völlig egal, wer über sie herrscht. Was bedeutete das Wort Herrschaft im Augenblick denn schon? Ihre Magie war fort, Tausende waren tot, und ihre Stadt glich einem blutigen Wrack. Ihr Volk würde sich wahrscheinlich keinen Deut darum scheren, welche Flagge heute zu sehen war. Die Leute würden sich mit ihren Kindern verstecken oder loseilen, um sich Lebensmittel und Vorräte zu besorgen, bevor das eigentliche Chaos ausbrach, weil sie auf einer eroberten Insel festsaßen. Sie würden um ihre Toten trauern und Rachepläne schmieden.

Daevabad kommt stets an erster Stelle. Das war das ständige Mantra ihres Vaters gewesen, seine Warnung, und zum ersten Mal in ihrem Leben begriff Zaynab wirklich, was das bedeutete. Das *Volk* von Daevabad kam an erster Stelle. Zaynab hatte keine Zeit, um sich Sorgen um ihre Brüder zu machen. Sie konnte nicht um ihren Vater trauern oder beten, dass ihre Mutter und Wajed zurückkehrten und sie retteten.

Niemand würde sie retten.

»Nun gut«, sagte sie eher zu sich selbst als zu jemand anders. »Nun gut.« Zaynab entfernte sich mit bedächtigen Bewegungen vom Fenster. »Ich muss mit den Soldaten sprechen, die uns noch geblieben sind, und dafür sorgen, dass diese angebliche Mauer, die uns vor dem Rest der Stadt schützt, gesichert ist. Alle Geziri, die nach Rache sinnen, können ihre Energie darauf konzentrieren, die Überreste der Zitadelle und der beim Erdbeben eingestürzten Gebäude nach Überlebenden zu durchsuchen. Es könnte Verletzte geben und uns bleibt nicht viel Zeit. Jeder, der ein Problem damit hat, wird vor uns Rechenschaft ablegen.«

»Vor *uns?*«, wiederholte Subha.

»Vor uns«, bestätigte Zaynab entschieden. »Bitte kommt mit. Ich möchte mit Euren Daeva-Patienten sprechen.«

MUNTADHIR

Diese Szene spielt gegen Ende von Das Imperium aus Gold *und enthält Spoiler für alle drei Bücher.*

»Was für ein wunderschöner Anblick«, sagte Muntadhir bewundernd, als sein Heiratsvertrag in Flammen aufging.

Nahri stieß mit ihrer Teetasse gegen seine. »Auf das Ende der schlechtesten politischen Ehe der Welt.«

»Hältst du das Feuer nicht für ein bisschen übertrieben? Vor allem, wenn man bedenkt, dass Kartir und dein Imam-Patient bereits alle rechtlichen Schritte eingeleitet haben?«

»Meiner Ansicht nach repräsentiert Feuer meine Gefühle in Bezug auf diese Ehe perfekt.«

»Ich bin sehr froh, dass wir uns endlich mal in einer Sache einig sind.« Muntadhir rutschte auf seinem Kissen herum, weil ihm der Schmerz in seinem Rücken zusetzte. Zwar fühlte er sich deutlich besser als direkt nach seiner Entlassung aus dem Kerker – als sein Bruder und Jamshid ihn hatten hinaustragen müssen –, aber er war noch immer erschreckend schwach und zuckte bei jeder noch so kleinen Bewegung zusammen.

Nahri bemerkte es. »Iss etwas.« Sie schob ihm die Schale mit dem Grießbrei zu, den sie ihm schon den ganzen Vormittag aufzudrängen versuchte, als sei er ein mäkeliges Kleinkind. »Du siehst aus wie ein Skelett.«

»Das ist nicht besonders höflich. Ich bin inzwischen ein mindestens halbwegs attraktiver Ghul.« Muntadhir schwenkte sein dünnes Handgelenk. »Meines Wissens war das die Voraussetzung für meine Entlassung.«

»Mir wäre es lieber, du würdest noch einige Tage im Krankenhaus bleiben. Du brauchst Ruhe.«

»Sagt die Frau, die vor nicht einmal zwei Tagen ohnmächtig wurde, weil sie Berge versetzt hat und längst wieder arbeitet.« Nahri warf ihm einen wütenden Blick zu, und Muntadhir hob in einer Friedensgeste die Hände – seine Exfrau würde ihm vermutlich immer ein wenig Angst machen. »Ich wohne gleich um die Ecke bei Zaynab. Sie wird auf mich aufpassen und mich sogar noch brutaler als du zum Essen zwingen, das kann ich dir versichern.«

»Gut.« Endlich wanderte Nahris Blick – wenn man ihn denn so nennen konnte, denn Muntadhir war daran gewöhnt, darin nichts als Aggression in unterschiedlichem Ausmaß zu sehen, vom Niederbrennen der Welt bis zum Wunsch, ihn persönlich abzufackeln – von seinem Gesicht weg und zurück zu ihrer Teetasse. »Ist Ali auch bei euch?«

»Ich habe von Zaydi nichts gesehen oder gehört, seitdem ich das Krankenhaus verlassen durfte, und hatte auch nicht damit gerechnet. Wenn du mich fragst, ist mein Bruder im Paradies, wenn er sich inmitten von zivilem Chaos bis zur Erschöpfung mit der Neuverfassung von Steuerrichtlinien beschäftigen und den Thronsaal in eine Suppenküche verwandeln kann.«

»Hm.« Nahri gab ein Geräusch vor sich, bei dem sie sehr sorgsam darauf achtete, weder Freude noch Unbehagen zu vermitteln.

Muntadhir verzog die Lippen zu etwas, das ein Grinsen sein könnte, wenn er denn das Gefühl gehabt hätte, je wieder zu so etwas fähig zu sein. »Zaynab sagt, ihr beide hättet in deinem Krankenzimmer Händchen gehalten.«

Ah, da war er ja. Der mörderische Blick fiel abermals auf ihn. Indem er die schaurigste Person neckte, mit der er jemals geschlafen hatte, beschritt Muntadhir einen Weg, der ihm weitaus lieber war als jegliche Diskussion über seine Gesundheit, sei es die körperliche oder die geistige, und eine Zukunft, die er sich nicht vorzustellen vermochte. »Sie fand es süß und meinte, es sei das Erste, was du nach dem Aufwachen gemacht hättest.«

»Muntadhir.« Nahris Stimme klang eisig. »Wie du bereits gesagt hast … Ich kann jetzt Berge versetzen. Leg dich nicht mit mir an.«

»Mach dich nicht lächerlich, Nahri. Du warst schon immer gefährlich.«

Ihr Lächeln war eine fast noch alarmierendere Reaktion als Zorn und ihr Blick fiel über seine Schulter. »Jamshid …«, grüßte Nahri mit einem Hauch kalten Triumphs in der Stimme. »Oh, gut. Ich bin sehr froh, dass du zu uns stößt, bevor Muntadhir wieder geht. Er sagte eben noch, dass er dich nur ungern verpassen würde.«

Muntadhir wurde das Herz schwer. Er hatte eigentlich gehofft, Jamshid aus dem Weg gehen zu können, denn er wusste nicht, was er dem Mann sagen sollte, den er liebte und dessen Vater er den Tod gebracht hatte. Sich wie ein Feigling davonzuschleichen, war ihm wie das geringere Übel erschienen.

Nahri stand bereits auf. »Halt dich aus meinem Liebesleben raus«, zischte sie ihm ins Ohr. »Und wenn du meinem Bruder wehtust, lasse ich dich in der Tat von einem Berg zermalmen.«

»Ja, Banu Nahida«, erwiderte Muntadhir geknickt, während Jamshid ihren Platz einnahm.

Als er so aufrecht im Garten des Krankenhauses vor ihm stand, sah der Daeva so durch und durch nach Baga Nahid aus, dass sich Muntadhir fragte, wie er das jemals hatte übersehen können. Jamshid hatte Manizhehs Augen und lange Nase, und sein Profil war ein elegantes unheimliches Echo der Frau, die Muntadhirs Folter beaufsichtigt hatte. Ihre Positionen waren derart schnell vertauscht worden, dass es sich für Muntadhir so anfühlte, als sei die Welt auf den Kopf gestellt worden. Gekleidet in den Heilerkittel voller Instrumente und bedeckt mit Trankresten und Asche, war Jamshid hier der wahre Königliche, ein Nahid in der Stadt seiner Vorfahren. Heute konnte er Patienten mit einer bloßen Berührung heilen, ihnen den Schmerz und das Leid nehmen. Familienmitglieder, Freunde und Paare vereinen, die andernfalls für immer voneinander getrennt wären.

Jamshid war in jeder Hinsicht das genaue Gegenteil von Muntadhir. Der Instinkt des Emirs, sich zu wehren, hatte nichts mit der Tapferkeit zu tun, die Zaynab beim Vereinen der Geziri und Shafit an den Tag gelegt hatte, oder Alis Selbstaufopferung vor den Marid. Nein, Muntadhir hatte sich mit Lug und Betrug an seinen Feinden gerächt und rein gar nichts vollbracht, das irgendjemanden heilte.

Jamshid deutete auf die Stelle, an der Nahri eben noch gesessen hatte. »Darf ich?«

Muntadhir errötete, was irgendwie lächerlich war. »Natürlich.«

Mühelos und anmutig nahm Jamshid Platz. Muntadhir mochte der Diplomat gewesen sein, der Politiker, dessen Gesten beabsichtigt und einstudiert waren, aber Jamshid bewegte sich auf eine Art und Weise durch die Welt, die Muntadhir schon immer ätherisch vorgekommen war. »Wie fühlst du dich?«, fragte er Muntadhir.

»Gut«, log Muntadhir. »Hab mich nie besser gefühlt.«

Der alte Jamshid hätte die Augen verdreht und seinem Emir die Leviten gelesen. Der neue blinzelte nicht einmal. »Und dein Auge?«, erkundigte er sich im professionellen Tonfall eines Heilers. »Ich kann es mir noch einmal ansehen, bevor du gehst.«

»Nein«, erwiderte Muntadhir rasch. Allein die Vorstellung, Jamshids Finger im Gesicht zu spüren, wie er vorsichtig die Verletzung untersuchte, an die sich Muntadhir noch lange nicht gewöhnt hatte, reichte fast aus, um die gefasste Fassade, die Muntadhir aufrechtzuerhalten versuchte, zum Einsturz zu bringen. Wenn Jamshid ihn tatsächlich berührte, wäre er erledigt.

»Es tut mir leid«, sagte Jamshid, dessen Miene ob der Reue sanfter wurde. »Ich wünschte, Nahri und ich hätten mehr ausrichten können.«

»Du musst dich nicht entschuldigen. Es gibt nichts, was dir leidtun muss. Niemals. Und es geht mir gut.« Das war natürlich gelogen. Zwar hatte sich Muntadhir keine großen Hoffnungen gemacht, dennoch war ein Teil von ihm am Boden zerstört gewesen, als er erfahren hatte, dass Nahri nur die Infektion aufhalten und für eine saubere Narbe sorgen, ansonsten aber nichts für ihn tun konnte – dass sein Auge für immer dahin war. Aber er wollte verdammt sein, wenn er eine der tapferen Personen, die er liebte, damit belastete. Daher hielt er sich an einer anderen Wahrheit fest. »Andere mussten einen weitaus höheren Preis bezahlen. Vergiss mich einfach. Wie geht es dir?«

Jamshid stieß die Luft aus und wirkte zum ersten Mal ein wenig verunsichert. »Nun ja ... Ich wurde vor Kurzem zur Waise, nachdem ich meine Mutter gerade erst kennengelernt hatte, eine Tyrannin, die ich nie wirklich kannte und um die ich nicht trauern kann. Ich bin der Neuzugang in einem Trio von Heilern, die die Aufgabe haben, eine anscheinend endlose Zahl an Verletzten aus dem von meiner Mutter verursachten Bürgerkrieg zu behandeln. Und all das, nachdem ich monatelang eingesperrt war und auf meine Exekution wartete, während ich um den Mann trauerte, den ich liebte und von dem ich dachte, er sei ermordet worden.« Er starrte seine Hände an und ließ den Blick leicht benommen durch den Garten schweifen. »Ich weiß nicht, wie ich mich fühlen soll. Ich bin ein Nahid – das sollte eigentlich ein Traum sein, der in Erfüllung gegangen ist. Außerdem bin ich mir ziemlich sicher, dass das dein Heiratsvertrag ist, der da vor meinen Augen verbrennt, was ein weiterer Traum wäre. Dennoch kommt es mir so vor, als würde ich mich in einem Albtraum befinden, Muntadhir. Ich bin so wütend. Ich fühle mich so ... verloren. Ich habe so viele Fragen, auf die ich nie eine Antwort bekommen werde. Es gibt so vieles, was ich hinausschreien will, ich will flehen und betteln, und doch ... und doch ...« Er drehte sich mit Tränen in den Augen zu Muntadhir um. »Ich bin so unsagbar traurig. Darf ich überhaupt traurig sein? Denn ich sollte mich doch freuen, oder nicht? Das alles ist doch gut, nicht wahr? Dass wir gewonnen haben?«

Muntadhir griff nach Jamshids Hand und hielt sie fest. »Du darfst traurig sein. Du bist durch die Hölle gegangen. Jeder in deiner Position hätte das Gefühl, einen Albtraum zu durchleben. Du findest dich gerade erst zurecht, nachdem du aus der Dunkelheit aufgetaucht bist, noch immer schwitzend und schwer atmend, nur um zu erkennen, dass der Albtraum vorbei ist. Du darfst trauern und wütend oder glücklich oder traurig sein, oder was immer du willst.«

Bei seiner Erwiderung klang Jamshid sogar noch erschöpfter. »Wir geben meine Mutter heute Abend den Flammen zurück, und ich bin mir nicht einmal sicher, ob ich dabei sein will. Ich wusste nicht, dass es möglich ist, gleichzeitig so viel Liebe und Abscheu zu empfinden.«

Muntadhir zögerte. »Möchtest du, dass ich dich begleite?«

»Das kann ich nicht von dir verlangen.«

»Es gibt nichts, was du nicht von mir verlangen kannst.«

Jamshid kniff die Augen zu und schien gegen die Tränen anzukämpfen. Am liebsten hätte Muntadhir ihn in die Arme genommen, doch er war zumindest zum Teil für Jamshids Schmerz verantwortlich, und er wollte ihn auf gar keinen Fall noch verschlimmern.

»Nicht das, Emir-joon«, sagte Jamshid schließlich.

Es brach Muntadhir das Herz. »Ich weiß nicht, ob du mich noch so nennen kannst, wenn ich gar nicht mehr der Emir bin.«

»Für mich wirst du immer Emir-joon sein.« Jamshid wischte sich über die Augen. »Nahri sagte, du wohnst bei Zaynab im Geziri-Viertel?«

»Ich kann nicht in den Palast zurück«, gestand Muntadhir. »Noch habe ich es meinem Bruder und meiner Schwester nicht gesagt, aber ich will nie wieder dorthin zurück. Dort gibt es für mich nichts als den Tod.«

»Ich werde nicht so tun, als sei ich enttäuscht, wenn du nie wieder einen Fuß in den Palast setzt.« Jamshid fuhr mit dem Daumen über Muntadhirs Fingerknöchel. »Machen wir einen Spaziergang?«

»Einen Spaziergang?«

»Wir müssen reden, und das wird ein Gespräch, bei dem ich vermutlich die Fassung verlieren werde. Zwar bin ich noch nicht lange ein Nahid, aber ich bezweifle, dass es sehr inspirierend wäre, wenn ich vor meinen Patienten weine.«

Muntadhir bekam einen staubtrockenen Mund. Er wusste, was für ein Gespräch ihn erwartete. Und bei Gott, er war noch nicht dafür bereit. »Bedauerlicherweise gebe ich momentan keinen besonders attraktiven Partner an deinem Arm ab.«

Jamshid sah ihm in die Augen. »Du weißt, dass du das nicht tun musst.«

»Was meinst du?«

»Witze über Dinge machen, die dir wehtun.«

Grundgütiger, dieser Mann würde noch sein Ende sein. Muntadhir versuchte sich vergeblich an einem Lächeln. »Ich weiß aber nicht, was ich sonst tun soll.«

»Du bist clever und kannst es gewiss lernen.« Jamshid hakte die Arme unter Muntadhirs Achseln. Bei der vertrauten Berührung von Jamshids Körper und der sanften Art, wie er Muntadhir aufhalf, kamen ihm die Tränen.

»Du musst das nicht tun«, protestierte Muntadhir schwach. »Ich habe deine Hilfe nicht verdient.«

»Muntadhir ...« Jamshid legte ihm kurz eine Hand an die Wange. »Bitte sei einfach still. Stütz dich mit der linken Hand auf meinen Arm und nimm den Gehstock in die rechte. Du schaffst das. Ich spüre die Muskeln in deinen Beinen. Sie brauchen nur etwas Übung.«

Muntadhir blinzelte heftig und war fest entschlossen, nicht zu weinen. Er würde Jamshid keine Last sein. Auf gar keinen Fall. »Sag mir nicht, ich darf keine Witze machen, um dann so etwas zu sagen. Was soll ich denn jetzt darauf erwidern?«

»Hör auf, Zeit zu schinden, und setz dich in Bewegung.« Jamshid umfasste Muntadhirs Arm etwas fester und Hitze toste hindurch. Sie breitete sich wie eine warme Welle in seinem Körper aus und hinterließ so viel Kraft, als hätte er sehr viele Tassen Kaffee getrunken.

Er keuchte auf und zitterte am ganzen Leib.

»Du wusstest nicht, dass ich das kann, was?«, fragte Jamshid leichthin.

»Ich neige den Kopf vor der Weisheit des allwissenden Baga Nahid.« Doch Jamshid hatte recht: Je länger sie gingen, desto kräftiger fühlte sich Muntadhir. »Lass es mich mal allein versuchen.«

Jamshid ließ ihn los und sie gingen weiter. Muntadhir musste sich immer weniger auf den Gehstock stützen. Wenn er es ohne das verdammte Ding schaffte, wenn er zu Zaynab ging, umso besser.

Sie sollte sich nicht um ihn kümmern müssen. Schließlich hatte seine Schwester weitaus wichtigere Dinge zu erledigen.

Jeder hat wichtigere Dinge zu erledigen. Zaynab und Ali, Jamshid und Nahri. Jeder x-beliebige Händler oder Arbeiter auf der Straße. Es war so leicht zu erkennen, wie sie in diese neue Welt passten, die sie erschaffen wollten, ein Daevabad, das auf Gleichheit und Gerechtigkeit basierte. Nicht das Daevabad, das Muntadhir kannte und das von Lügen, Tricks und der tödlichen Politik, die sein Vater ihm vor so langer Zeit eingebläut hatte, zusammengehalten wurde. Muntadhir mochte den Krieg überlebt haben, doch die Rolle, für die er erzogen worden war, existierte nicht länger.

Jamshid führte ihn in einen luftigen Raum gegenüber der Apotheke. Hier schienen die Bauarbeiten noch nicht abgeschlossen zu sein, denn zitronengelbe Kacheln stapelten sich auf dem Boden neben unfertigen Regalen aus Zedernholz. Das Sonnenlicht fiel durch das nicht verhangene Fenster herein und auf einen Tisch voller Bücher und blassblauer Schriftrollen, auf denen Nahri und die anderen Heiler ihre Patientennotizen machten, wie Muntadhir bemerkt hatte.

»Mein zukünftiges Arbeitszimmer.« Jamshid machte eine ausladende Geste. »Gefällt es dir?«

Muntadhir entging der Stolz in seiner Stimme nicht. »Es ist wunderbar«, antwortete er aufrichtig. »Ich bin sehr froh, dass du hier einen eigenen Raum hast. Du verdienst jedes bisschen Glück.«

»Da bin ich mir nicht so sicher.« Jamshid starrte ihn an. »Es gibt da etwas, das ich dir sagen muss.«

»Was denn?«

»Erinnerst du dich an das Bankett, das dein Vater abgehalten hat, um Alizayds Rückkehr zu feiern? An die Nacht, in der er vergiftet wurde?«

Jamshid klang seltsam nervös, was Muntadhir nicht recht verstand. »Ja …«

Jamshid schluckte hörbar. Er bekam rote Flecken auf den Wangen. »Ich … Das war ich, Muntadhir. Ich habe deinen Bruder vergiftet.«

Muntadhir wich zurück. Das war das Letzte, womit er gerechnet hatte. Das Bankett, bei dem Ali beinahe ermordet worden wäre, schien eine Ewigkeit her zu sein, in eine andere Welt zu gehören, und doch fiel es ihm leicht, sich an die Details des ausschweifenden Fests zu erinnern, das mit Schreien geendet hatte, als sein kleiner Bruder panisch an seinen Hals griff. Damals war Muntadhir wie benommen gewesen von der Tatsache, dass jemand derart nah an sie hatte herankommen können. Seine Familie schien an der Spitze der Welt zu stehen und die Präsenz seines Vaters hatte sie gefühlt alle unberührbar gemacht.

Wie naiv er doch gewesen war.

»Warum?«, fragte er unwillkürlich. Eine solche Tat passte nicht zu dem Jamshid, den er kannte. »Wieso hättest du so etwas tun sollen?«

Jamshid stieß den Atem aus. »Weil ich Angst hatte. Ich hatte solche Angst um dich, Muntadhir, dass ich fast den Verstand verloren habe. Ich war überzeugt davon, dass Alizayd zurückgekommen war, um dir den Platz zu rauben, und dass dein Vater dich nicht beschützen würde. Darum habe ich es getan. Und es war falsch. Ich hätte das nicht tun dürfen, und aus diesem Grund klebt das Blut jener, die an meiner Stelle bestraft wurden, für den Rest meines Lebens an meinen Händen.«

Eine ungute Ahnung überkam Muntadhir. Derartige Geheimnisse hatten in Daevabad immer ihren Preis. »Weiß sonst noch jemand …«

»Ja. Ich habe es sowohl Nahri als auch deinem Bruder gestanden. Aber das ist nicht der Grund, aus dem ich es dir jetzt sage. Ich sage es dir, weil ich reinen Tisch machen möchte. Damit du mit mir sprechen kannst, ohne Angst zu haben, dass ich dich verurteile.« Jamshid trat näher an Muntadhir heran und sah ihn mit seinen dunklen Augen durchdringend an. »Stimmt es, was man über den Tod meines Vaters sagt? Ist er auf der Straße gestorben wie … wie man es sich erzählt? Durch die Hand von Daeva-Adligen, die deinem Befehl unterstanden?«

Muntadhir hatte gewusst, dass Jamshid ihm diese Frage stellen würde, und er hatte gewusst, dass dadurch alles enden musste, was jemals zwischen ihnen gewesen war. Trotzdem antwortete er aufrichtig. »Ja.«

Jamshid zuckte nicht mit der Wimper; es war offensichtlich, dass er längst Bescheid gewusst hatte. »Warum?«, fragte er stattdessen und wiederholte damit Muntadhirs Reaktion auf sein Geständnis hinsichtlich Alis Vergiftung.

»Weil ich keinen anderen Weg sah.« Muntadhirs Beine drohten kurz nachzugeben und er klammerte sich an den Rand von Jamshids Schreibtisch. »Kaveh hat das Gift freigesetzt, das so vielen aus meinem Volk den Tod brachte. Meinem Vater. Meinen Vettern. Jedem Geziri im Palast, den ich seit meiner Kindheit kannte, von meinen Tutoren bis zu meinen Mundschenken. Frauen. *Babys.*« Er brachte das Wort kaum heraus. »Erinnerst du dich an die Reisenden aus dem südlichen Am Gezira, die ich so stolz beherbergt habe? An das Lager und den Markt im Palastgarten?« Allein bei der Erwähnung des Lagers drehte sich Muntadhir der Magen um. Er hätte ihr grässliches Schicksal unmöglich vorhersehen können und dennoch brachten ihn seine Schuldgefühle beinahe um. »Ich habe gesehen, was davon noch übrig war, bevor sie die Leichen verbrannten, Jamshid. Die Leute haben einander zu Tode getrampelt, weil sie zu fliehen versuchten. Da war dieses kleine Kind, das noch immer eine Leckerei in den Händen hielt, und ich …« Endlich brach sich ein Schluchzen Bahn. »Es tut mir so leid.«

»Dann war es Rache?«, fragte Jamshid leise.

Muntadhir schüttelte den Kopf. »Es war nicht nur Rache. Der Afshin hat nach dem Angriff versucht, mich auf ihre Seite zu ziehen, wusstest du das? Ich glaube, er und Kaveh war es sogar ernst damit, aber ich kannte Manizheh viel zu gut.« Auf einmal schnürte es ihm die Kehle zu. »Ich wusste, was Daevabad ihr angetan hatte, weil es mir ähnlich ergangen war. Und meinem Vater. Die Geziri, die in der Stadt überlebt hatten, würden für sie immer eine Gefahr sein. Meine Schwester, die frei auf der anderen Seite herumlief, war eine Gefahr. Und man lässt Gefahren nicht schwären.«

Nun war es Jamshid, der blass wurde. »Also hast du die Gefahr beseitigt.«

»Ja, das habe ich. Sie brauchte die Daeva-Adligen auf ihrer Seite. Aber ich habe sie auf meine gelockt. Sie brauchte ihren Vollstrecker, ihren Afshin. Ich sorgte dafür, dass er hingerichtet wurde.« Muntadhir schloss das Auge, da er Jamshids Blick nicht länger ertragen konnte. »Und sie brauchte deinen Vater. Auf eine Art und Weise, wie sie niemand anders brauchte. Sie brauchte seine politischen Fähigkeiten und seine persönliche Unterstützung. Als sich mir die Gelegenheit bot …«

»Hast du sie ergriffen.« Jamshids Stimme war belegt. »Daevabad kommt an erster Stelle.«

Die Worte hingen eine Weile zwischen ihnen in der Luft; die Worte, die ihre Beziehung schon von Anfang an belastet hatten, das Credo, das Muntadhirs Leben geformt hatte.

Dann ergriff Jamshid abermals das Wort. »Hast du nicht daran geglaubt, dass es einen anderen Weg des Widerstands geben müsse? Dass Nahri und Ali zurückkehren werden? Dass ich noch am Leben sein könnte?«

»Nein«, gab Muntadhir offen zu. Denn das hatte er nicht. »Vielleicht am Anfang, aber als sie mich in diese Zelle steckten …« Er stockte und rang nach Worten. Wie sollte er Jamshid erzählen, was er während dieser endlosen Tage in dem lichtlosen Käfig hatte durchstehen müssen, in dem über Jahrhunderte andere Gefangene zum Verwesen zurückgelassen worden waren? Dass Muntadhir vor lauter Angst, er könne unter der Folter Informationen preisgeben, die sein Volk in Gefahr brachten, versucht hatte, sich das Leben zu nehmen, sich den Schädel an der Wand einzuschlagen, bis man ihn derart in Fesseln legte, dass er sich nicht mehr rühren konnte. Dass er nach vielen Jahren wieder angefangen hatte zu beten – allerdings nur um seinen Tod und den seiner Feinde. Dass seine Gebete nicht von Gott erhört worden waren, sondern von den Dämonen in seinem Kopf, die ihm seine schlimmsten paranoiden Vorstellungen einredeten. Dass Ali und Nahri wahrscheinlich von einer Manizheh, die sie loswerden wollte, in den See geworfen worden und darin ertrunken waren, dass ihr Afshin aber noch immer loyal war. Dass Wajed – dem König, den er wie einen Bruder liebte, und dem Prinzen, den er wie einen eigenen Sohn aufgezogen hatte, hingebungsvoll ergeben – Jamshid aus Rache getötet hätte, sobald ihm von Kavehs Tat berichtet worden war. Dass Muntadhir nicht hart genug gekämpft hatte, nicht schnell genug gehandelt hatte, um Tausende von Geziri im Palast zu retten, die einen qualvollen Tod gestorben waren.

Zaynab war jedoch noch am Leben gewesen – das hatte er allein daran erkannt, dass Manizheh erbittert versuchte, sie zu fassen. Sie war ebenso lebendig wie der Rest der Bürger von Daevabad, die die erste Invasion überlebt hatten. Darum hatte Muntadhir nicht getrauert. Er hatte *geplant.* Er hatte sich so weit brechen lassen, bis er zu der gnadenlosen Waffe wurde, von der sein Vater immer geträumt hatte. Und als Darayavahoush ihn endlich freiließ, ging es ihm nur noch darum, sie alle zu vernichten.

Wie sollte er das einem Mann sagen, der auf dieser Erde weilte, um zu heilen? »Das war der einzige Weg, der mir einfiel, um mich zu wehren, Jamshid. Der einzige Weg, auf dem ich die beschützen konnte, die ich liebte und die noch am Leben waren, die Stadt, der ich dienen sollte … Er bestand darin, alles zu beseitigen, was ihnen schaden konnte, selbst wenn ich dabei noch so brutal vorgehen musste. Ich weiß … Ich weiß, was das aus mir macht.«

»Und was macht es aus dir?«

Ein Monster. Einen Mörder. »Meinen Vater«, flüsterte Muntadhir.

Jamshid stand auf und ging einige Schritte. Muntadhir konnte es ihm nicht verdenken, dass er etwas Abstand zwischen ihnen brauchte, doch im egoistischsten Teil seines Herzens wollte er nur noch weinen. Er wollte sich Jamshid zu Füßen werfen und schluchzend Entschuldigungen hervorstoßen, bis seine Stimme versagte.

»Das muss nicht sein.« Muntadhir blickte auf, aber Jamshid sah ihn gar nicht an. Vielmehr schien der Baga Nahid mit der Wand zu sprechen. »Nicht, wenn du es nicht willst. Keiner von uns will das.«

In Jamshids Stimme lag eine seltsame Eindringlichkeit, die Muntadhir nicht verstand. »Wie meinst du das?«

Endlich drehte sich Jamshid um. »Ich möchte, dass du mit mir nach Hause kommst.«

Muntadhir blinzelte mehrmals schnell. »Ich kann dir nicht folgen.«

»Komm mit mir nach Hause, Emir-joon. Du hast selbst gesagt, dass du nicht in den Palast zurückkehren willst. Dass du nicht weißt, wie dein Leben weitergehen soll. Bau es dir an meiner Seite neu auf.«

Muntadhir hatte das Gefühl, als sei er geschlagen worden. Ein Leben an Jamshids Seite war das, was er sich am meisten wünschte. Was er sich seit Jahren ersehnte. Dennoch konnte er das Angebot nicht annehmen. Nicht jetzt. Nicht so.

»Das geht nicht«, stieß er hervor. »Ich kann dich nicht um Vergebung bitten.«

Jamshid trat vor Muntadhir und legte ihm die Hände an die Wangen, und da verlor Muntadhir nun doch den Kampf gegen die Tränen.

»Du bittest um gar nichts. Aber ich tue es.« Jamshid wischte ihm die Tränen von der Wange. »Ich liebe dich. Das macht mich möglicherweise zum schlechtesten Sohn der Welt, aber ich liebe dich trotzdem. Ich habe dich immer geliebt. Komm mit mir nach Hause.«

Muntadhirs Herz schlug so schnell, dass er kaum noch atmen konnte. Das war unmöglich. Undenkbar. »Die Leute werden reden.«

»Das ist mir völlig egal. Wir sind nicht die ersten, wir werden nicht die letzten sein, und wenn ich mein Leben in den Dienst dieser Stadt stelle, will ich wenigstens den Mann, den ich liebe, an meiner Seite haben.«

Muntadhir starrte Jamshid an, und Sehnsucht und Verzweiflung drohten, ihn zu zerreißen. »Ich habe dich nicht verdient.«

»Und ich habe es nicht verdient, dich wegen der Entscheidungen meiner Eltern zu verlieren.« Er fuhr mit einer Hand durch Muntadhirs Haar. »Hast du das ehrlich gemeint, was du in dieser Nacht zu Nahri gesagt hast? Dass du mich liebst? Dass du dir wünschst, du hättest früher zu mir gestanden?«

Muntadhir hatte Jamshid eine Hand auf die Wange gelegt, ohne es auch nur zu merken. Ob er ihn an sich heranziehen oder auf Abstand halten wollte, konnte er selbst nicht sagen. »Ja«, erwiderte er heiser.

»Dann sei jetzt an meiner Seite. Für uns. Lass es uns wenigstens …« Jamshid stockte. »Lass es uns versuchen. Wir können es doch versuchen, oder nicht? Haben wir uns das nicht verdient?«

In seinen feuchten schwarzen Augen lag ein ergreifendes Flehen. Augen, in denen sich Muntadhir schon vor über einem Jahrzehnt verloren hatte. Augen, von denen er gefürchtet hatte, er würde sie nie wiedersehen, als Jamshid ohne zu zögern sechs Pfeile abfing, die für ihn bestimmt waren.

Du gehörst mir, hatte Jamshid benommen gesagt, als er nach dem Angriff auf dem Boot und Monaten auf der Schwelle des Todes endlich wieder aufgewacht war. Muntadhir hatte stets erfahren wollen, was in Gottes Namen ihm dabei durch den Kopf gegangen war. Im Delirium hatte Jamshid das nicht gesagt, weil Muntadhir sein Emir oder seine Pflicht war.

Er war schlichtweg Jamshids, mit Leib und Seele.

Und sein Baga Nahid hatte sich das verdient. Vielleicht konnte Muntadhir nicht aus eigenem Antrieb wieder auf die Beine kommen, aber er würde es Jamshid zuliebe versuchen. Er würde sich die größte Mühe geben.

Muntadhir lehnte die Stirn gegen Jamshids und atmete den Geruch seiner Haut ein. »Ich werde an deiner Seite sein, Geliebter.«

»Gehen wir nach Hause.«

ALTERNATIVER EPILOG ZU »DAS IMPERIUM AUS GOLD«

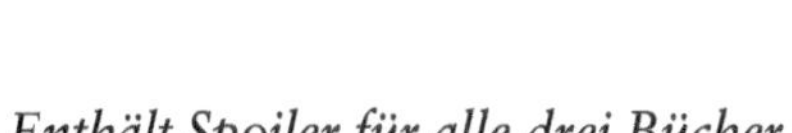

Enthält Spoiler für alle drei Bücher.

Darayavahoush e-Afshin hatte Schlachten angeführt und eine Widerstandsbewegung geleitet. Er war mit den Winden gereist, wie es kein Daeva seit Jahrtausenden getan hatte, und hatte Banu Manizheh e-Nahid besiegt. Er hatte sich vom Paradies abgewandt mit dem Entschluss, sich seinen Frieden zu verdienen und für seine Verbrechen zu büßen.

Doch keine dieser Taten war derart einschüchternd gewesen wie das Betreten dieser vom Schöpfer verlassenen Taverne.

Dara schlich über die gewölbte Decke des eingestürzten Mudhifs. Das geschickt konstruierte Schilfhaus musste zur Zeit der menschlichen Bewohner einen beeindruckenden Anblick geboten haben. Gewaltige, stabile Säulen aus Schilf waren umwickelt und gebogen worden, um eine große, luftige Kammer zu schaffen. Feine Schichten aus verwobenem Gras dienten als Fenster, und obwohl die Ostwand abgebrannt war, wirkte das Mudhif solide genug, dass es Menschen vermutlich gelungen wäre, es neu aufzubauen – wären nicht zuvor die Dschinn eingezogen. Dara ging fest davon aus, dass sich momentan im Umkreis von drei Tagesreisen kein einziger Mensch aufhielt.

Denn dies war kein gewöhnlicher Teil des Sumpflands entlang des Euphrats: Dies war Babili, der lockere Verbund aus von Geistern geplagten Ruinen, allerlei Außenposten verbrecherischer Banden, versteckten Dörfern, spontanen Nachtmärkten und lärmenden Tavernen, der lange Zeit die Grenze zwischen Daevastana und Am Gezira gebildet hatte. Hier wurde es laut. Hier wurde es wild. Und nach Daras Erfahrung neigten die Menschen dazu, schreiend von Orten davonzulaufen, in denen die Nächte von jaulenden Streitereien und dem Gelächter unsichtbarer Geister erfüllt waren.

Im Augenblick verharrte Dara in seiner eigenen Version eines unsichtbaren Geistes. Er war seit seiner Ankunft in Babili formlos geblieben und hatte es vorgezogen, über dem Mudhif zu schweben und die Gäste der Taverne als heißer Wind auszuspionieren. Mehr als ein Dschinn war erschauert, wann immer er vorbeischwebte, und mit einem heftigen Windstoß hatte er versehentlich ein Schachspiel umgestoßen – wofür ihm der Spieler der weißen Figuren vermutlich sogar dankbar war.

Er schlich zum Dachrand und blickte neidisch auf ein Trio aus Händlern hinab, die sich lachend bei dampfenden Lehmbechern unterhielten und ihre Waren auf Segeltuchmatten ausgebreitet hatten. Diese Freiheit wünschte sich Dara ebenfalls von ganzem Herzen. Er wollte den Mut aufbringen, in eine Taverne, eine Stadt, ein Dorf zu gehen. Er wollte sich ein Getränk bestellen und sich unterhalten, ohne dass das Afshin-Zeichen in seinem Gesicht alle vertrieb.

Das ist doch einer der Gründe, aus denen du Daevabad verlassen hast, nicht wahr? Dara erinnerte sich, wie zuversichtlich er Nahri gesagt hatte, dass er sich nicht länger verstecken müsse. Weil er schließlich die Ifrit jagte und seinem Volk diente, würde er sich ihm letzten Endes anschließen können. Auf gewisse einfache Weise hatte Dara dies auch getan. Während seiner Reisen durch die entfernten Gegenden von Daevastana hatte er Rast in einigen winzigen Siedlungen gemacht und dort ausgeholfen: indem er den Rukh vertrieb, der im Kohlfeld eines Bauerndorfs nistete (wofür er großzügig belohnt wurde, bedauerlicherweise jedoch in Form des dort gebrauten Kohlschnapses), und einen wolfsgesichtigen Riesen tötete, der in einer abgelegenen Bergstadt Schäfer fraß.

Aber hier gab es keine Monster, die er jagen konnte – zugegeben, vielleicht eines, je nachdem, wen man fragte. Zudem war Babili kein kleines Daeva-Dorf am Rand der Welt, das von dem Krieg, den er über Daevabad gebracht hatte, unberührt geblieben war. Ganz im Gegensatz hielten sich in Babili Dschinn und Daeva aus dem gesamten magischen Reich auf. Dies war ein Ort, den man aufsuchte, um Neuigkeiten und Ideen auszutauschen, um zu handeln, sich zu verbünden und zu kämpfen. Hier hatte man durchaus eine Meinung über den Krieg und viele der Anwesenden hatten die Gewalt am eigenen Leib zu spüren bekommen. Reisende tranken oder beteten offen im Gedenken an jene, die sie verloren hatten, und verfluchten die Herrscher, denen dieses Elend zu verdanken war.

Dara wusste das längst, immerhin spionierte er die Taverne schon seit fünf Tagen aus und folgte den Gästen. Inzwischen wusste er, dass die Daeva-Kellnerin Rudabeh hieß und es verdient hätte, ihr drittes Jahrhundert mit jemandem zu verbringen, der besser war als ihr nichtsnutziger Gatte. Er wusste, dass der Träger, der die Waren der Händler zum Lagerhaus schaffte, ein Alkoholproblem hatte und davon träumte, genug Geld zu verdienen, um nach Hause an die Sahrayn-Küste zurückzukehren. Der alte Agnivanshi-Oryxhändler, der immer so traurig in die Sterne blickte, hatte nur noch genug Geld für zwei Mahlzeiten, es sei denn, er wurde von einer Karawane angeheuert, und Rudabehs kleiner Enkelsohn kam immer sehr früh zum Fegen, damit er mit dem Geziri-Mädchen schäkern konnte, das jeden Morgen das Brot aus seinem Dorf ein Stück flussabwärts herbrachte.

Sie sprachen über den Krieg und den stürmischen Wiederaufbau in Daevabad, und Dara dankte dem Schöpfer jedes Mal innerlich dafür, dass es nicht erneut zu heftigen Gewaltausbrüchen gekommen war. Nahri wurde im Allgemeinen gelobt, und mehr als nur ein Shafit-Reisender erklärte sie stolz zur Stammesangehörigen. Er hatte sogar einmal gehört, wie einem Salzhändler mit einer grässlichen offenen Bauchwunde geraten wurde, sich auf dem schnellsten Weg nach Daevabad zu machen, wo »zumindest das Krankenhaus hervorragend läuft«. Eine Gruppe von Sandseglern hatte einen ganzen Nachmittag mit geflüsterten Gesprächen darüber verbracht, wie man die neuen Importzölle des »maridäugigen Fanatikers« – mit dem Daras Meinung nach nur Alizayd gemeint sein konnte – umgehen könne, und zwei Daeva-Pilger berichteten davon, mit angesehen zu haben, wie der Shedu-Thron der Nahid in den Tempel gebracht worden war.

Über sich hörte Dara nur wenig. Was an einem Außenposten, in dem ein angespannter Frieden zwischen Geziri und Daeva herrschte, auch wenig überraschend war. Anstelle langer Hetzreden rief sein Name eher grimmiges Geflüster hervor, das sofort jegliche Stimmung ruinierte. »Eine verdammte Tragödie«, vernahm er einmal, deutlich häufiger jedoch: »Geißel«.

Möglicherweise wäre es ratsam, noch einige Jahre zu warten, bis sich die Gemüter beruhigt hatten, bevor Dara den Versuch wagte, sich erneut der Gesellschaft anzuschließen. Einige Jahrzehnte gar. Doch Dara hatte auf dem harten Weg lernen müssen, dass ihm diese Zeit nicht blieb, wenn er Vizaresh und die gestohlenen Gefäße wiederbeschaffen wollte. Er brauchte Gerüchte, denen er nachjagen konnte: Sichtungen unnatürlicher Blitze und Geschichten über Menschen mit ungewöhnlichen Fähigkeiten. Dara mochte nun mächtiger sein, doch der Ifrit war ihm Jahrtausende voraus, wenn es darum ging, seine Spuren zu verwischen. Von Vizaresh und Aeshma hatte Dara das Wenige gelernt, was er über die ursprünglichen Verzauberungen der Daeva wusste. Wie man eine solche Magie gegen sie einsetzte, war ihm allerdings bislang schleierhaft.

Und du wirst auch keine besseren Hinweise auf Vizareshs Aufenthaltsort finden, wenn du noch weitere fünf Tage auf dem Dach rumlungerst. Dara holte tief Luft. Er konnte sich schließlich einfach in Wind auflösen, wenn etwas schiefging, nicht wahr? Das würde zwar nicht den besten Eindruck hinterlassen, doch viel schlechter konnte sein Ruf ohnehin nicht mehr werden.

Daher nahm er seinen ganzen Mut zusammen, flog hinunter und manifestierte sich, wobei er einen mitternachtsblauen Umhang über die Hose und Stiefel legte, die ein normaler Daeva tragen würde. Er widerstand dem Drang, sein Gesicht zu verdecken – das funktionierte nie –, und rief eine flache Kappe herbei, die er so schräg aufsetzte, dass ihr Schatten auf sein Afshin-Zeichen fiel.

Sein Herz raste, als er das Mudhif umrundete. Viel zu spät ging Dara auf, dass normale Reisende Gepäck bei sich hatten – sie nutzten nicht einfach uralte Magie, um Vorräte erscheinen zu lassen. Aber da trat er bereits durch den Eingang, und dies schien nun das Geringste seiner Probleme zu sein.

Dara blieb stehen und ließ den Blick langsam durch die Taverne schweifen, wobei er nach möglicher Feindseligkeit Ausschau hielt. Die Anwesenden schienen nicht zu bemerken, wonach er sich umsah. Oder dass er sie überhaupt in Augenschein nahm. Sie schienen überhaupt nichts mitzubekommen, da der Großteil von ihnen betrunken war. Ein Mann mit einem langen und erstaunlich silbernen Bart stand schwankend da und sang einer Rauchwolke in seinen Händen etwas vor. Ihm gegenüber stritten sich drei Geziri-Plünderer über einer abgenutzten Karte, deren Markierungen sich ständig veränderten und die Position wechselten, um die Grenzen eines unbekannten Landes neu darzustellen. Eine größere Gruppe, der ebenso Dschinn wie Daeva angehörten, umringte zwei Männer, die edelsteinbesetzte Würfel warfen, aus denen nach dem Aufprall winzige lila- und bronzefarbene Blitze wie bei einem Miniaturfeuerwerk herausschossen.

Demzufolge achtete niemand auf sein Eintreten. Daher ging Dara weiter und hielt den Kopf gesenkt, als er auf den hohen Tresen zutrat, an dem Rudabeh die Getränke ausgab. Dieser schien aus einem gestohlenen Boot der Menschen gefertigt zu sein, das man umgedreht und auf zwei flache Baumstümpfe gesetzt hatte, um eine robuste Oberfläche zu erhalten.

»Ich habe es dir doch schon unzählige Male gesagt: Du musst die Becher richtig schrubben und darfst dich nicht darauf verlassen, dass der Alkohol sie reinigt.« Die Daeva-Kellnerin bemerkte Dara. »Mögen die Feuer hell für Euch brennen, Fremder. Was hättet Ihr denn gern?«

Dara ging seine Optionen durch. Man hatte ihm mehr als

einmal gesagt, dass sein Lieblingsgetränk – Dattelwein – als grässlich süßes Relikt tratschsüchtiger alter Tanten mit einem Alkoholproblem galt, was ihn jedes Mal tief traf. Also ging er nicht davon aus, dass Dattelwein in dieser abgelegenen Kaschemme an der staubigen Straße zwischen Daevastana und Am Gezira sehr gefragt war.

»Was immer Ihr gerade für einen offenen Wein habt«, antwortete er steif und versuchte, seinen Akzent zu verbergen. Ein weiteres Relikt eines längst vergangenen Zeitalters.

»Gern.« Sie nahm einen angeschlagenen Keramikbecher von einem Regalbrett, dessen fröhliche rosa Farbe schon bessere Tage gesehen hatte, und schöpfte etwas Wein aus einer großen Lehmamphore hinein, die halb im Boden eingegraben war. Danach sah sie ihm in die Augen. »Woher kommt Ihr … *Oh!*«

Rudabeh zuckte mit einem Aufschrei zurück und ließ den Becher fallen. Dara ließ eine Hand vorschnellen und fing ihn auf.

»Aus Daevabad«, antwortete er schlicht. Es wäre ohnehin sinnlos gewesen, zu lügen. An ihrer entsetzten Miene erkannte Dara, dass sie wusste, wen sie vor sich hatte.

Die hölzerne Schöpfkelle bebte wild in ihrer Faust. »Beim Schöpfer«, flüsterte sie. »Ihr seid es. Ihr seid der *Afshin.*«

Wenn ihr Schrei noch nicht genug Aufmerksamkeit erregt hatte, dann schaffte es dieses eine Wort, die gesamte Taverne verstummen zu lassen – das trunkene Lachen und die hitzigen Geschäftsgespräche erstarben derart schnell, wie Dara es nicht für möglich gehalten hätte. Einer der Spieler ließ seine Würfel fallen, die in der schockierten Totenstille wilde Funken durch die Luft schießen ließen.

Dara räusperte sich nervös. »Hallo«, grüßte er unbeholfen und versuchte diesen Moment der Verblüffung auszunutzen, bevor die Dschinn um ihn herum die Waffen zückten. Er hob gerade eine Hand, um zu winken, hielt jedoch augenblicklich inne, als mehrere Personen bei der Bewegung zusammenzuckten. »Ich bin nur auf der Durchreise und will niemandem schaden.« Er rang sich ein Lächeln ab. »Ist das in Ordnung?«

Nach einem Moment des Schweigens standen die drei Geziri wortlos auf. Eine Frau stopfte die Karte in eine Tasche, während eine andere mehrere Münzen in ihre noch nicht geleerten Becher warf.

Aber niemand zog eine Waffe. Vielmehr begnügten sie sich damit, ihm hasserfüllte Blicke zuzuwerfen, als sie aus der Taverne marschierten, statt zu tödlicheren Mitteln zu greifen. Dara versuchte, nicht darauf zu reagieren, während ihm vor Scham ganz heiß wurde. Dabei konnte er den Geziri die Feindseligkeit nicht einmal verdenken. Nicht nach dem, was Manizheh anderen ihres Stammes in Daevabad angetan hatte.

Was du sie hast tun lassen.

Was du selbst getan hast.

Seine Wangen brannten noch heißer und Flammen züngelten an seinen Fingerspitzen. Rasch ließ Dara sie erlöschen. Beim Schöpfer, wie gern wollte er sich betrinken. Widerstrebend stellte er den Becher ab und tat so, als würde er in einer Tasche kramen, um einige Goldmünzen zu beschwören. »Für Eure Mühe, Rudabeh. Ich gebe eine Runde aus.«

Die Frau rührte sich nicht. »Woher kennt Ihr meinen Namen?«

Ich beobachte Euch seit fünf Tagen. »Ich … äh … muss ihn irgendwo aufgeschnappt haben.« Dara schob ihr die Münzen zu. »Bitte.«

Rudabeh beäugte das Geld und ihre Miene wirkte ein wenig besänftigt. »Wenn Ihr mir das Doppelte gebt, sorge ich dafür, dass Euch niemand mehr behelligt.«

Na, sie hatte ihren Schreck aber schnell überwunden. »Abgemacht«, stimmte Dara zu und rief eine weitere Handvoll Gold herbei.

Sie nickte respektvoll und verstaute das Geld in ihrer Rocktasche. »Der Afshin sagt, ihr könnt bestellen, was immer ihr wollt«, verkündete sie und holte mehrere Glasflaschen aus dem Schrank. Eine war silbern bemalt, eine andere aus blauem Porzellan und mit Edelsteinen besetzt. »Das ist sein Geschenk an euch.«

Sie drehte eine Runde durch die Taverne, und Dara senkte den Blick und beugte sich über seinen Becher. Er trank einen Schluck Wein, der trotz des sauren Nachgeschmacks auf der Zunge durchaus trinkbar war. In seinen Ohren dröhnte der Klatsch, und er spürte jeden Blick, der sich in seinen Rücken bohrte, aber immerhin war noch kein Blut vergossen worden. Noch nicht.

Du schaffst das, sagte sich Dara, leerte seinen Becher und beugte sich über den Tresen, um sich mit Rudabehs Schöpfkelle selbst zu bedienen. Das glich doch einer Art Training, oder nicht? Kleine Schritte und all das. Vielleicht erfuhr er an diesem Abend nichts Hilfreiches über geheimnisvolle Ifrit-Sichtungen, konnte aber in Ruhe etwas trinken, sich an die Gesellschaft gewöhnen und in Frieden wieder gehen.

Er musste ja nicht gerade eine höfliche Unterhaltung mit einem echten Feind führen.

* * *

Zaynab al Qahtani hätte noch eine Rebellion angeführt, um eine Pause einlegen zu können.

Ihr tat alles weh, und sie verlagerte im Sattel das Gewicht, um die Krämpfe im Kreuz zu lindern, wobei sie jedoch beinahe herunterfiel, weil ihre Beine so taub waren, dass sie sich damit nicht richtig am Pferd festhalten konnte. Stöhnend setzte sie sich anders hin und spuckte einen Mundvoll Sand aus. Wie es die Sandkörner immer wieder am Stoff vor ihrem Gesicht vorbeischafften, war Zaynab ein Rätsel. Sie hatte diesen Kampf etwa zur selben Zeit aufgegeben, zu der ihr Kopf derart grässlich zu hämmern begann, dass sie es sogar in den Ohren hörte.

Bei Gott, was würde ich jetzt für ein Bad und ein anständiges Bett geben. Zaynab blickte auf, um herauszufinden, ob es Aqisa besser erging. Direkt vor ihr ritt die Kriegerin ohne Sattel auf einem Oryx, der halb so groß war wie Zaynabs Pferd, und hielt sich mit einer Hand an einem Horn fest. Eingehüllt in eine von den Hufen des Oryx aufgewirbelte Staubwolke schwankte ihr Körper anmutig hin und her, sodass ihre Gefährtin durch und durch wie eine geheimnisvolle, übernatürliche Kriegerin aus den Albträumen der Menschen erschien. Ihre mitgenommene Robe flatterte im Wind, ihre unordentlichen Zöpfe flogen hinter ihr her. Das Sonnenlicht spiegelte sich auf den beiden geschwungenen Schwertern, die sie sich auf den Rücken geschnürt hatte und die zu leuchten schienen.

Nichts an Aqisa ließ vermuten, dass sie eine Pause brauchte, jetzt oder überhaupt jemals, und Zaynab versuchte, nicht zu verzagen. Es konnte doch nicht mehr weit nach Babili sein, oder? Aqisa hatte ihr versichert, dass sie den Außenposten bis Sonnenuntergang erreichen würden, und die Sonne stand nun knapp über dem Horizont. Da sie die andere Frau beeindrucken wollte, hatte Zaynab wenigstens einen Tag überstehen wollen, ohne zusätzliche Pausen einzulegen.

Das hast du davon, dass du das Abenteuer deiner Familie vorziehen musstest. Wäre Zaynab eine bessere Tochter gewesen, hätte sie sich in die andere Richtung aufgemacht, um an der Westküste von Am Gezira auf ein Schiff zu steigen und ihre Mutter in Ta Ntry und ihr Heimatland zu besuchen. Sie hätte die entfernten Verwandten kennengelernt, über die sie im Laufe ihrer Kindheit so viele Geschichten gehört hatte, und wäre durch die Räume der Burg ihrer Vorfahren in Shefala gestreift. Zweifellos hätte sie das Herz ihrer Mutter damit sehr erfreuen und ihr die Last erleichtern können, indem sie einige Pflichten bei Hofe übernahm und auch einige der Aufgaben, mit denen die angespannten Beziehungen der Ayaanle zu Daevabad nach der Revolution verbessert werden sollten.

Doch das hatte Zaynab nicht getan. Sie konnte es nicht, jedenfalls noch nicht. Bei der Aussicht, in die Politik zurückzukehren, in eine Welt, in der alles von ihrem Schmuck über ihre Frisur bis hin zu ihrem Lächeln genauestens unter die Lupe genommen wurde, wollte sie nur noch schreien. In letzter Zeit rief sehr vieles dieses Verlangen in ihr hervor: ihre blutgetränkten Albträume von der Schlacht in den Straßen von Daevabad und dem Kreischen der Gefangenen, die im Kerker gefoltert wurden, in dem sie selbst auf ihren Tod wartete. Selbst das harmlose Klopfen von Teppichen oder das Klirren der Schmiedewerkzeuge erinnerte sie an über Familien einstürzende Gebäude und Klingen, die sich in Fleisch bohrten.

Daher war sie geflohen, hatte ihrer Mutter einen wirren Brief geschrieben und gebetet, dass Aqisa ihre Worte in Daevabad ernst gemeint hatte und nach dem Besuch in Bir Nabat tatsächlich zusammen mit ihr reisen wollte. Ali hatte nicht übertrieben, als er die Wärme und den Frieden der Oasenstadt beschrieb, in der er einst Unterschlupf gefunden hatte. Dies war eine wunderbare und eng verbundene Gemeinschaft, die Zaynab eher wie eine nach Hause zurückkehrende Tochter behandelte als wie eine Prinzessin aus der Ferne. Zudem war Aqisa in der Tat eine ihrer Töchter und wurde von einer ganzen Horde an Verwandten bestürmt.

Doch sie hatten sich kaum einen Monat in Bir Nabat aufgehalten, als ihre Freundin ebenfalls unruhig wurde. »Hier sehe ich überall Lubayd«, hatte Aqisa ihr eines Abends leise gestanden, als sie mit Zaynab allein hoch oben auf einem der Menschengräber stand. Die mit Schnitzereien verzierte Steinfassade dieses erstaunlichen Orts war so hoch wie ein Turm und mit einer Treppe versehen, die in den Himmel zu führen schien. »Unsere Mütter waren engste Freundinnen und er war seit meiner Geburt eigentlich immer an meiner Seite. Ich kann nicht hierbleiben, ohne ihm ständig überall zu begegnen.«

Zaynab wusste noch, wie sie die Frau angesehen hatte, deren eher grobe Züge im Mondlicht deutlich sanfter wirkten. In diesem Moment waren sie zum ersten Mal seit Wochen allein gewesen, und die Erkenntnis hatte sie mit einer zittrigen Unsicherheit erfüllt, die sie selbst kaum begriff. »Habt Ihr ihn geliebt?«, war es aus ihr herausgesprudelt.

Aqisa hatte sich zu Zaynab umgedreht. »Ja. Er war wie ein Bruder für mich.« Ihre grauen Augen waren undurchdringlich. »Warum fragt Ihr?«

Zaynab – die Prinzessin, die gelernt hatte, ihre Worte als Waffe einzusetzen, der stets eine kluge Erwiderung oder ein charismatischer Scherz auf der Zunge lag – war bei der Frage ins Stocken geraten. »Ich, nun ja … Ihr schient gut zueinander zu passen.«

Aqisas Blick blieb derart unergründlich, dass Zaynab rote Wangen bekam. Nach einem quälend langen Moment hatte sie erwidert: »Euch ist schon klar, dass Ihr nicht mehr so denken müsst? Wer gut zueinander passt. Über die Liebe als eine Art Vertrag.«

Selbstverständlich hatte sie damit recht gehabt. Doch da ihr Schicksal in einer politischen Ehe zu bestehen schien, war Zaynab ohne jegliche romantische Vorstellungen aufgewachsen. Ihre Liebe galt in erster Linie ihrer Familie und ihrem Volk und würde erst danach irgendeinem Adligen aus dem Ausland gewährt werden, mit dem sie eines Tages gezwungenermaßen die intimste aller Allianzen eingehen musste. Aus diesem Grund hatte sie sich nie gestattet, irgendeine andere Option auch nur zu durchdenken, da sie genau wusste, dass ihr das nur Schmerz einbringen würde.

»Das ist die einzige Art zu denken, die ich kenne«, gab Zaynab zu, »denn ein anderes Leben habe ich nie geführt.«

Bei ihren Worten verzog Aqisa die Lippen zur Andeutung eines Lächelns. »Euer Leben hat Euch auch nicht viele Möglichkeiten für das Training mit der Waffe gelassen und auch das konnten wir recht schnell ändern.« Da hatte sie ihre Hand gehoben, und Zaynab wusste noch genau, dass sie sich gefragt hatte, was Aqisa damit anstellen würde. Ob sie vorhatte, ihr Gesicht zu berühren und damit den geringen Abstand, der sie trennte, zu überwinden.

Aber Aqisa hatte die Hand wieder sinken lassen und sie mit einem Hauch von Widerwillen in den grauen Augen angesehen. »Das braucht Zeit, Zaynab«, hatte sie ein wenig ruppig gesagt, als müsse sie sich das ebenfalls in Erinnerung rufen. »Ihr werdet es lernen.«

Damit war das Gespräch beendet gewesen, aber am nächsten Morgen hatte Aqisa angefangen, ihre Sachen zu packen, und sie waren aufgebrochen. Dabei schwebte ihnen kein spezielles Ziel vor Augen, sie wollten nur »weg«. Zaynab hatte sich fest vorgenommen, ihrer Gefährtin keine Last zu sein. Aqisa hatte ihr Zuhause verlassen, um sie zu begleiten, daher würde Zaynab sich jetzt auch anstrengen. Sie würde lernen, wie man jagte und kämpfte und wie man die Sterne las, und sie würde früh genug aufwachen, um für sie beide Kaffee zu kochen.

Im Augenblick war sie sich allerdings nicht sicher, ob sie überhaupt noch lange aufrecht im Sattel sitzen konnte. Als der Boden schon immer näher zu kommen schien, ließ Aqisa ihr Oryx zum Glück langsamer laufen.

»Babili«, verkündete Aqisa und bedeutete Zaynab anzuhalten.

Zaynab blinzelte, um den Staub aus den Augen und den Nebel

aus dem Kopf zu bekommen. Die Sonne war endlich untergegangen und das noch verbliebene scharlachrote Glühen vermochte die dunklen Marschen und das glitzernde Wasser kaum zu erhellen. Der Anblick war eher unwirtlich, und Zaynab entdeckte nichts, was wie eine Siedlung aussah, sondern nur karge Bäume und Büsche, die wie Klauen gen Himmel ragten.

»Das soll eine Stadt sein?«, stieß Zaynab keuchend hervor.

Aqisa reichte ihr eine noch immer volle Wasserflasche. »Trinkt. Und nein, so würde ich das hier nicht bezeichnen. Babili ist keine Stadt. Seht es eher als einen Ort, an dem Dschinn und Daeva verschiedene Ruinen beanspruchen und sich um das Recht streiten, Reisende auf das andere Flussufer übersetzen zu dürfen – oder sie auszurauben, je nachdem, was ihnen gerade vorschwebt.«

Abermals bekam Zaynab einen trockenen Mund. »Und hier sollen wir uns ausruhen?«

»Es gibt viel mehr Orte wie Babili als wie Bir Nabat, Prinzessin. Daher solltet Ihr Euch lieber daran gewöhnen. Wenn ich mich recht erinnere, liegt gleich da vorn eine Taverne. Wir können etwas essen, das Maghrib beten und herausfinden, was man hier so über uns redet.«

»Können wir dafür sorgen, dass man uns nicht sofort erkennt?« Zaynab nahm ihren schmutzigen Turban ab und schüttelte ihn aus.

»Wir können es versuchen.« Aqisa beobachtete sie, aber als sich ihre Blicke trafen, sah die Kriegerin rasch weg. »Ihr seid allerdings sehr einprägsam.«

Zaynab fummelte an ihrem Turban herum. *Ich bin was?* Aber Aqisa war bereits abgestiegen und ging auf ein großes Schilfgebäude am Flussufer zu.

»Behaltet eine Hand an Eurem Zulfiqar!«, rief Aqisa ihr über die Schulter zu. »Dies ist einer der Orte, an dem man erst zusticht und danach Fragen stellt.«

»Ihr bringt mich immer an die schönsten Orte«, murmelte Zaynab, tat jedoch, was ihr geraten worden war, und legte die Finger um den Griff ihres Zulfiqars, der sich kalt anfühlte. Ali und sie hatten vor ihrer Abreise so oft geübt, wie es möglich gewesen war, doch bislang war es Zaynab nicht gelungen, die Klinge ihrer

Familie von Flammen umspielen zu lassen. Sie folgte Aqisa, wobei ihre Sandalen auf dem körnigen Boden und platt getretenen Gras knirschten. Die Luft roch nach schlammigem Wasser und einem Hauch von Rauch.

»Seltsam«, sinnierte Aqisa auf dem Weg in die Taverne. »Ich hatte es hier lebhafter und lauter in Erinnerung.«

Drei Dschinn traten aus dem Schatten des Gebäudes und führten ihre Oryx-Reittiere weg, als würden sie aufbrechen. Als einer der Männer Aqisa bemerkte, kam er auf sie zu. Zaynab erstarrte. War dies eine Situation, in der sie die Waffe ziehen musste?

Doch der Mann grüßte sie nur höflich, indem er Herz und Stirn berührte. »Friede sei mit Euch, Schwestern.« Sein Dschinnistani war ungehobelt und von einem nördlichen Geziri-Akzent durchzogen, der an Aqisas erinnerte. »Darf ich vorschlagen, dass ihr am heutigen Abend eine andere Taverne aufsucht? Die Gesellschaft in dieser lässt arg zu wünschen übrig.«

Aqisa runzelte die Stirn. »Was soll das bedeuten?«

Der Mann stieß ein angewidertes Geräusch aus. »Die Geißel ist hier. Offenbar hat er endlich entschieden, die stinkende Grube zu verlassen, in der er sich die ganze Zeit verkrochen hatte.«

»Die *Geißel?*«, wiederholte Zaynab fassungslos. »Ihr meint doch nicht etwa ...«

»Der Afshin ist hier?«, fragte Aqisa ebenso leise wie tödlich. »Diese Geißel? Seid Ihr Euch sicher?«

»Ich wünschte, es wäre anders. Er sitzt am Tresen und trinkt so gelassen, als würde nicht das Blut Tausender an seinen Händen kleben.« Der Mann schüttelte den Kopf und sah sehr wütend aus. »In dieser Welt gibt es keine Gerechtigkeit.«

Mit einer geschmeidigen Bewegung zog Aqisa die Schwerter von ihrem Rücken. »Das lässt sich ändern.«

Zaynab versuchte noch immer zu begreifen: Darayavahoush e-Afshin – der Feind, gegen den sie gekämpft hatte, der berüchtigte, allerdings nicht unbedingt flüchtige ehemalige General – hielt sich in der wenig einladenden einsturzgefährdeten Taverne vor ihnen auf. Viel zu spät ging ihr die wahre Bedeutung von Aqisas Worten auf.

»Wartet, Aqisa …«

Doch Aqisa wartete nicht. Die Kriegerin stürzte in die Taverne und riss den ausgeblichenen Vorhang beiseite, den jemand in dem halbherzigen Versuch, eine Tür zu ersetzen, dort aufgehängt hatte. Schon stürmte sie ins Innere und Zaynab hetzte ihr hinterher.

Im Inneren des Gebäudes war es dämmrig, aber ein warmes Feuer knisterte munter in einer Ecke des Raums, die nicht überdacht war. Nur auf einer Handvoll Tischen standen brennende Öllampen, wobei »Tische« schon eine Übertreibung war, denn es handelte sich um kaum mehr als eine Ansammlung umgedrehter Kisten, ein rissiges Metallfass und die geleerten Tonnen, in denen zuvor zweifellos verbotene Getränke gelagert worden waren. Die Helligkeit reichte nicht aus, um die nahende Nacht zu vertreiben, dennoch enthüllte sie Zaynab mehrere Dinge, die sie nie zuvor gesehen hatte. Ein Mann trank Tee mit einer großen Schildkröte, in deren Panzer Kerzen eingelassen waren, während zwei andere Dschinn anscheinend eine Art Brettspiel spielten – wobei es sich bei den Spielfiguren um belebte Stücke gezackter Zähne handelte. Zaynab machte einige Schritte und zuckte dann zusammen: Sie war auf die weiche Hand eines schnarchenden Mannes getreten, der es sich – ausgerechnet – auf einem Haufen Schuhen bequem gemacht hatte.

Wenngleich die Taverne gut besucht war, entging Zaynab nicht, dass es in einem Bereich keinerlei Aktivitäten gab. Dort saß ein sehr großer Mann ganz allein und mit dem Rücken zur Tür über seinem Becher. Er war schlicht gekleidet und trug einen dunkelblauen Umhang und eine Daeva-Hose, wobei Rauch unter einer Wollkappe hervordrang, die seinem schwarzen Haar nicht Herr werden konnte. Waffen konnte sie nicht entdecken. Nicht dass er welche benötigt hätte.

Man brauchte keine Waffe, wenn man selbst eine war.

»Geißel«, stieß Aqisa zwischen zusammengebissenen Zähnen hervor. »Macht Ihr Euch einen schönen Abend?«

Darayavahoush versteifte sich und warf einen Blick über seine Schulter. Zaynab spannte die Muskeln an. Sie hatte den Afshin als rachsüchtigen Eindringling auf dem Hof ihres Vaters erlebt und als Manizhehs mörderischen General. Sie hatte ihn als gebrochenen Sklaven gesehen, der versuchte, sich selbst die Kehle durchzuschneiden, und als gescholtenen, verlegenen Gast an Nahris Krankenbett.

Dieser Afshin sah einfach nur müde aus – auf eine Art und Weise müde, die Zaynab vermuten ließ, dass er nicht einmal überrascht war, sie zu sehen, und sich längst mit etwas Schlimmerem abgefunden hatte.

Darayavahoush leerte seinen Becher und stellte ihn lautstark auf den Tresen. »Bis eben habe ich das getan.« Er streckte die Hand nach dem Griff einer Schöpfkelle aus, die in einer halb vergrabenen Lehmamphore steckte. »Möchtet Ihr etwas trinken? Vielleicht bekommt Ihr dann bessere Laune?«

»Das Einzige, was ich möchte, ist Euch ein Schwert in den Hals rammen.«

Daraufhin reagierten die anderen Gäste nun doch, als habe die wütende, bewaffnete Geziri-Kriegerin ausgereicht, um selbst den Benommensten aus seinem Rausch zu holen. Die Spielsteine klapperten gegeneinander und fauchten, als die Spieler zurückwichen, und der Mann mit der Schildkröte drückte sich sein gigantisches Haustier schützend an die Brust.

Eine ältere Daeva in einem geflickten Kleid trat hinter dem Tresen hervor und nahm dem Afshin die Schöpfkelle aus der Hand. »Raus mit euch beiden.«

Zaynab trat zu Aqisa und nahm ihren Arm. »Kommt schon.« Doch Aqisa stand wie ein Stein da und rührte sich nicht.

Darayavahoush blieb ebenfalls sitzen. »Ich will Euch nichts Böses«, sagte er vorsichtig. »Das verspreche ich. Ich bin bloß …« Der Blick seiner grünen Augen wanderte von Aqisa zu Zaynab und schon starrte er sie entgeistert an. »Prinzessin Zaynab?«

Er sprach die Worte laut genug aus, sodass alle Anwesenden sie mitbekamen, und Zaynab spürte, wie sich sogleich alle Blicke auf sie richteten.

»Sagte ich, dass Ihr gehen sollt?« Die Miene der Daeva änderte sich derart schnell, als sei sie durch eine andere Frau ausgetauscht worden. Nachdem sie Darayavahoushs Becher aufgefüllt hatte, holte sie mit einem strahlenden Lächeln zwei weitere aus einem verborgenen Schrank. »Bleibt! Ich bestehe darauf.«

Zaynab reagierte nicht. Auf einmal fiel es ihr unendlich schwer, den Blick von Darayavahoushs smaragdgrünen Augen abzuwenden. Sie wusste noch zu gut, wie diese lodernden Augen sie im Krankenhaus angesehen hatten, als sie sich ergab. An den darauffolgenden langen Marsch würde sie sich für den Rest ihres Lebens in Albträumen erinnern. Da Zaynab gläubig war, hatte sie den Kopf hoch erhoben getragen und in Gedanken immer wieder das Glaubensbekenntnis wiederholt. Dabei hatte sie die ganze Zeit über damit gerechnet, dass man sie vor ihrem Volk hinrichten und dass sie als Märtyrerin beim endgültigen Fall von Daevabad enden würde.

Doch sie war nicht gestorben. Weder auf den Straßen noch im Kerker. Ebenso wenig wie Darayavahoush. Und nun waren sie beide hier.

Er machte eine bedächtige Geste in Richtung der Kissen zu seiner Rechten. »Setzt Euch«, bot er leise an. »Bitte. Zwischen uns herrscht doch jetzt Frieden, oder nicht?«

Aqisa hielt die Schwerter noch immer kampfbereit in den Händen. »Ich habe eben erst die Asche meines besten Freundes begraben.« Ihre Stimme zitterte derart, wie Zaynab sie nie zuvor gehört hatte. »Einer Eurer Ifrit hat ihm eine Axt in den Rücken gerammt. Euer ›Frieden‹ macht ihn nicht weniger tot.«

Darayavahoush zuckte zusammen, und da beschloss Zaynab einzuschreiten. Ihr Schreck darüber, dem Afshin hier zu begegnen, wich dem Wunsch, herauszufinden, was in aller Welt er hier zu suchen hatte.

Zu behaupten, Darayavahoush hätte Daevabad unter schwierigen Umständen verlassen, wäre eine Untertreibung gewesen. Je nachdem, wen man fragte, war der Afshin ein Monster und vor der Gerechtigkeit geflohen oder ein tragischer Held, der den Pfad der Wiedergutmachung eingeschlagen hatte. Zaynab wusste, zu welcher Seite sie sich zählte. Sie hatte ihren Vater und Dutzende Personen, die ihr lieb und teuer waren, beim Angriff auf den Palast verloren und mit eigenen Augen das Grauen in der zerstörten Zitadelle gesehen. Und erst danach hatte er sich seinen tödlichen

Weg durch die Krankenstube gebahnt. Erst danach war Manizhehs letzter Versuch erfolgt, Zaynab gefangen zu nehmen, bei dem ein Blutbad angerichtet worden war, das Zaynab nie wieder vergessen würde. Die Häuser so vieler Familien waren zu Haufen aus Staub und Knochen zermalmt worden. Die Akademie im Ayaanle-Viertel war mitsamt den Studenten darin in die Luft geflogen. Zwar konnte sie einerseits durchaus akzeptieren, dass er für den letzten Angriff nicht die alleinige Verantwortung trug – schließlich war er von Manizheh versklavt worden –, andererseits fragte sie sich dennoch, wie viele Leben gerettet worden wären, wenn er sich früher gegen die Banu Nahida gestellt hätte.

Im Augenblick waren ihre persönlichen Gefühle allerdings ohne Belang. Darayavahoush war seit seiner Flucht nicht mehr gesehen worden, und Zaynab gehörte nicht zu den Personen, die eine Gelegenheit, nützliche Informationen über den Erzfeind ihrer Familie zu erlangen, ungenutzt verstreichen ließen. Sie beugte sich zu Aqisa hinüber. Zaynab sprach nicht besonders gut Geziriyya, aber für einige Worte und eingeübte Sätze reichte es.

»*Informationen*«, raunte sie ihr in dieser Sprache ins Ohr. »Für zu Hause. Ja?«

Aqisa bedachte sie mit einem erzürnten Blick, setzte sich jedoch und legte die Waffen in ihren Schoß.

Zaynab ließ sich ebenfalls nieder, setzte ihr anmutigstes Lächeln auf und wandte sich an die Daeva-Kellnerin. »Könnte ich vielleicht einen Kaffee bekommen? Meine Gefährtin und ich trinken keinen Wein.«

Die Frau verbeugte sich tief. »Kommt sofort, Eure Hoheit.«

Darayavahoush hatte sich wieder seinem Wein zugewandt. »Wie war sein Name?«, fragte er, ohne von seinem Becher aufzublicken. »Eures Freundes, der von den Ifrit ermordet wurde.«

Zaynab rechnete schon fast damit, dass Aqisa ihn wegen dieser Frage erstechen würde. Stattdessen antwortete sie jedoch und umklammerte ihre Waffen so fest, dass ihre Fingerknöchel weiß anliefen. »Lubayd.«

»Lubayd«, wiederholte Darayavahoush. »Ich bedauere Euren Verlust aufrichtig.«

»Fahrt zur Hölle.« Aber Aqisa steckte eines der Schwerter in die Scheide, und Zaynab beschloss, das als positives Zeichen zu sehen.

Nach einem weiteren angespannten Augenblick ergriff Darayavahoush abermals das Wort. »Ich muss zugeben … eine Prinzessin aus Daevabad ist die wohl letzte Person, mit der ich in einer Taverne in Babili gerechnet hätte. Was führt Euch nach Daevastana?«

In seiner Stimme schwang leichtes Misstrauen mit. Zaynab konnte es ihm nicht verdenken. Sie machte vermutlich den Eindruck, den Verstand verloren zu haben, da sie derart schlecht verkleidet und nur mit Aqisa in ihrer Gesellschaft in dieser abgelegenen Siedlung auftauchte. Nein, wahrscheinlich wirkte sie eher wie eine Spionin, die in seinem Heimatland schändliche Taten zu vollbringen gedachte.

»Ich musste mal raus«, erklärte Zaynab, die in der Wahrheit deutlich weniger Schadenspotenzial sah als in einer sarkastischen Erwiderung. »An einen neuen Ort mit weniger Erinnerungen, wenn Ihr versteht, was ich meine.«

»Besser, als mir lieb ist«, murmelte er.

Die Kellnerin kehrte mit zwei dampfenden Bechern zurück. »Geht aufs Haus«, erklärte sie. »Vielleicht bittet Ihr Euren Bruder, an uns zu denken, wenn er neue Karawanensteuern festlegt? Wir hörten, er hätte die Aufgabe des Finanzministers übernommen.«

Darayavahoush starrte finster in sein Getränk. Zaynab versuchte, der Daeva enthusiastisch zuzunicken. »Das … Das werde ich tun«, versicherte sie ihr und nippte an ihrem Kaffee. Dieser war herrlich bitter, so wie Zaynab ihn mochte. Allerdings fragte sie sich, ob diese ganze Begegnung nicht etwas lockerer verlaufen würde, wenn sie ein wenig vom verbotenen Alkohol zu sich nehmen würde.

Die Kellnerin ließ sie allein.

»Finanzminister?«, wiederholte der Afshin. »Vertreibt er sich die Zeit neuerdings mit der Buchhaltung?«

Aqisa schnaubte. »Nahri und er haben bestimmt noch genug andere Ideen, wie sie sich …«

Zaynab trat ihr auf den Fuß. »Ja, er ist jetzt Finanzminister. Und den Nahid geht es gut«, fügte sie hinzu und wechselte das

Thema, da sie davon ausging, dass er sich viel mehr dafür interessierte. »Sie haben sehr viel zu tun, wirklich viel. Aber Nahri wirkt glücklich. Sie hat zusammen mit Subha und Jamshid die erste Klasse aus Medizinstudenten übernommen, und alle haben sich mit Begeisterung in die Arbeit gestürzt. Außerdem hat sie jetzt ein eigenes Zuhause, ein kleines Haus in der Nähe des Krankenhauses, das sie zusammen mit ihrem Großvater in Ordnung bringt.«

Bei diesen Worten merkte Darayavahoush auf. »Nahri hat ihren Großvater gefunden?« Als Zaynab nickte, sah er sehr gerührt aus. »Der Schöpfer sei gepriesen. Ich bin … so froh, das zu hören. Das alles. Sie hat es verdient, glücklich zu sein. Ich danke Euch.«

Zaynab nickte nur. »Gern geschehen.«

Er starrte erneut in sein Getränk. »Ich schulde Euch noch eine Entschuldigung. Ihr hattet in jener Nacht im Wald recht mit dem, was Ihr über Banu Manizheh gesagt habt, und ich wünschte, ich hätte Euren Rat viel früher befolgt. Ich …« Er schien nach Worten zu ringen. »Ich werde den Preis für mein Zögern bis ans Ende meines Lebens zahlen.«

»Das solltet Ihr auch«, murmelte Aqisa.

Zaynab hielt kurz inne. »Es heißt, Ihr hättet Daevabad verlassen, um Wiedergutmachung zu leisten. Um die Ifrit zu verfolgen. Stimmt das?«

Darayavahoush verzog das Gesicht und schwankte ein wenig, als er seinen Becher leerte. »Ich versuche es. Aber es wäre deutlich einfacher, wenn mir meine Beute nicht mehrere Jahrtausende voraus wäre, was das Verstecken, meine eigene Magie und das Leben als manifestierte Abscheulichkeit im Allgemeinen betrifft.«

»Also hattet Ihr bislang kein Glück?«

Der Afshin knallte seinen Becher auf den Tresen, und Zaynab entging nicht, dass mehrere Gäste zusammenzuckten. »Alle Spuren führen ins Leere. Ich bin Vizaresh gefolgt, indem ich dem nachging, was ich von seiner Magie spüren konnte, aber das ist, als würde man einer Spur nachjagen, die nach einem Tag erkaltet, noch dazu mit Augen, die ich nicht ganz öffnen kann.«

Zaynab erschauerte. »Vizaresh ist der Ifrit, der die Gefäße aus dem Tempel gestohlen hat, nicht wahr?«

»Ja.« Darayavahoush klang gequält. »Wenn ich mir vorstelle, dass sie menschlichen Herren überlassen werden, die sie ebenso lenken, wie Manizheh es mit mir getan hat …« Er kniff die Augen zu. »Und ich kann nichts weiter tun, als mich vom Wind herumwehen lassen und darauf zu hoffen, dass ich ihm eines Tages endlich begegnen werde.«

»Sie tatsächlich zu jagen, ist für uns auf jeden Fall neu. Jeder Dschinn und Daeva mit etwas Verstand würde eher vor ihnen davonlaufen.« Zaynab trank noch einen Schluck Kaffee. »Wisst Ihr, wie man Kontakt zu einem der Peri oder Marid aufnimmt? Vielleicht haben sie ihn ja gesehen.«

Abermals runzelte Darayavahoush die Stirn. »Meine Bemühungen, einen Marid anzurufen, führten dazu, dass mir eine Flutwelle hinterhergehetzt wurde. Und die Peri sind verschwunden. Wahrscheinlich lecken sie sich alle die Wunden, nachdem Nahri sie derart beschämt hat.«

»Könnt Ihr nicht einfach ihre Reiche in Brand stecken und die Bewohner abschlachten, bis sie reagieren?«, fragte Aqisa. »Ich dachte, so geht Ihr üblicherweise vor.«

»Ich versuche, meine Ziele auf eine weniger mörderische Art zu erreichen.« Darayavahoush machte eine ausladende Geste, die die ganze Taverne umfasste. »Darum bin ich hierhergekommen. Ich dachte, wenn ich mich in den Handelsposten umhöre, finde ich vielleicht heraus, ob jemand auf seinen Reisen irgendwelche seltsame Magie beobachtet hat.«

Zaynab musterte den Mann, der noch immer seine Schildkröte an sich drückte – die inzwischen kobaltblau geworden war. »Wahrscheinlich muss schon einiges passieren, damit ein Dschinn Magie als ›seltsam‹ einstuft.« Da kam ihr eine Idee. »Aber wenn Ihr die Gefäße finden wollt und die Ifrit diese Daeva versklaven … Solltet Ihr Euch dann nicht lieber unter den Menschen nach solcher Magie umhören? Schließlich übergibt Vizaresh die Gefäße menschlichen Herren und die sind alles andere als diskret. Findet heraus, welche vergrätzten Dienstboten unverhofft ihre Könige ersetzt haben und wer neuerdings ständig lächelt, sodass sich jeder Hals über Kopf verliebt.«

Darayavahoush erstarrte. »Das ist … keine schlechte Idee.« Seine Miene verfinsterte sich. »Bedauerlicherweise kann ich mich jedoch nicht vor Menschen manifestieren, geschweige denn mit ihnen sprechen. Aus diesem Grund kann ich auch kein Gespräch in die gewünschte Richtung steuern.«

Ah. »Jammerschade, dass Ihr Euch die Shafit zu Feinden gemacht habt.« Zaynab konnte einfach nicht anders, als dies anzumerken. »Sie hätten Euch gewiss helfen können.«

»Man muss kein Shafit sein, um vor einem Menschen aufzutauchen«, warf Aqisa ein, die auf einmal deutlich weniger sarkastisch klang.

Zaynab musterte sie erstaunt. »Ich weiß, doch das ist trotzdem ein sehr seltenes Talent, nicht wahr? Jedenfalls kenne ich niemanden, der das zu tun vermag.«

»Ich kann es auf jeden Fall nicht.« Der Afshin versuchte, sich erneut am Wein zu bedienen, und verzog das Gesicht, als die Schöpfkelle leer wieder herauskam. »Und jetzt ist auch noch der Wein alle. Ach, das ist dann wohl ein Zeichen, dass ich dieses Gespräch in einer deutlich weniger streitlustigen Manier beenden sollte, als es begonnen hat.« Er stand auf, weitaus unbeholfener, als Zaynab ihn in Erinnerung hatte, und versuchte sich an einer Verbeugung. »Viel Glück auf Euren Reisen.«

Zaynab blickte ihm hinterher, als er aus der Taverne taumelte. Ein seltsames Pflichtgefühl, als müsse sie versuchen ihn aufzuhalten, überkam sie. Aber wozu? Er konnte sich in den Wind verwandeln. Seufzend wandte sie sich ihrem Kaffee zu.

»Ich kann vor Menschen erscheinen«, sagte Aqisa leise.

Zaynab verschluckte sich an der heißen Flüssigkeit. »Ihr könnt *was?*«

»Vor Menschen erscheinen. Mit ihnen sprechen. Nicht besonders lange, aber …« Aqisa räusperte sich. »Lange genug, um eine kurze Unterhaltung zu führen.«

In Zaynabs Kopf überschlugen sich die Gedanken. »Das wusste ich nicht.« Sie fühlte sich merkwürdigerweise verletzt. Dabei gab es überhaupt keinen Grund dafür. Aqisa musste ihr keines ihrer Geheimnisse anvertrauen. Es war ja nicht so, als seien sie …

»Wie?«, fragte sie leise und lenkte sich rasch von diesem Thema ab.

Aqisa schüttelte den Kopf. »Das ist nichts, was ich Euch beibringen könnte. Man muss seit seiner Geburt eine gewisse Nähe zur Menschenwelt gehabt haben. Je älter man wird, je mehr Kontakt sie zu wahrer Magie hatten … dann ist die Chance vertan.« Sie hielt inne, und als sie weitersprach, schien sie ihre Worte mit Bedacht zu wählen. »Ein jahrhundertealter Daeva, der sich in Feuer verwandelt und mit dem Wind fliegt, wird niemals mit einem Menschen sprechen können.«

»Aqisa …«, sagte Zaynab leise. »Was wollt Ihr damit andeuten?«

Aqisa zitterte am ganzen Leib. »Ich habe es geschworen, Zaynab. Ich habe geschworen, Lubayd zu rächen. Er hätte dasselbe für mich getan.«

Zaynab zögerte, bevor sie Aqisas Hand nahm. Ihre Handfläche war rau und warm. »Ihr habt Darayavahoush gehört. Seine Aufgabe ist nahezu unmöglich. Ihr hasst einander. Und die Ifrit sind gefährlich. Seid Ihr sicher – wirklich sicher –, dass Ihr das tun wollt?«

»Nein. Aber nicht, weil ich mich vor den Ifrit oder diesem abscheulichen Mann fürchte.« Aqisa blickte auf ihre miteinander verschränkten Finger hinab. »Es liegt … Nun ja, es liegt an dir.«

»An mir?«

»An dir.« Nun sah Aqisa ihr in die Augen. Der Blick der Kriegerin wirkte gequält, und sie sah verletzlicher aus, als Zaynab sie jemals erlebt hatte. »Ich möchte dich nicht verlassen. Aber ich kann dich nicht bitten, mich bei dieser Sache zu begleiten.«

Zaynab starrte sie an. Die Frau, die ihr bei der ersten Begegnung unfassbare Angst eingejagt hatte und die sie für völlig verrückt gehalten hatte, als sie mit Trainingsklingen in Zaynabs lieblichen, luxuriösen königlichen Gemächern aufgetaucht war, diese aufs Bett geworfen und darauf bestanden hatte, dass die Prinzessin, die ihr Leben lang von bewaffneten Wachen umgeben gewesen war, nun endlich lernte, sich selbst zu schützen. Die Frau, deren Vertrauen in Zaynab nicht ein einziges Mal ins Wanken geraten war, nicht einmal als Zaynab selbst an ihrer Fähigkeit, zu herrschen oder ihr Volk zusammenzuhalten und Manizhehs zerstörerischen Krieg zu überleben, gezweifelt hatte.

Die Frau, die sie denken ließ, dass es im Leben noch mehr als Politik und Familienpflichten geben musste. Dass Zaynab vielleicht, nur vielleicht, noch mehr erkunden konnte. Dass sie sich darin verlieren konnte.

Dass sie lernen würde, sich zu verlieben.

Zaynab stand auf und legte einige Münzen neben ihren Kaffeebecher. Dann zog sie Aqisa auf die Beine. »Komm mit. Wir müssen den Afshin einholen.«

»Zaynab …«

Zaynab brachte Aqisa zum Schweigen, indem sie ihr kurz eine Hand an die Wange legte. »Ich verdanke dir mein Leben und meine Freiheit, Aqisa. Du bittest mich hier um gar nichts.«

Der Himmel war bereits vollkommen schwarz und mit Sternen übersät, die rote Wärme der Sonne vom Horizont und aus der kühlen Luft verschwunden. Vor der Taverne schien sich niemand mehr aufzuhalten, und es war nichts zu hören außer einer Brise, die durch das Marschland wehte. Zaynab suchte den Himmel ab, doch der war bis auf einige Wölkchen, die das Mondlicht reflektierten, leer.

War eine von ihnen Darayavahoush? Funktionierte das so? »Afshin!«, rief Zaynab zum Himmel hinauf. »AFSHIN!«

Hinter der Taverne war ein Rascheln zu hören, bevor ein sichtlich genervter Darayavahoush aus dem Schatten auftauchte und sich die Ohren zuhielt. »Bitte lasst das.«

Zaynab runzelte die Stirn. »Was habt Ihr in den Büschen getrieben?«

Er starrte sie fassungslos an. »Darf ich Euch eine Lektion über Tavernen erteilen? Man fragt niemanden, wohin er geht, wenn er zu viel getrunken hat.« Sie errötete und war froh über die Dunkelheit, und der Afshin sprach weiter. »Nun würde ich allerdings gern wissen, warum Ihr mir gefolgt seid und meinen Namen gen Himmel schreit?«

Zaynab richtete sich auf und rückte ihre schmutzige Reisekleidung zurecht, um so königlich wie nur möglich zu wirken. »Wir schließen uns Eurer Jagd auf die Ifrit an«, verkündete sie.

Darayavahoush starrte sie eine ganze Weile fassungslos an. »Nein.« Schon wandte er sich ab und ging davon.

Zaynab lief ihm hinterher. »Was meint Ihr mit ›Nein‹?«

»Verwirrt Euch das Wort ›Nein‹, Eure Hoheit? Ihr habt es in Eurem Leben gewiss noch nicht oft zu hören bekommen. Aber um es zu verdeutlichen, nein, Ihr werdet mich nicht begleiten. Wir sind nicht in Daevabad, und selbst wenn wir es wären, würde ich von den Qahtanis keine Befehle entgegennehmen.«

»Wartet noch eine Generation«, murmelte Aqisa. »Dann werden es Nahid sein.«

Darayavahoush wirbelte zu ihr herum. »Wisst Ihr, was ...«

Zaynab trat zwischen die beiden. »Sie kann mit Menschen sprechen.«

Er starrte sie nur zornig an. »Ihr lügt.«

»Das tue ich nicht.« Zaynab blieb, wo sie war, stand weiterhin zwischen den beiden Kriegern, und sie vermutete, dass sie sich in nächster Zeit häufiger in dieser Lage wiederfinden würde. »Sie hat ihr ganzes Leben in ihrer Nähe verbracht.«

»Es hat durchaus Vorteile, wenn man Menschenblut nicht als Verunreinigung ansieht«, bemerkte Aqisa spitz. »Ich kann vor ihnen erscheinen. Mit ihnen reden. Ihr könnt das alles nicht.«

»Ihr habt selbst gesagt, dass Ihr keinerlei Hinweise mehr habt«, beharrte Zaynab, bevor Darayavahoush widersprechen konnte. »Ihr wollt Informationen? Ihr wollt in der Lage sein, Kreaturen zu jagen, die über eintausend Jahre länger Wissen ansammeln konnten als Ihr? Dann braucht Ihr Hilfe und einen Plan, der nicht nur daraus besteht, dass Ihr hofft, Vizaresh eines Tages zu begegnen, während Ihr gerade so tut, als wärt Ihr ein laues Lüftchen.«

Er verschränkte die Arme vor der Brust. »Ihr verabscheut mich«, sagte er mit ausdrucksloser Stimme. »Und jetzt schlagt Ihr vor, dass wir gemeinsam auf die Jagd gehen? Wir würden einander doch schon innerhalb der ersten Woche den Hals umdrehen.«

»Das werden wir nicht.« Zaynab ließ nicht locker. »Habt Ihr eine Ahnung, wie viele verängstigte, traumatisierte Personen ich während Manizhehs Krieg zusammengehalten habe? Da werde ich auch mit euch beiden fertig. Außerdem wollen wir doch alle dasselbe: dass die Gefäße gefunden werden.«

»Und dass Vizaresh stirbt«, fügte Aqisa energisch hinzu. »Das war der Ifrit, der meinen Freund getötet hat. Wenn ich ihn so rächen kann, halte ich es sogar mit Euch aus.«

Darayavahoush presste die Lippen fest aufeinander. »Das ist doch Wahnsinn.« Er drehte sich wieder zu Zaynab um. »Wenn Eure Brüder herausfinden, dass ich Euch mitnehme …«

»Ich brauche nicht die Erlaubnis meiner Brüder, um irgendetwas zu tun«, fauchte Zaynab. »Ihr habt gesagt, Ihr wollt Wiedergutmachung, nicht wahr, Afshin? Dann lasst zu, dass wir Euch bei der Suche nach Vizaresh helfen. Es sei denn, das alles war nur ein Vorwand, damit Ihr Daevabad verlassen konntet.«

Er richtete sich so schnell auf, dass Zaynab einen Schritt zurückwich. Seine Augen loderten, Feuer wirbelte im Grün herum, und sie fragte sich, ob die königlichen Proklamationen vor einem Mann, der in der Hoffnung, ihre Familie zu stürzen, zweimal in den Krieg gezogen war, vielleicht doch sehr unüberlegt gewesen waren.

Doch er zückte keinen beschworenen Bogen oder verschwand in einer Rauchwolke. Stattdessen sagte er ein einziges Wort: »Dara.«

»Was?«, fragte Zaynab verdutzt.

»Wenn wir jeden wachen Moment in der Gesellschaft des anderen verbringen und Monster jagen wollen – um dann wahrscheinlich von ihnen getötet zu werden –, möchte ich nicht die ganze Zeit an diesen Titel erinnert werden. Und auch nicht an den anderen Titel«, fügte er hinzu, bevor Aqisa auch nur den Mund aufmachen konnte. »Ihr werdet mich Dara nennen. Und es bleibt bei dieser Aufgabe, verstanden?« Er wackelte mit einem Finger vor ihrer Nase herum. »Wir finden Vizaresh und danach gehen wir getrennter Wege.«

»Dara also«, gab Zaynab großmütig nach. Sie warf Aqisa einen Blick zu. »Bist du damit einverstanden?«

Aqisa machte ein finsteres Gesicht. »Ich werde Euch nicht Afshin nennen. Oder Geißel.«

»Gut.« Zaynab nahm erneut Aqisas Hand und drückte sie, wobei sie ein Schauer durchfuhr. »Dann machen wir uns mal auf die Suche nach ein paar Menschen.«

NAHRI

Diese Szene spielt etwa anderthalb Jahre nach Das Imperium aus Gold *und enthält Spoiler für alle drei Bücher.*

Als ihr Tagwerk vollbracht war, schob Nahri ihren Stuhl vom Schreibtisch weg.

»Und sieh nach Yusef, dem Patienten, den ich heute Vormittag operiert habe. Ich habe die Flügelfragmente aus seinem Rücken entfernt. Allerdings befanden sie sich sehr nah am Rückgrat, und ich möchte sichergehen, dass sich keine Entzündung entwickelt. Einer der Studenten soll seine Verbände kontrollieren und eine lindernde Salbe auftragen.« Sie reichte Jamshid die Patientenschriftrolle. »Das müsste alles sein.«

Jamshid, der ihr gegenüberstand und in dessen Armen sich bereits Schriftrollen stapelten, wirkte skeptisch. »Bist du dir sicher, dass ein Student dazu in der Lage ist?«

»Unsere Studenten sind seit fast einem Jahr hier, Jamshid. Ja, ich halte sie alle für fähig genug, unter einen Verband zu schauen und eine ansonsten harmlose Lösung aufzutragen.« Nahri stand auf. Die Spätnachmittagssonne schien durch die hölzernen Fenstergitter herein, und die Luft in ihrem Arbeitszimmer war süß und wohlriechend dank des erdigen Aromas des Papyrus und der ägyptischen Seerosen, die im Brunnen wuchsen. Sie nahm einen kleinen

Samtbeutel aus einer Schreibtischschublade. »Lass dir von ihnen helfen, wenn ich nicht arbeite. Und wage es ja nicht, Subha zu belästigen. Heute ist ihr freier Tag.«

Jamshid warf ihr einen beleidigten Blick zu. »Ich würde Subha niemals belästigen. Du gehörst jedoch zur Familie, daher kann ich dir durchaus vorwerfen, dass du mich mit den Kindern allein lässt. Mit den Studenten. Wie auch immer.«

»Dir ist schon bewusst, dass viele dieser ›Kinder‹ älter sind als du, oder?« Nahri kam um den Schreibtisch herum und stellte sich auf die Zehenspitzen, um ihm einen Kuss auf die Stirn zu drücken. »Du musst lernen zu delegieren, Bruderherz. Das ist ein wichtiger Bestandteil im Leben eines Heilers.«

Daraufhin brummte Jamshid nur leicht missmutig. »Was ist das?«, erkundigte er sich und deutete auf den Beutel.

»Ein Geschenk.«

»Ein Geschenk?« Er legte den Kopf schief und seine Miene wirkte amüsiert. »Eines, das nicht später übergeben werden kann? Vor allen anderen?«

»Eines, das dich rein gar nichts angeht«, entgegnete sie forsch. »Gibt es noch etwas Krankenhausspezifisches zu besprechen, bevor ich gehe?«

Jamshid beäugte den Beutel noch einen Moment ebenso belustigt wie neugierig. »Nein. Aber du wirst rechtzeitig zur Feier zurück sein?«

»Zusammen mit dem ahnungslosen Ehrengast.« Nahri legte sich einen handgestrickten Schal um, den sie von einer Patientin geschenkt bekommen hatte, und ging zur Tür.

Die Bibliothek nebenan war zu dieser Tageszeit so gut wie verlassen; nur wenige Studenten steckten die Nasen in Bücher. Nahri nickte denjenigen zu, die sie bemerkten, störte sie jedoch nicht weiter – der benommene Blick von jemandem, der schon so lange lernte, dass er sein eigenes Spiegelbild kaum noch wiedererkannte, war unübersehbar. Sie ging weiter zu Mishmish, der in seinem Nest auf dem von der Sonne beschienenen Balkon lag – einem Nest, das er aus einem von ihm zerfetzten kostbaren uralten Teppich gebaut hatte, einer Leihgabe vom Tempel.

Nahri kniete sich hin und schob die Hände in die dicke Mähne des Shedus, um ihn hinter den Ohren zu kraulen. »Hallo, mein braves kleines Regenbogenkätzchen«, säuselte sie auf Arabisch und so leise, dass sie vor ihren Studenten ihre Würde bewahrte. Mishmish schnurrte daraufhin so laut, dass der Boden vibrierte. Er spreizte die gewaltigen Flügel und rollte sich auf die Seite, damit sie ihm den Bauch reiben konnte. Nahri tat es einen Augenblick lang und fragte dann: »Machen wir einen Ausflug?«

* * *

Nahri vermutete, dass sie immer die Seele einer Stadtbewohnerin haben würde. Ob es nun das geschäftige Treiben in Kairo war oder die anscheinend endlosen Straßen Daevabads, sie bekam einfach nie genug von der immerwährenden Energie ihrer städtischen Heimat. Es gab immer jemand Neues, den man kennenlernen konnte, einen neuen Ort, den es zu erkunden galt. Da sie nicht länger Ghassans Gefangene war, hatte sich Nahri in die Erforschung der Stadt gestürzt, in deren Herz sie zu ihrer Rettung einen Eisdolch gestoßen hatte, und die Stadt hatte es ihr mit mehr Freude vergolten, als sie es sich je hätte vorstellen können. Sie ging mit Ali und Fiza zum Iftar in den engen Wohnungen der geschwätzigen ägyptischen Shafit-Gemeinde ihres Großvaters, um die Gerichte und Traditionen ihrer Kindheit mit ihnen zu teilen, und sie begleitete Subha zum Puja in ihrem Tempel und begegnete dort Personen und einem Glauben, von dessen Existenz sie bislang nur am Rande mitbekommen hatte. An ihren seltenen freien Abenden ließ sie sich von Jamshid und Muntadhir in die Häuser von Adligen in diversen Stammesvierteln mitschleifen, wo sie sich Lesungen und Vorträge anhörten.

Was jedoch alles noch lange nicht bedeutete, dass sie die gelegentlichen Fluchten in die Wildnis jenseits der Mauern von Daevabad nicht ebenfalls genoss.

Mishmish sauste über die smaragdfarbenen Berge. Nahri schloss auf seinem Rücken die Augen, genoss die frische Frühlingsluft und dass sie nichts als den Wind hörte. Zwar waren mehrere

Abschnitte der Stadtmauern geöffnet worden, doch die Parks und Häuser außerhalb befanden sich noch immer sehr nah an Daevabad. Den meisten Dschinn und Daeva waren die ausgedehnten Wälder und überwucherten Ruinen, die die ehemalige Insel bedeckten – nicht zu vergessen der geheimnisvolle neue Fluss, der sie vom nebelverhangenen Marid-See trennte – nicht geheuer. Als Nahri ihren Shedu schließlich mitten im Wald landen ließ, war von der Stadt weit und breit nichts mehr zu sehen. Vor ihnen leuchtete schwach ein sandiger Pfad, der sich zwischen den dunklen Bäumen hindurchwand.

Sie gingen weiter und der Klang ihrer Schritte verschmolz mit dem Trällern der Vögel. Nahri wusste nicht, wie Daevabads Wälder geklungen hatten, bevor sie Suleimans Ring in ihr Herz mitnahm und die Landschaft umgestaltete, aber von der wilden Mischung der Bäume – von mit Frost bedeckten Kiefern bis hin zu Bananenpalmen – bis hin zu den bizarren Tieren wie winzigen geflügelten Schlangen und Mungos mit Zähnen aus Edelsteinen schien alles in dieser Wildnis der Magie entsprungen zu sein. Vor Jahren hätte sie das alles erschreckt, aber heute kam es ihr vor, als würde sie durch ihre eigene Seele wandern. Die Ranken teilten sich, um sie hindurchzulassen, und selbst die scheuesten rauchäugigen Gazellen nahmen nicht Reißaus. Ihr Volk mochte ein politisches System erschaffen, in dem jeder gleich war, doch es machte ganz den Anschein, als sei die Insel der Tradition verhaftet und würde an ihren Nahid festhalten.

Diese Verbindung wurde schwächer, je näher sie dem Fluss kam. Zwar konnte sie das Tosen der Stromschnellen in der Ferne hören, doch dieser Teil sah heute sehr ruhig aus. Nahri wusste allerdings, dass das nicht viel zu bedeuten hatte: Alis Fluss war für seine Launenhaftigkeit berüchtigt und änderte gern mal spontan die Strömungsrichtung. Als sie zum ersten Mal an dieser Stelle gewesen war, hatte sich hier eine gigantische Wasserhose befunden, die aus der Oberfläche aufstieg und sich in einer nahezu perfekten Schleife drehte. Schildkröten in der Farbe der Morgendämmerung mit spiralförmig gedrehten Hörnern waren verspielt darin herumgesprungen, während Ali an seinem Bart zupfte und sich lautstark darüber den Kopf zerbrach, ob er sich nun einmischen sollte oder nicht. Anscheinend hatte Sobek ihm gesagt, dass neugeborene Flüsse eine eigene wilde Jugend durchmachen mussten – ein Ratschlag, der selbst Nahri die Sprache verschlagen hatte.

Aber heute befand sich hier keine der Schwerkraft trotzende Verzauberung. Die Wasseroberfläche hinter einem Gewirr aus Gräsern – Papyrus und Rohrkolben, Seerosenblätter und goldener Lotus – lag ruhig da. Ali war nirgends zu sehen, doch seine Sandalen und ein ordentlich gefaltetes Hemd lagen auf einem Felsen in der Nähe eines Kreises aus Ziegelsteinen. Im Vorbeigehen bemerkte Nahri die Überreste eines Lagerfeuers sowie den Feuerstein, mit dem Ali es entzündet haben musste. Bei diesem Anblick zog sich ihr Magen zusammen. Es war ihr nahezu unerträglich, dass er zu solchen Hilfsmitteln greifen musste.

Mishmish entfernte sich von ihrer Seite, um in Alis Habseligkeiten zu schnüffeln.

»Ich bezweifle, dass er dir heute Früchte mitgebracht hat, Mishmish. Er rechnet schließlich nicht mit uns.« Nahri zog sich die Schuhe aus, legte Schal und Tasche ab und trat ans Wasser. »Alizayd al Qahtani, du bist weitaus weniger gerissen, als du dir einbildest!«, rief sie über den lautlosen Fluss. »Du kannst dich dem heutigen Tag nicht entziehen, indem du dich hier versteckst.«

Sie bekam keine Antwort. Möglicherweise war Ali zur nächsten Flussbiegung getrieben oder er schwamm in einem Ozean am anderen Ende der Welt. Doch Nahri hatte herausgefunden, dass er stets zu spüren schien, wenn sie sich im Fluss aufhielt, daher machte sie einen Schritt ins Wasser und bahnte sich einen Weg durch das Schilf. Es erschauerte bei ihrer Berührung und umfloss ihre Fußknöchel. Das Wasser war so klar, dass sie bis auf die schimmernden Kieselsteine und moosbedeckten Steine am Grund blicken konnte. Hier und da entdeckte sie eine von Tiamats glänzenden Schuppen, die vom See heraufgeschwemmt worden war. Ali warf sie immer in die Büsche, wenn er sie entdeckte. »Tiamat ist keine Schutzherrin der Flüsse«, beharrte er hartnäckig und klang dabei wie Sobek. »Dieser Ort gehört ihr nicht.«

Nein, er gehörte Ali, ebenso wie Daevabad Nahri gehörte. Sie hatte mehrmals zusammen mit Ali versucht, die Quelle des Flusses zu finden, doch obwohl sie bei ihren Wanderungen und Erkundungen der Grenzen ihrer veränderten Welt ihre Magie ausstreckten, fanden sie sie nicht. Vielmehr kehrten sie stets an dieselbe Stelle im Wald zurück, an der sie aufgebrochen waren, als wollte die Schöpfung sie an die Grenzen ihres Wissens erinnern.

Nahri watete etwas weiter ins Wasser und schreckte einen Schwarm winziger silbriger Fische mit blau gestreiften Finnen auf. Sie blieb stehen, als ihr das Wasser bis zu den Knien reichte, und legte den Kopf in den Nacken, damit ihr das Sonnenlicht zwischen den Baumwipfeln hindurch ins Gesicht fiel und sie so einen seltenen Moment des Friedens genießen konnte. Einst war sie gern geschwommen, selbst wenn das undamenhaft und später un-Daeva-haft gewesen war. Sie hatte dieses Gefühl der Schwerelosigkeit geliebt, das sich beim Treiben auf dem Wasser einstellte, die Art, wie unter Wasser alles still wurde. Während ihrer schlimmsten Jahre in Daevabad hatte sie sich im Hammam eingeschlossen, um zu weinen und allein im Bad zu treiben, wo sie die Augen schloss und sich ausmalte, an einem völlig anderen Ort zu sein.

Doch die Liebe zum Schwimmen hatte Qandisha ihr genommen, als sie versuchte, Nahri im Nil zu ertränken. Bis heute konnte Nahri nicht in einer Wanne untertauchen. Daher würde sie erst recht nicht in einem Fluss baden, der eine »wilde Jugend« durchlebte. Ihre neue Wasserscheu war beängstigend, eine Schwäche, die sie nicht leiden, aber offenbar auch nicht überwinden konnte.

Und dennoch … Das Wasser war heute so ruhig, die Strömung kaum mehr als eine Liebkosung. Nahri war immerhin die Banu Nahida, beim Schöpfer! Sie hatte es mit Peri, Ifrit und ihrer mörderischen Tante aufgenommen. Da würde sie wohl doch auch das überstehen.

Sie machte einen Schritt und noch einen weiteren, bis ihr das Wasser bis zu den Oberschenkeln reichte. Bis zur Taille. Nahri erzeugte mit den Fingern Muster auf der Oberfläche, um ruhig zu bleiben. Der Grund war rutschig und uneben, und es fiel ihr schwer, das Gleichgewicht zu halten. Sie blieb kurz stehen, um Luft zu holen und sich mit dem Geruch der salzigen Luft und dem lieblichen Vogelgezwitscher aus dem Wald abzulenken. Das war alles gar nicht so schlimm.

Also ging sie weiter. Das Wasser durchtränkte ihr Kleid und ging ihr bis an die Brust. Es schwappte um ihre Schultern … und dann war es auf einmal zu viel. Rasch wich Nahri einen Schritt zurück, allerdings etwas zu schnell. Sie verschob einige der Steine im Flussbett, und ein muskulöser, schlangenartiger Körper schoss an ihren Beinen vorbei und peitschte gegen ihre Fußknöchel.

Es war nur eine Wasserschlange. Nahri wusste das; sie konnte sie sogar wegschwimmen sehen. Doch die Erinnerungen stürzten sogleich wieder auf sie ein. Ihr brennendes Boot ging unter und der Nil verschlang sie. Die toten Finger der Ghule zerrten sie nach unten, und sie spürte das Brennen in ihren Lungenflügeln, während sie um einen weiteren Atemzug kämpfte, einen weiteren Moment, bevor die Finsternis sie umfing.

Mit rudernden Armen wich Nahri zurück und versuchte verzweifelt, aus dem Wasser zu gelangen. Sie rutschte aus. Die Wasseroberfläche brach auf, um sie zu verschlingen …

Zwei Arme fingen sie auf. »Es ist alles in Ordnung«, sagte Ali leise.

Sie kniff die Augen zu, damit die Tränen nicht hervorquellen konnten, und war gleichzeitig beschämt und wütend. »Ich bin ein Feigling.«

»Du bist kein Feigling. Du bist die tapferste Person, die ich kenne.« Ali strich ihr das Haar aus dem Gesicht und drückte Nahri an seine Brust. »Atme einfach ruhig weiter.«

Seine Stimme glich einem beruhigenden Murmeln und vereinte sich mit dem Plätschern des Wassers, und so genoss Nahri seine Umarmung und tat genau das: Sie atmete ruhig ein und wieder aus. Sie war in Sicherheit. Hier gab es keine Ifrit, keine Ghule. Keine Soldaten, denen sie ausweichen, keine Schlachten, die sie schlagen musste.

Irgendwann beruhigte sich ihr Herzschlag. Wortlos stellte Ali sie wieder auf die Beine und behielt eine Hand an ihrer Hüfte, während sie sich aufrichtete. »Besser?«, erkundigte er sich.

Sie drehte sich zu ihm um und kurz verschlug es ihr die Sprache.

Ali hatte sich vorgebeugt, um mit ihr auf Augenhöhe zu sein, und der Fluss umtoste seine Schultern wie ein flüssiger Umhang. Das Glänzen des Wassers spiegelte sich in seinen Augen, sodass sich ein silbriger Dunst über das schwarz gefleckte Gold legte. Nahri hatte sich schon vor langer Zeit an seine veränderte Erscheinung gewöhnt, doch in diesem Fluss schien Ali nicht von dieser Welt zu sein, und daran konnte man sich schlichtweg nicht gewöhnen. Nebel ging von seinem Körper aus und waberte um sie herum, und unverhofft war sie sich der Berührung seiner Hände durch ihr nasses Kleid überdeutlich bewusst. Er war ihr sehr nah, so nah, dass sie die Wasserperlen auf seinen Lippen schmecken, ihm die Beine um die Taille legen und …

Bei Suleimans Auge, genau aus diesem Grund sind einige deiner Vorfahren nach einer Begegnung mit Sobek im Nil ertrunken.

Nahri erschauerte und versuchte dieses Verlangen abzuschütteln, das ihre Panik ersetzt hatte. Beides war nicht hilfreich, und bislang hatte sie Ali noch nicht mitgeteilt, wie verführerisch er in seinem Fluss wirkte. Wahrscheinlich würde er dann nur wieder etwas Lästiges und überaus Ehrenhaftes tun wie beispielsweise erneut protestieren, dass Mishmish kein anständiger Aufpasser sei.

Oder du könntest es einfach zulassen. Aber Nahri wusste, dass Ali keine schnelle Liebelei im Wasser wollte, sondern mehr, viel mehr. Und es gab Zeiten, da glaubte sie, das ebenfalls zu wollen – wenn die Fantasien darüber, jemanden zu haben, zu dem man nach Hause kommen konnte, der einem schlechten Tee kochte und an einem faulen Tag mit einem lesend im Bett lag, bei ihr nicht jedes Mal eine grässliche Spirale auslösten, bei der sie sich all die schrecklichen Arten vorstellte, auf die sie diesen Jemand verlieren konnte. Noch immer unterzog Nahri ihren Großvater jeden Monat einer Nahid-Untersuchung, weil sie sich einredete, allein die Begegnung mit ihr hätte seine Lebensspanne verringert. Sollte sie es tatsächlich wagen, sich etwas mit Ali aufzubauen … Es schien ihr zu gefährlich zu sein, sich so etwas auch nur zu erhoffen, geschweige denn, es auch noch laut auszusprechen.

Aber du musst es nicht laut aussprechen. Nicht heute. Das war der Grund für den Samtbeutel, der am Flussufer wartete. Es sollte nur ein kleiner Schritt sein, ein Ersatz für die Worte, die sie ob ihres noch immer heilenden Herzens nicht über die Lippen brachte.

»Besser«, sagte sie schließlich und versuchte sich an einem gelassenen Lächeln. »Wie lange hast du mich schon beobachtet?«

Ali schien zu ahnen, dass sie ihn anlog, ging jedoch nicht darauf ein. »Ich habe dich nicht beobachtet, das schwöre ich. Stattdessen war ich im See und spürte, wie du ins Wasser gekommen bist, aber es fiel mir schwer, mich aus der Strömung zu befreien. Dann … war da eine Art Ruck – deine Panik, schätze ich. Und auf einmal war ich hier.« Er schüttelte den Kopf. »Ich werde die Marid-Magie nie verstehen. Wahrscheinlich kann ich von Glück reden, dass mich der Gedanke an dich nicht direkt in den Nil versetzt hat.«

»Darüber hätte sich Sobek bestimmt sehr gefreut.«

Er verdrehte die Augen. »Sobek ist der Grund, warum ich überhaupt im See war. Er meinte, wenn ich mehr Zeit mit ›meinesgleichen‹ verbringe, kann ich meine Fähigkeiten besser kontrollieren.«

»Und, machst du Fortschritte?«

Ali verzog den Mund zu einem verlegenen Grinsen. »Ich glaube, ein Frosch wollte in meinen Geist eindringen. Auf einmal konnte ich mich daran erinnern, wie ich herumgehüpft bin und Fliegen gefressen habe …« Er würgte leicht. »Sagen wir einfach, ich hatte nichts dagegen, zu dir gerufen zu werden.«

Nahri fing an zu lachen. »Glaubst du, die Ratsmitglieder, die du einmal die Woche gezwungenermaßen im Stich lässt, um ›unsere Beziehung zu den Marid zu verbessern‹, ahnen auch nur, dass du dabei in den Kopf von Fröschen blickst?«

»Das will ich nicht hoffen. Dann würden sie meine Vorschläge bestimmt nicht mehr so ernst nehmen.« Seine Augen funkelten. »Sollen wir zurück ans Ufer gehen?«

Da der berauschende Fluss sie weiterhin umtoste, war Nahri zwar eher daran interessiert, die Situation nachzustellen, die in Ta Ntry dazu geführt hatte, dass er mit nacktem Oberkörper unter ihr lag – nur ohne das viele Blut und das Marid-Ultimatum. Aber Ali hatte ihr damals deutlich zu verstehen gegeben, was er über eine körperliche Beziehung zwischen Unverheirateten dachte, und

Nahri gab sich die größte Mühe, das zu respektieren. Meist gelang es ihr auch.

»Sicher«, erwiderte sie mit erzwungenem Frohsinn in der Stimme.

Sie wateten ans Flussufer zurück. Nahri versuchte, ihn nicht anzusehen – ihr war nicht entgangen, dass Ali nicht den Reptilienpanzer trug, der normalerweise seinen Torso bedeckte –, aber als sie sich den Weg durch das Schilfrohr bahnten, zitterte er so stark, dass es nicht zu übersehen war.

»Ist dir kalt?«, fragte sie, als er zu seinem Hemd rannte.

»Immer«, antwortete er und streifte es sich über. »Seitdem … du weißt schon.«

Nahris Blick fiel auf den Feuerstein, den er zum Anmachen des Feuers benutzt hatte, und ihr wurde das Herz schwer. »Ich begreife nicht, wieso du die Marid nicht für das hasst, was sie dir genommen haben.«

»Weil ich des Hassens leid bin und verstehe, warum sie es getan haben. Außerdem …« Er kraulte Mishmish hinter den Ohren und kehrte danach an ihre Seite zurück. »… kann ich nun mal nicht leugnen, dass die Fähigkeiten, die mir die Marid dafür gegeben haben, auch etwas für sich haben.«

Nahri war nicht so schnell bereit zu verzeihen, aber heute war kein guter Tag, um Ali an sein Opfer zu erinnern. Stattdessen reichte sie ihm ihren Schal. »Nimm ihn … Nein, nimm ihn!«, beharrte sie und wickelte ihm den Stoff um die Schultern, bevor er protestieren konnte. »Sei nicht so ein Dickkopf. Ich brauche ihn nicht und der Weg nach Daevabad ist lang. Dir ist doch hoffentlich bewusst, dass man mich hergeschickt hat, um dich zu holen.«

Er sah sie mit seinen goldenen Augen erschrocken an. »Mich holen?«

»Hast du wirklich geglaubt, wir würden es nicht herausfinden?«

»Ja.« Ali stöhnte auf. »Ich habe Dhiru angefleht, es für sich zu behalten. Und er hat es mir versprochen.«

»Ach, Ali, weißt du denn gar nichts über deinen Bruder? Er hat gelogen.« Nahri grinste breit. »Alles Gute zum Vierteljahrhundert, mein Freund.« Als Ali noch geknickter wirkte, gab sie ihm einen

Klaps auf den Arm. »Was stimmt nur nicht mit dir? Jetzt erzähl mir nicht, du wolltest an deinem Geburtstag den Verstand mit einem Frosch tauschen, anstatt mit Freunden zu feiern!«

Ali erschauerte. »Ich mag keine Geburtstage. Es gefällt mir nicht, wenn alle so ein Aufhebens um mich machen; das ist peinlich und unverdient. *Insbesondere* zu meinem Vierteljahrhundert. Du weißt doch, dass die Leute dann ständig Bemerkungen über das Heiraten machen und ... Oh mein Gott.« Er starrte sie entsetzt an. »Du hast gesagt, du sollst mich holen. Muntadhir hat eine Feier geplant, nicht wahr?«

»Er dekoriert im Augenblick mein Haus. Er plant das Ganze schon seit Wochen, und du wirst so tun, als wärst du überrascht, als würdest du dich freuen, und versuchen, dich zu amüsieren.« Als Ali noch niedergeschlagener aussah, legte ihm Nahri die Hände an die Wangen. »Alizayd al Qahtani, du hast es schon mit tödlicheren Gegnern aufgenommen als einer Feier mit lauter Personen, die dich lieben, und auf der einige unanständige Witze gemacht werden. Du kannst das überleben, das versichere ich dir.« Sie strich ihm mit den Fingerknöcheln über den Bart und der in ihm aufkeimende Protest wurde zu Verlegenheit.

Er hielt ihre Hand fest. »In deinem Haus? Wird dir das denn auch nicht zu viel?«

»Ich habe darauf bestanden. Nur so konnte ich dafür sorgen, dass die Gästeliste nicht ausufert – und für diesen Gefallen bist du mir etwas schuldig. Ich schreibe es auf die Liste.« Nahri hakte sich bei ihm ein, um jeden Fluchtversuch zu verhindern, und trug Mishmish auf, ihnen zu folgen. »Und jetzt komm. Auf dem Rückweg hast du genug Zeit, um dich seelisch darauf vorzubereiten.«

Sie betraten den schmalen Weg und verließen den Fluss. »Wie lief es heute Morgen mit deinem Patienten?«, erkundigte sich Ali.

»Ziemlich gut. Ich weiß noch immer nicht, wie Yusef es geschafft hat, dass ihm Flügel wuchsen, aber einige meiner Studenten verfolgen bereits Theorien.« Nahri schüttelte den Kopf und dachte voller Zuneigung an ihre angehenden Ärzte und Ärztinnen. »Ich danke dem Schöpfer tagtäglich dafür, dass wir sie aufgenommen haben, obwohl wir eigentlich noch damit warten wollten. Es ist eine so großartige Gruppe. Hani und Rufaida reden davon, nach ihrem Abschluss Kliniken in anderen Teilen der Stadt zu eröffnen.«

»Das wäre wunderbar. Dadurch würden sie auch den Ansturm auf das Krankenhaus ein wenig lindern.« Ali blickte mit besorgter Miene auf sie herab. »Und dich hoffentlich ebenfalls entlasten. Ich mache mir Sorgen um dich, Nahri. Dein Großvater hat mir erzählt, dass du manche Nächte gleich in deinem Arbeitszimmer schläfst.«

»Und das aus dem Mund des Mannes, der bei Ratssitzungen einnickt.«

»Das ist etwas anderes. Es wäre selbst für die aufmerksamste Person eine große Herausforderung, bei diesen endlosen Sitzungen wach zu bleiben.«

Ali sagte das leichthin, aber sie hörte die Erschöpfung in seiner Stimme. Sie waren beide keine Narren und hatten von Anfang an gewusst, dass der Wiederaufbau von Daevabad schwer werden und eine Lebensaufgabe sein würde. Doch an manchen Tagen, wenn diese Arbeit wirklich zermürbend war, schien das Versprechen von Frieden oder gar politischer Stabilität in sehr weite Ferne zu rücken.

Nahri drückte seine Hand. »Es wird besser«, versprach sie ihm. »Für uns beide. Es hat sich schon einiges verbessert. Und heute Abend musst du dir um all das keine Sorgen machen.«

Sie gingen weiter. Die Sonne stand tief am Himmel und fiel direkt durch die Bäume, was den Wald in ein warmes Leuchten tauchte. Nahri fuhr im Vorbeigehen mit den Fingern über einen moosbewachsenen Felsvorsprung, woraufhin winzige Blumen mit blauen Blüten daraus hervorwuchsen.

Ein Geschenk des Vaters, den sie nie kennenlernen würde. Nahri fiel es noch immer schwer, mit dem Verlust ihrer Eltern Frieden zu schließen – dem gemeinsamen Leben, das ihnen genommen worden war. Es kam ihr vor, als wären so viele vielversprechende Anfänge einfach ausgelöscht worden. Ihre zerbrechliche Liebe. Der Traum ihres Vaters, nach Daevabad zurückzukehren und Nahri als seine Tochter großzuziehen. Das kleine Haus und das Leben, das sich Duriya in Ägypten aufgebaut hatte. Ihre Eltern hatten so hart gearbeitet, um etwas zu erschaffen, nur um mit ansehen zu müssen, wie alles zerstört – oder vielmehr auseinandergerissen wurde.

Aber sie hatten wenigstens den Mut gehabt, es zu versuchen – und diesen Mut versuchte Nahri nun ebenfalls aufzubringen, als sie an den Bändern ihres Beutels herumnestelte.

»So …«, setzte sie an. »Deine Mutter ist wegen des heutigen Tages bestimmt sehr aufgeregt. Wahrscheinlich erstellt sie seit Monaten Listen und wählt Kandidatinnen aus.«

Ali musterte sie perplex. »Kandidatinnen?«

Ach, beim Schöpfer … Bei seiner Ahnungslosigkeit und ihrer Nervosität war Nahri schleierhaft, wie sie dieses Gespräch effektiv fortsetzen sollte. »Na, du kannst doch jetzt heiraten, oder?«, fragte sie und sprach das Thema einfach direkt an. »Da Zaynab es offensichtlich vorzieht, mit Aqisa auf der Suche nach Abenteuern durch die Welt zu ziehen, bist du nun Hatsets beste Hoffnung auf Enkel.«

Er schnaubte. »Anscheinend liest du meine Post. Sie ist in ihren Briefen inzwischen dazu übergegangen, nicht nur Anspielungen auf ihr Alter, mein Alter und die Jahre, die ich ihr diese Enkelkinder vorenthalte, zu machen, sondern erinnert mich nun offen daran. Aber bislang keine Kandidatinnen. Ich gehe fest davon aus, dass ich ihr meine Wünsche deutlich vermittelt habe.«

»Und die wären?«

»Ich habe keine Zeit für eine Ehe.«

Augenblick mal? Nahri blieb ruckartig stehen. »Nur damit ich das richtig verstehe … Du bist der Ansicht, *ich* würde zu viel arbeiten, und jetzt bist du bereit, auf ewig Junggeselle zu bleiben, damit du einsam beim Anpassen der Steuern sterben kannst?«

»Deine Ablehnung wichtiger wirtschaftlicher Belange beleidigt mich.« Aber er war ebenfalls stehen geblieben. »Und nein, ich habe nicht die Absicht, niemals zu heiraten. Es ist nur so, dass ich die wenige Zeit, die mir momentan bleibt, lieber damit verbringe, meinen Verstand mit einem Frosch auszutauschen oder mich um die Bücher einer ganz bestimmten Banu Nahida zu kümmern.« Seine Stimme wurde sanfter. »Und das möchte ich nicht verlieren.«

Ihr kamen die Tränen. Möglicherweise war er doch nicht ganz so ahnungslos. »Und was ist, wenn diese Bücher dringend mehr Aufmerksamkeit benötigen?«, flüsterte sie. »Wenn es Jahre dauert, bis alles geregelt ist?«

Ali schenkte ihr ein Lächeln und Nahri wurde ganz warm ums Herz. Sie wollte sich in dieses süße Lächeln einwickeln und für immer darin bleiben.

»Ich bin ein sehr guter Buchhalter und habe die Geduld eines Nil-Lords.« Er trat einen Schritt näher an sie heran. »Es gibt keine Zeitspanne, in der die Dinge erledigt werden müssen, Nahri. Ob es nun darum geht, deine Angst vor Wasser zu überwinden oder um … andere Entscheidungen zu treffen. Wirklich nicht. Das ist erst der Anfang unserer Geschichte. *Deiner* Geschichte. Und du kannst daraus machen, was immer du willst.«

Das war die wohl vielversprechendste Reaktion, die sie sich hatte erhoffen können, und trotzdem zögerte Nahri einen Moment und war verunsichert. Im Augenblick redeten sie beide um den heißen Brei herum. Wenn sie ihm den Beutel gab …

Zeig denselben Mut, den deine Eltern bewiesen haben.

»Dann habe ich ein Geschenk für dich.«

»Ein Geschenk?«

Nahri nickte, nahm Alis Hand und zog ihn neben sich auf einen großen, flachen Felsen am Wegesrand. »Es ist ein Geburtstagsgeschenk, aber ich wollte es dir nicht vor allen anderen geben. Falls es dir nicht gefällt. Oder falls du es nicht haben möchtest.«

»Ich kann mir nicht vorstellen, dass mir ein Geschenk nicht gefällt, das du für mich ausgesucht hast«, erklärte Ali. »Aber du hättest dir keine Mühe machen müssen. Ich weiß doch, wie beschäftigt du bist.«

»Du hast die Hälfte aller Ägypter in der Stadt aufgesucht, um mein Arbeitszimmer zu entwerfen, während du gleichzeitig mit dem Wiederaufbau des Krankenhauses beschäftigt warst.«

Abermals grinste Ali. »Das war etwas anderes. Ich stehe noch immer in deiner Schuld.«

Nahri erwiderte das Lächeln, wurde jedoch ernst, da es ihr die Kehle zuschnürte. Normalerweise fiel es ihr nicht schwer, die richtigen Worte zu finden; sie konnte necken und fluchen, befehlen und die gerissensten Betrüger und bedrohlichsten Händler reinlegen. Aber hier und jetzt ihr Herz auszuschütten, fiel ihr unendlich schwer.

Aber du hast ihm schon einmal dein Herz ausgeschüttet. Nur aus diesem Grund bist du jetzt hier. »Die Idee kam mir eigentlich sogar wegen meines Arbeitszimmers«, gab sie zu. »Erinnerst du dich, was du mir an diesem Abend im Krankenhaus gesagt hast, als ich mich wegen meiner Sehnsucht nach Ägypten zum Narren gemacht habe?«

Seine Miene wurde ernst. Auf diesen letzten friedlichen Abend, an dem sie die Eröffnung des Krankenhauses gefeiert hatten, war so viel Gewalt gefolgt. »Dass du keine Närrin bist, weil du dein menschliches Heimatland vermisst«, sagte er leise. »Dass dort deine Wurzeln liegen, die dich zu der Person machen, die du bist.«

»Das war das erste Mal, dass jemand in Daevabad so etwas zu mir gesagt hat. Eigentlich überhaupt das erste Mal. Du warst die erste Person, die mich wirklich wahrgenommen hat, alles, was mich ausmacht, und die mich erkennen ließ, dass die Teile, die ich nicht in Einklang bringen konnte – Ägypterin und Daeva, Shafit und Nahid, Diebin und Heilerin –, mich zusammen nur stärker machen.« Nahri holte tief Luft und zwang sich, Alis Blick standzuhalten. »Und ich möchte dasselbe für dich tun.«

Ali schluckte schwer. Sie wussten beide, was sie meinte. Wenn Ali sich schon zwischen den Stämmen seiner Eltern hin- und hergerissen gefühlt hatte, war das nichts im Vergleich dazu, was er jetzt empfand, der Lage, in der er für den Rest seines Lebens sein würde: als Botschafter zwischen den Marid und den Dschinn.

»In Ordnung«, hauchte er mit zittriger Stimme »das muss ein erstaunlich mächtiger Beutel sein.«

Nahri entschlüpfte ein nervöses Lachen und ihr vor Anspannung verkrampfter Brustkorb lockerte sich ein wenig. »Es geht eher darum, was *in dem* Beutel ist. Ich hatte vor einer Weile eine Patientin aus Ta Ntry, die aus Steinsalz alle möglichen Talismane und Schmuckstücke herstellt. Ihre Werke sind umwerfend; und sie hat mir eine wunderschöne Kette geschenkt und mich gleichzeitig gewarnt, dass ich sie von Wasser fernhalten muss. Zu viel Feuchtigkeit oder Hitze und sie löst sich auf. Ich ... ich habe sie gebeten, auch etwas für dich zu machen.«

Ali musterte sie fragend. »Ich erkenne den Bezug zu den Ayaanle, bin mir aber nicht sicher, wie ich etwas tragen soll, das sich in Wasser auflöst.«

»Es soll sich ja auflösen«, erklärte Nahri und reichte ihm mit rasendem Herzen den Beutel. »Das ist der Geziri-Teil.«

Noch immer verwirrt nahm Ali den Beutel entgegen. Es schien eine Ewigkeit zu dauern, bis er ihn aufgeschnürt hatte, aber dann nahm er das in Seide gewickelte Päckchen heraus und packte es aus.

Er erstarrte.

Es war eine Maske, die von Meisterhand aus festem rosafarbenem Salz gefertigt worden war. Sie glitzerte wild im Sonnenlicht und erinnerte an ein Juwel mit eintausend Facetten. Ein wirbelndes Muster aus Sternen und Diamanten, Äpfeln und Irisblüten funkelte rings um die bogenförmigen Ausstanzungen für die Augen und die anmutige Erhebung, unter der die Nase ruhen sollte.

Ali stockte hörbar der Atem. »Ist das …«

»Eine Hochzeitsmaske«, stieß Nahri mühsam hervor. »Oder es könnte zumindest eine sein. Sie wird nicht wie die hölzernen verbrennen und zu Asche werden, aber ich dachte, wenn du deine Marid-Fähigkeiten einsetzt, kannst du bewirken, dass sie sich auflöst.« Ihre Wangen brannten vor Verlegenheit, doch sie redete einfach weiter. »Es kam mir unfair vor, dass du eine derart wichtige Geziri-Tradition nicht einhalten kannst, nur weil du deine Feuermagie aufgeben musstest.«

»Du hast mir eine Hochzeitsmaske besorgt.« Ali wirkte noch immer verblüfft und konnte den Blick nicht von seinem Geschenk abwenden. »Ich … Hast du jemanden im Sinn, der sie tragen soll?«

Ja!, schien ihr Herz zu trällern, während sie eiskaltes Entsetzen überkam bei der Vorstellung, es direkt auszusprechen.

»Jemand, der noch etwas Zeit braucht«, antwortete Nahri stattdessen. »Jemand, der versucht – wirklich versucht –, sich hier ein Leben aufzubauen, trotz der ständigen Angst, dass ihr in dem Moment, in dem sie glücklich ist, alles entrissen wird.« Tränen brannten in ihren Augen, und sie wischte sie schnell weg und schämte sich dafür. »Aber jemand, der hofft, dass ihre Gefühle zu erkennen sind, selbst wenn sie sie noch nicht auszusprechen wagt.«

»Oh, Nahri.« Ali griff nach ihrer Hand. »Ich weiß nicht, ob

ich weinen oder dich küssen soll. Das eine wäre vermutlich eine eher alarmierende Reaktion, das andere ist verboten.« Endlich sah er ihr in die Augen und seine waren ungeachtet seiner Worte längst feucht. Zudem entging Nahri das Verlangen nicht, das darin brannte. »Deine Gefühle sind mir durchaus bewusst, mein Licht«, sagte er auf Arabisch. »Und ich hoffe, für meine gilt das ebenso.«

Eine Last schien ihr vom Herzen zu rutschen – nicht ganz zu fallen, aber es fühlte sich schon viel leichter an. »Bist du sicher? Wenn du nicht warten willst, kann ich das verstehen. Es sind keine Namen eingeritzt …«

»Es gibt nur einen Namen, den ich neben meinem auf dieser Maske sehen will.« Da er nicht widerstehen konnte, die Regeln zumindest ein bisschen zu brechen, führte Ali ihre Hand an die Lippen und drückte so federleicht, als sei es nur ein Windhauch, einen Kuss auf ihre Fingerknöchel.

Bei dieser kurzen Berührung machte sich schon eine erstaunliche Wärme in ihrem Bauch breit. »Dem Schöpfer sei Dank«, wisperte sie. »Ich war so nervös.«

»Du musst nicht nervös sein.« Mit der anderen Hand fuhr Ali am Rand der Maske entlang. »Das ist das süßeste, aufmerksamste Geschenk, das ich je bekommen habe. Ich werde einen sicheren Aufbewahrungsort dafür finden. Lass dir Zeit. Und wenn du bereit bist …« Die kleinen Nebelwolken, die immer um seine Füße waberten, hatten die ganze Zeit wie bei einem Gewitter gewogt, kamen jetzt jedoch zur Ruhe und benetzten ihre Haut mit Feuchtigkeit. »… dann werden wir unsere eigene Geschichte schreiben.«

Nahri wartete darauf, dass sie Panik bekam. Der Wald, der sonst immer erfüllt vom Gesang der Vögel und dem Gezwitscher zahlreicher magischer Tiere war, die von Ast zu Ast hüpften, war ganz leise und ruhig geworden. Dieser Augenblick war zu süß, zu bedeutsam. Doch das Bedürfnis, sich davon zu distanzieren, ihr Herz hinter Mauern zu verbergen und vor zukünftigen Schmerzen zu schützen, stellte sich nicht ein, was sie als gutes Zeichen wertete.

Nichtsdestotrotz musste sie halb im Spaß fragen: »Glaubst du, es wird eine glückliche Geschichte?«

Ali strahlte sie an. »Davon bin ich überzeugt.«

DANK

Ohne die Begeisterung und den Enthusiasmus meiner wunderbaren Leserinnen und Leser wäre ich niemals so weit gekommen. Vielen Dank, dass ihr mich derart verwöhnt habt, und ich hoffe sehr, dass euch dieses kurze Wiedersehen mit Nahri, Ali, Dara und allen anderen aus Daevabad gefallen hat. Jen, falls ich es in letzter Zeit nicht gesagt habe: Ich kann mich ungemein glücklich schätzen, dass du meine Agentin bist und in meinem Geplapper ein Projekt gesehen hast, das sich mit der Welt teilen lässt.

Roshani, danke für deine frühe Ermutigung, es wirklich zu versuchen und einigen meiner Figuren ein nicht tragisches romantisches Ende zu verschaffen. Tasha, Rowenna und Sam ... Ich kann euch gar nicht sagen, wie viel mir eure Hilfe bei dieser panischen Durchsicht in letzter Minute bedeutet. Ihr seid meine Schreibfreunde und zeigt euch immer wieder von eurer besten Seite, und ich hoffe, dass eure Bücher eines Tages die Welt erobern.

Und Shamik und Alia gilt wie immer all meine Liebe.

In ihrer neuen Fantasy-Reihe nimmt
Shannon Chakraborty ihre Leserinnen und Leser
mit auf See!

AUSZUG AUS

»DIE ABENTEUER VON AMINA AL-SIRAFI«

Ein Wort zu dem, was kommen wird

Im Namen Gottes, des Barmherzigen, des Gnädigen. Segen über seinen geehrten Propheten Mohammed, seine Familie und seine Anhänger. Gesegnet sei Gott, der in seinem Glanze die Erde und die Mannigfaltigkeit an Ländern und Sprachen, Völkern und Zungen geschaffen hat. Liegt in diesen gewaltigen Wundern, derart zahlreich, dass das menschliche Auge kaum mehr als einen Bruchteil zu erkennen vermag, nicht der Beweis seiner Herrlichkeit?

Und wenn es um Wunder geht ... sollten wir uns an den Abenteuern der Nakhudha Amina al-Sirafi erfreuen.

Ja! *Dieser* Kapitänin Amina al-Sirafi. Der Schmugglerin, der Piratin. Der Ketzerin, der die weisen Männer vorwerfen, sie habe der Meeresbestie, die sie geheiratet hat, die Herzen von Menschen serviert, und der Zauberin – denn sie *muss* eine Zauberin sein, weil keine Frau so geschickt ein Schiff zu steuern vermag, ohne dabei auf verbotene Magie zurückzugreifen –, deren Erscheinungsbild irgendwie gleichzeitig betört und abstößt. Händler entlang unserer schönen Küsten warnen davor, ihren Namen auszusprechen, als wäre sie ein Dschinn, den man auf diese Weise herbeirufen könnte – wenngleich sie seltsamerweise nicht dieselben Bedenken an den Tag legen, wenn es darum geht, gemeine Gerüchte über ihren Körper oder ihre Sexualität in Umlauf zu bringen; all jene Dinge, über die sich die Männer den Kopf zerbrechen, wenn sie hassen, was sie begehren, und begehren, was sie nicht haben können.

Ihr habt gewiss schon von ihr gehört. Schließlich ist es Tradition der weit gereisten Männer unserer Umma, über die Wunder der Welt zu berichten, indem Geschichten über ihre Reisen gesponnen werden – insbesondere wenn jene Reisen durch den Klatsch über furchterregende Schurkinnen belebt werden. Viele solcher Reisenden schwören, ihre Berichte wären nicht verfasst worden, um zu quälen oder gar zu unterhalten – Gott bewahre! –, sondern seien in erster Linie dazu gedacht, die Herzen der Gläubigen zu stärken und den Beweis für die versprochene Pracht von Gottes Schöpfung zu liefern. Und dennoch sind wir als Moslems angehalten, die Wahrheit zu sagen, nicht wahr? Herauszufinden, was wahr ist, und zu vermeiden, Unwahrheiten zu verbreiten.

Und, werte Schwestern … was für Unwahrheiten!

Denn diese Schreiberin hat sehr viele dieser Berichte gelesen und daraus noch etwas anderes gelernt: dass es unser Schicksal als Frauen ist, fehlerhaft in Erinnerung zu bleiben. Dass unsere Geschichte verworfen wird. Verdreht.

In den auf den Höfen erzählten Geschichten sind Frauen die ehebrecherischen Gattinnen, deren Verrat den Untergang ihres Mannes einleitet und ihn zum mörderischen Wahnsinnigen macht, oder die lange Zeit leidenden Mütter, die anständige Helden zur Welt bringen. Biografen lassen die scharfen Kanten fähiger, gnadenloser Königinnen verschwinden, damit sie als Heilige in Erinnerung bleiben, und Geografen warnen gläubige Männer vor diesem und jenem Ort, indem sie skandalöse Geschichten über unanständige ansässige Frauen erzählen, die im Meer frohlocken und sich fremder Eindringlinge bemächtigen. Frauen sind die vergessenen Geliebten und ungenannten Töchter. Ammen und Dienstmädchen, Diebinnen und Dirnen. Hexen. Eine faszinierende Anekdote, die man Freunden zu Hause erzählt, oder eine Warnung.

Es gibt zahlreiche Geschichten voller Lügen und Beleidigungen wie jene über Amina al-Sirafi. Sie war zu unbarmherzig, heißt es. Zu ehrgeizig, zu gewalttätig; durch und durch unanständig und, nun ja … alt! Eine *Mutter*, ist das zu fassen? Ah, ja, ein gewisses Maß an Rebellion wird von der Jugend durchaus erwartet. Aus diesem Grund kennen wir Geschichten von Prinzessinnen auf Schatzsuche und Kriegerfrauen, die hin und wieder glücklich enden. Aber man erwartet von ihnen, dass sie enden – mit dem Jungen, dem Prinzen, dem Seemann, dem Abenteurer. Mit dem Mann, der ihr die Jungfräulichkeit nimmt, der ihr Kinder schenkt, sie zur Ehefrau macht. Mit dem Mann, der sie definiert. *Er* darf seine epische Reise fortsetzen – er darf sich sogar neue Frauen nehmen und neue Kinder zeugen! –, aber die Geschichten der Frauen müssen sich in einem Nebel der Häuslichkeit auflösen … falls sie denn überhaupt erzählt werden.

Aminas Geschichte ging nicht zu Ende. So wie es wahrlich keine Geschichte irgendeiner Frau tut. Diese einfache Schreiberin – ach, ich sollte mich erst einmal vorstellen: Mein Name entfällt mir zuweilen, aber ihr dürft mich Jamal nennen. Jama al-Hilli. Und ich habe Großmütter kennengelernt, die neue Geschäfte aufmachten, ältere Königinnen, die Eroberungskriege führten, und junge Mütter, die zum ersten Mal einen Zeichenstift in die Hand nahmen. Es könnte in der Tat der Fall sein, dass wir Aminas Geschichte nur kennen, *weil* sie Mutter war. Während unserer gemeinsamen Zeit sprach sie unablässig über ihre Tochter. Zwar mag dies eine dreiste Anmaßung sein, doch ich vermute, sie sprach *zu* ihrer Tochter. Damit dieses Kind begriff, welche Entscheidungen seine Mutter getroffen hatte. Denn als Amina beschloss, ihr Zuhause zu verlassen und ihr Leben auf See wieder aufzunehmen, wurde sie zu mehr als nur einer Piratin. Zu mehr als nur einer Hexe.

Sie wurde zu einer Legende.

Diese Geschichte wird sich unglaublich anhören. Die Beweise und Dokumente, die beschafft werden konnten, sind reproduziert worden, aber als es um die Nakhudha ging, hielt es diese Schreiberin für das Beste, Amina für sich selbst sprechen zu lassen. Dem Drang zu widerstehen, ihre Worte zu formen und zu verkleiden. Denn im Dienste der Aufrichtigkeit muss ich noch etwas anderes gestehen. Der Bericht über ihre Abenteuer dient nicht nur als Beweis für Gottes Wunder.

Er soll auch unterhalten.

* * *

Gott sei mein Zeuge, aber nichts von alldem wäre geschehen, hätte es in Salalah nicht diese beiden Narren gegeben. Sie und ihre Karte.

Wie bitte? Was meint ihr damit, dass man so keine Geschichte anfangen kann? Eine Biografie? Ihr wollt eine Biografie? Was glaubt ihr, um wen es hier geht, den Großmufti von Mekka? Mein Volk lässt sich nicht so episch über die Ahnenreihe aus wie das eure. Wir sind nicht einmal echte Sirafis. Meines Vaters Vater – ein Waisenkind aus dem Oman, das Pirat wurde – fand nur, der Name hätte einen romantischen Klang.

Seht ihr das anders?

Wie ich bereits sagte: die Idioten und ihre Karte. Heute verstehe ich den Reiz einer Schatzsuche, das tue ich wirklich. Schließlich errichten wir unsere Häuser auf den Ruinen verlorener Städte und segeln mit unseren Schiffen über die untergegangenen Paläste vergessener Könige hinweg. Jeder hat schon mal von irgendjemandem gehört, der beim Pflügen seiner Felder einen Krug voller sasanischer Münzen ausgegraben hat, oder ist einem Taucher begegnet, der Berge glitzernder Smaragde auf dem Meeresgrund erblickte. Mir wurde zugetragen, dass die Schatzsuche in Ägypten derart beliebt sei, dass die Teilnehmer professionelle Gilden gegründet haben, die ihre speziellen Tricks niemals preisgeben … Doch für den entsprechenden Preis findet man durchaus ein Mitglied, das einem einen Rat gibt. Möglicherweise kann man sogar eine Karte erwerben! Eine Karte, die einen zu unvorstellbaren Reichtümern führt.

Die Karten sind – und das kann ich gar nicht deutlich genug betonen – kinderleicht zu fälschen. Ich kann euch sogar verraten, wie man das macht: Man benötigt nichts weiter als einen Bogen Pergament und etwas Zeit. Tonika werden aufgetragen, um das Papier altern und vergilben zu lassen, allerdings werden für den Großteil bedauerlicherweise Urin und die besten Säfte aus der Fledermausgalle benötigt. Aber es ist machbar. Die Karte an sich sollte mit Sorgfalt gezeichnet werden und genügend Details enthalten, damit einige geografische Standorte erkennbar sind (idealerweise leitet man den Käufer in die entgegengesetzte Richtung als die, in die der Kartenzeichner zu fliehen gedenkt). Symbole lassen sich aus diversen Alphabeten ableiten. Viele Fälscher ziehen das Hebräische aufgrund seiner mystischen Bedeutungen vor, aber meiner Meinung nach ergibt der Text aus einem alten sabäischen Grab weitaus geheimnisvollere Briefe. Sodann wird das Ganze zerknittert; man zerfranst die Ränder, brennt einige Löcher hinein, trägt eine feine Schicht Sandarak auf, um die Schrift verblassen zu lassen – und das war's. Schon ist die »Schatzkarte« fertig und kann an den Höchstbietenden verkauft werden.

Die Karte, die meine Kunden in jener Nacht besaßen, sah nicht so aus, als sei sie an den Höchstbietenden verkauft worden. Zwar hatten sie versucht, das Dokument und seinen Zweck zu verbergen – als ob mitternächtliche Ausflüge zu uralten Ruinen ständig gefragt wären –, doch ein Blick hatte ausgereicht, um die Karte als mittelmäßiges Machwerk zu entlarven, vielleicht als Übungsmanuskript eines angehenden Jungverbrechers.

Diese Überlegungen behielt ich allerdings für mich. Dass sie mich angeheuert hatten, um sie hier rauszurudern, war ein Segen, ein zufälliger Auftrag, den ich beim Angeln an Land zog. Ich muss wie eine hervorragende Kandidatin für ihre Mission gewirkt haben: eine einsame Einheimische, die nicht mehr die Jüngste war und ganz gewiss nicht schlau genug, um zu begreifen, was sie vorhatten. Demzufolge gab ich die passenden Geräusche von mir und warnte sie, dass die Ruinen angeblich von Ghulen heimgesucht wurden und die umliegenden Lagunen von Dschinn verflucht wären. Doch die jungen Männer versicherten mir, dass sie auf sich aufpassen könnten. Da ich schon sehr viele Nächte in dem Gebiet geangelt hatte, ohne auch nur den Hauch von etwas Übernatürlichem zu erleben, hielt sich meine Besorgnis in Grenzen.

Wie bitte? Das hört sich »ziemlich naiv« an? Wisst ihr etwa nicht mehr, wie wir einander begegnet sind? Hört auf zu reden und esst euren Eintopf. Die Saltah ist in dieser Gegend überaus köstlich und ihr seid kaum dicker als der Stift in eurer Hand. Noch eine Unterbrechung, und ihr könnt euch eine andere Nakhudha suchen, um sie nach Geschichten auszuhorchen.

Wie dem auch sei. Zurück zu jener Nacht. Es war ein ansonsten zauberhafter Abend. Die Sterne standen am Himmel, ein seltener Anblick während des Khareef, des Sommermonsuns, der normalerweise alles in Nebel taucht. Der Mond schien hell auf die zerstörte Festung auf der anderen Seite der Lagune herab. Zerfallene Ziegelsteine waren alles, was von der seit Ewigkeiten verlassenen Stadt übrig war, bei der es sich laut den Einheimischen einst um einen geschäftigen Handelsposten gehandelt hatte. Dieser Teil der

Welt war schon immer wohlhabend gewesen; die Römer nannten uns einst Arabia Felix – »Gesegnetes Arabien« – aufgrund unseres Zugangs zum Meer, der verlässlichen Handelsrouten und der lukrativen Weihrauchhaine. Die Einheimischen erzählen zudem, dass die Schatzkammer der Stadt – noch immer randvoll mit Gold – unter den Ruinen begraben liege und bei einem Erdbeben verschüttet worden wäre, und das war vermutlich die Geschichte, die die jungen Männer angelockt hatte.

Bis einer von ihnen an mich gerichtet laut mit der Zunge schnalzte wie ein Mann, der einem Maultier den Befehl zum Stehenbleiben gab, obwohl wir noch immer in der Lagune waren. »Halt«, verlangte der Junge.

Ich beäugte das schwarze Wasser rings um uns herum misstrauisch, denn der Strand war noch ein ganzes Stück entfernt. Tagsüber war dies ein wunderschöner Ort, der Flamingos und Delfine anlockte. Wenn der Wind und die Gezeiten richtig standen, brach das Wasser zur Freude der Kinder und der zum Picknick versammelten Familien wie Geysire aus den Steinen hervor. Aber bei Ebbe und in einer ruhigen Nacht wie dieser gab es nur eine milde Brandung, ein stetiges, beruhigendes Schlagen und glitzernde weiße Gischt, die kaum dabei half, Meer und Küste zu unterscheiden.

Falls meine Kunden glaubten, sie könnten den ganzen Weg zum kaum sichtbaren Strand schwimmen, damit ich nichts von den Schätzen erfuhr, die sie zu bergen hofften, waren sie törichter, als ich vermutet hatte. Und ich habe wohl schon recht deutlich zum Ausdruck gebracht, was ich von ihnen hielt.

»Wir sind noch nicht an den Ruinen«, merkte ich an.

»Das ist weit genug.« Die beiden kauerten sich am anderen Ende meines kleinen Bootes hin und breiteten die Karte auf ihren Knien aus. Einer der Jungen hielt eine Öllampe hoch, während der andere ein Sträußchen getrockneten Jasmin verbrannte.

»Das verstehe ich nicht«, murmelte einer der beiden. Sie hatten sich schon eine ganze Weile flüsternd gestritten. Obwohl ihr Akzent für mich nach Adeni klang, kannte ich ihre Namen nicht. Sie hatten hochtrabend erklärt, dass sie mir anstelle ihre Namen zu nennen, einige zusätzliche Dirham für meine Diskretion zahlen würden, und da es mich eigentlich auch nicht weiter interessierte, war die höhere Bezahlung eine angenehme Überraschung. »Laut der Karte ist das die Stelle …« Er deutete auf den Himmel über uns, und mich beschlich Mitleid mit ihm, denn das, was dort auf der Karte geschrieben stand, hatte keinerlei Ähnlichkeit mit irgendeiner Sternenkarte, die ich je gesehen hatte.

»Ihr habt gesagt, ihr wolltet in die alte Stadt.« Ich zeigte in Richtung Hügel – jedenfalls versuchte ich es. Doch inzwischen war eine dicke Nebelbank vom Wadi, dem vom Monsun angeschwollenen Fluss, der sich in die Lagune ergoss, herübergezogen und hüllte uns ein, sodass wir weder die Ruinen noch den Hügel sehen konnten. Stattdessen verschwand die Küste vor meinen Augen ganz und wir schienen auf einer endlosen, nebelumwogten Ebene zu schweben.

Die jungen Männer ignorierten mich. »Wir haben die Worte gesprochen«, erklärte der mit der Öllampe in der Hand. »Wir haben ihre Bezahlung. Daher müsste sie auch auftauchen.«

»Aber sie ist nicht erschienen«, widersprach der andere. »Ich sage dir doch, wir müssen …«

Aber was immer sie tun müssten, interessierte mich auf einmal nicht mehr. Denn nach einem weiteren Atemzug kam die Brise, die schon die ganze Nacht vom Meer her wehte, zum Erliegen, und die Luft war wie erstarrt. Ich verharrte reglos und ein Schweißtropfen rann mir den Rücken hinunter.

Da ich schon lange zur See fahre, gibt es wenig, was ich besser im Auge behalte als das Wetter. Ich zupfte einen Faden aus dem fransigen Saum meines Mantels, doch kein Wind ließ ihn flattern. Der Nebel kam näher, zusammen mit einer erdrückenden Stille, die jedes Schlagen des Wassers gegen den Bootsrumpf wie einen Donnerschlag wirken ließ. Es gibt Orte auf der Welt, an denen derartige Vorzeichen einen heftigen, gefährlichen Sturm ankündigen, doch die Taifune, die hier hin und wieder aufkamen, kündigten sich stets vorher an. Außerdem blieb das Wasser ruhig, Gezeiten und Strömung veränderten sich nicht.

Trotzdem … griff ich nach meinen Rudern. »Wir sollten von hier verschwinden.«

»Warte!« Einer der jungen Männer stand auf und deutete aufgeregt in Richtung Nebel. »Siehst du den Schatten über der Gischt?«

Es war Gischt, wie ich erkannte, als ich mit zusammengekniffenen Augen in die Dunkelheit starrte. Der jahrelange Sonnenschein auf dem Meer wirkte sich so langsam auf mein Sehvermögen aus, daher konnte ich nachts vieles nicht mehr so gut wahrnehmen. Aber der Junge hatte recht. Da kam nicht nur der Nebel näher, sondern auch Gischt, die sich so hoch auftürmte, dass sie mein Boot verschlucken konnte. Als sie näher kam, sah ich ein rötlich gelbes Glühen darin, und ein wirklich entsetzlicher Gestank nach verwesendem Fleisch und ausgenommenem Fisch stieg mir in die Nase.

»Gib ihr ihre Bezahlung«, drängte der Junge mit der Öllampe. »Schnell!«

»Vergesst meine Bezahlung, und setzt euch wieder hin«, ordnete ich an, als der zweite Junge in seine Robe griff. »Wir werden …«

Der Junge zog die Hand wieder hervor, in der er nun einen großen Karneol hielt, und dann geschahen sehr schnell zwei Dinge:

Erstens wurde mir bewusst, dass das nicht *meine* Bezahlung war.

Zweitens zerrte uns das Ding, dessen Bezahlung es war, in den Nebel.

Der Junge mit dem Karneol hatte gerade noch Zeit für einen Schrei, bevor die Gischt heranströmte und ihn verschlang – an seinem Hals und seiner Brust herableckte und sich wie eine begierige Geliebte um seine Hüften wand. Ein Jaulen drang aus seiner Kehle, glich jedoch keinem Schrei, der je aus dem Mund eines Sterblichen kommen sollte. Stattdessen erinnerte er eher an das Tosen einer Flutwelle und die Todesschreie von Möwen.

»Khalid!« Der andere Junge ließ vor Schreck die Lampe fallen, wodurch unsere einzige Lichtquelle erlosch.

Aber zum Glück – zum Glück? – glühte die anscheinend lebendige und möglicherweise bösartige Gischt. Der Lichtschein war nur schwach, reichte jedoch aus, um Khalid zu zeigen, der wie ein Wolf die Zähne bleckte und sich auf seinen Gefährten stürzte.

»Du wirst mich nicht bekommen«, zischte er und krallte sich in den Hals des anderen Jungen. »Wir werden dich verfluchen! Wir werden dich verschlingen! Wir werfen dich in die Flammen!«

Der andere Junge versuchte verzweifelt, sich zu befreien. »Khalid, bitte!«, stieß er erstickt hervor, während sich noch mehr Gischt – nun blutrot – über den beiden ausbreitete. Fangzahnbewehrte Saugnäpfe erschienen auf der Oberfläche wie die Tentakel eines monströsen Kraken.

Ich würde gern behaupten, dass ich nicht zögerte. Dass ich beim Anblick der beiden in tödlicher Gefahr schwebenden jungen Männer sogleich in Aktion trat und mich nicht kurz fragte, ob die bösartige Gischt sich damit zufriedengeben würde, sie zu verschlingen, und mich und mein Boot verschonen würde.

Doch das wäre gelogen. Denn ich habe gezögert. Aber dann verfluchte ich sie beide erbittert, sprang auf und zog mein Messer.

Hier sollte Erwähnung finden, dass ich sehr an meinen Messern hänge. An dem Khanjar, der meinem Großvater gehörte, und dem auf schaurige Weise wunderschönen damaszenischen Krummsäbel, den ich einem unwürdigen Adligen abgenommen habe. Dann noch das kleine Messer mit gerader Klinge, das sich in einem Knöchelhalfter verbarg, und eine wahrlich hervorragende Wurfscheibe meines zweiten Mannes, der bereut hat, mich den Umgang damit gelehrt zu haben.

Aber für eine Situation wie diese gibt es nur eine einzige passende Waffe, eine, die ich höchstpersönlich in Auftrag gegeben habe und die ich stets bei mir trage. Gefertigt aus reinem Eisen ist sie meine schärfste Klinge und aufgrund ihres Gewichts nicht leicht zu handhaben. Rostflecken von dem heiligen Zamzam-Wasser, das ich bei den nächtlichen Segnungen darauf spritze, zieren das Metall, und aufgrund der roten Stellen fällt es schwer, die heiligen Verse zu entziffern, die sorgsam hineingeritzt wurden. Aber ich wollte auch gar kein schönes Messer.

Es sollte effektiv sein, wenn andere, weltlichere Waffen versagen.

Ich packte Khalid am Kragen und zog ihn von dem anderen Jungen herunter. Bevor er nach meiner Kehle greifen konnte, stieß ich ihm meine gesegnete Klinge in seine.

»Hinfort mit dir«, verlangte ich.

Er zappelte wie wild und Gischt spritzte um uns herum. »Du wirst mich nicht bekommen. *Du wirst mich nicht bekommen!*«

»Ich will dich auch gar nicht! Und jetzt verschwinde in Gottes Namen!«

Ich presste das Messer tiefer hinein, während die Basmala über meine Lippen kam. Sein Fleisch zischte als Reaktion darauf und dann sackte er in sich zusammen. Die Gischt, die seinen Körper eingehüllt hatte, schwebte einen Moment lang in der Luft ... um sich dann auf mich zu stürzen.

Sogleich stürzte ich hintenüber, als habe mich ein Rammbock getroffen, und ich schlug mit dem Kopf am Boden des Bootes auf.

Eisige Finger mit knochenscharfen Spitzen bohrten sich in meine Ohren und ein immenses Gewicht hielt mich fest. Doch dank der Gnade Gottes hielt ich noch immer meine gesegnete Klinge in der Hand. Ich schlug blindlings zu und das Messer blieb in der Luft stecken. Es folgte ein Schrei; ein böses, unnatürliches Geräusch, das sich anhörte wie Krallen, die über Muscheln schaben, und dann wurde die schuppenbedeckte Monstrosität, die auf meiner Brust hockte, sich kräuselnd sichtbar. Ihre glitzernden Augen hatten die Farbe von Bilgewasser, das dreckige, strohartige Haar war mit Seepocken verfilzt.

Abermals schrie sie und enthüllte dabei vier nadelgleiche Zähne. Ihre knochigen Hände schabten über meine, als sie versuchte, mir den Dolch zu entreißen, der in ihrer weindunklen Brust steckte. Silbriges Blut blubberte und tropfte aus der Wunde und benetzte uns beide.

Die Jungen weinten und flehten Gott um Gnade an. Der Dämon kreischte und jaulte in einer unbekannten Sprache. Ich stieß die Klinge tiefer hinein und musste brüllen, um sie alle zu übertönen.

»Gott!«, schrie ich. »Es gibt keinen Gott außer Ihm, dem Lebendigen, dem Beständigen!« Den Dolch fest umklammert, zitierte ich den Thronvers, die Passage aus dem Koran, die mich beschützen würde, wie man es mich mein Leben lang gelehrt hatte.

Der Dämon auf meiner Brust jaulte und wand sich vor Schmerz und riss die skelettartigen Hände hoch, um sich die Ohren zuzuhalten.

»Nicht überkommt Ihn Schlummer und nicht Schlaf! Ihm gehört, was in den Himmeln und was auf der Erde ist – *gehst du jetzt endlich von mir runter?*« Ich rammte der Kreatur mit ganzer Kraft den Ellbogen in den Leib und sie spie mir ins Gesicht. »Wer ist es, der bei Ihm Fürsprache einlegen kann, es sei denn mit Seiner Erlaubnis? Er weiß, was vor ihnen und was hinter ihnen liegt, während sie nichts von Seinem Wissen erfassen, außer was Er will!«

Da seine Haut rauchte, musste der Dämon beschlossen haben, dass es langsam reichte. Zwei fledermausartige Flügel ragten aus seinem Rücken. Mit wildem Flattern löste er sich von der Klinge und war fort, verschwunden in die Nacht.

Keuchend setzte ich mich auf. Der Nebel zog sich bereits zurück, die Jungen umklammerten einander noch immer am anderen Ende des Bootes. Ich hielt den Dolch fest und spähte in den zurückweichenden Nebel, falls noch etwas anderes daraus auftauchen würde. Angst erfasste mich, drohte mich zu ersticken, als ich auf das vertraute Lachen wartete. Auf feurige schwarze Augen und eine viel zu samtene Stimme.

Aber da war nichts. Nichts außer der Lagune unter dem Sternenhimmel und dem sanften Murmeln des Wassers.

Ich wirbelte zu den Jungen herum. »Ihr habt gesagt, ihr wärt hinter *Schätzen* her.«

Khalid errötete und farbige Flecken sprenkelten seine kalkweiße Haut. »Schatz ist ein Konzept, über das sich … Nein, warte!«, kreischte er, als ich ihm die Karte und den Karneol aus der Hand riss und beides über das Wasser hielt. »Tu das nicht!«

Ich warf den glitzernden roten Edelstein hoch und fing ihn mit einer Hand auf. »Leg dich nicht mit mir an, Junge«, warnte ich ihn. »Noch eine Lüge und ich werfe euch beide über Bord. Ihr habt eine Bezahlung und einen Namen erwähnt. Wen wolltet ihr herbeirufen?«

»Wir wollten niemanden … Bidukh!«, schrie er, als ich die Karte ins Wasser tauchte. »Mein Vetter hat mir von ihr erzählt. Sie ist …« Er schluckte hörbar. »Sie ist, nun ja, eine Tochter von Iblis.«

Ich sperrte schockiert den Mund auf. »Ihr wolltet eine Tochter des Fürsten der Hölle herbeirufen? Auf meinem Boot?«

»Wir wollten niemandem schaden!« Das Mondlicht war zurückgekehrt, sodass ich sie nun klar und deutlich vor mir kauern sah. »Es heißt, wenn man sie zufriedenstellt, flüstert sie einem die Geheimnisse der Liebe ins Ohr.«

Khalid schwankte in den Armen seines Freundes. »Ich glaube, ich muss mich übergeben.«

Gott, steh mir bei … »Wenn du in mein Boot kotzt, schwimmst du zurück ans Ufer. Eine Tochter von Iblis … Ich verfluche euch beide.« Bei diesen Worten schleuderte ich die Karte und den Karneol in die Lagune.

Beides verschwand mit lautem Platschen unter dem Protest meiner Passagiere im Wasser.

»Hey!«, schrie einer der Jungen. »Dafür haben wir sehr viel Geld bezahlt!«

»Ihr solltet Gott danken, dass ihr nicht mit eurem Leben dafür bezahlen musstet!« Ich drückte ihm ein Ersatzruder in die Arme. »Leg dich in die Riemen. Vielleicht bläut dir etwas ehrliche Arbeit ein wenig Verstand ein.«

Er ließ das Ruder beinahe fallen und riss die Augen auf, als ich meine Position veränderte und ihm die anderen Waffen zeigte, die ich unter meinem Mantel verbarg. Danach wischte ich das Eisenmesser sauber und steckte es in die Scheide zurück, um nach meinen Rudern zu greifen.

Die beiden Jungen starrten mich vollkommen verdutzt an. Ich konnte es ihnen nicht verdenken. Schließlich hatte ich einen Dämon bekämpft, die zusammengesunkene Haltung aufgegeben, mit der ich meine wahre Größe verborgen hatte, und nun ruderte ich auch noch mit ganzer Kraft – die stille, bucklige Fischersfrau, die widerstrebend zugestimmt hatte, sie hierherzubringen, war verschwunden.

»Wer bist du?«, krächzte Khalid heiser.

Der andere Junge gaffte mich mit offenem Mund an. »*Was* bist du?«

Die Lagune zog sich zurück, aber ich hätte schwören können, dass sich die Luft schwerer anfühlte. Einen Moment lang erinnerte das Wasser, das an den felsigen Strand schwappte, an die gelblich rote und nun verschwundene Gischt, und die Schatten, die an den Klippen tanzten, ähnelten Tentakeln.

»Jemand, der den Preis der Magie nur zu gut kennt.« Mehr sagte ich nicht und sie fragten nicht weiter nach.

Aber das war auch nicht nötig, denn Geschichten sprechen sich herum, und selbst wenn es denn Jungen peinlich war, ihre eigenen Pläne zu offenbaren, so berichteten sie doch von einer unscheinbaren Fischersfrau, die wie eine Gotteskriegerin gegen einen Dämon gekämpft hatte. Die ihren zerschlissenen Mantel geöffnet hatte, unter dem an ihrer Taille ein ganzes Waffenarsenal zum Vorschein kam, und die im Kampf einer Amazone glich.

Übertreibungen, doch die Wahrheit ist nur selten von Belang, wenn es um eine gute Geschichte geht. Die Art Geschichte, die in Tavernen und auf Schiffswerften erzählt wird. In den Harems der Frauen und den Küchen der Dienstboten – bis sie ans Ohr einer verzweifelten Frau im fernen Aden drang.

ÜBER DIE AUTORIN

S. A. Chakraborty ist die internationale Bestsellerautorin der von der Kritik gefeierten Daevabad-Trilogie. Ihr Werk wurde in mehr als ein Dutzend Sprachen übersetzt und für den Hugo, Locus, World Fantasy, Crawford und Astounding Award nominiert. Wenn sie sich nicht gerade in Bücher über Hochstapler und Trickbetrügerinnen aus dem dreizehnten Jahrhundert und über abbasidische Politikintrigen vertieft, hat sie Freude am Wandern, Stricken und Nachkochen unnötig komplizierter mittelalterlicher Gerichte. Man findet sie online unter sachakraborty.com oder auf Twitter und Instagram unter @SAChakrabooks, wo sie sich gern über Geschichte, Politik und islamische Kunst unterhält. Momentan lebt sie mit ihrem Mann, ihrer Tochter und einer wachsenden Zahl an Katzen in New Jersey.